Dictionnaire des maximes dictons et proverbes français

Du même auteur, dans la même collection :

— **Dictionnaire des citations**

— **Dictionnaire des synonymes**

— **Dictionnaire des maximes, dictons et proverbes français**

— **Dictionnaire anthologique des classiques de la poésie française**

Pierre Ripert

Dictionnaire des maximes dictons et proverbes français

Avant-propos

Le savoir populaire, l'expérience humaine, avant la découverte de l'imprimerie, se transmettait par proverbes, par maximes, par citations, faciles à mémoriser, au moyen de rimes approximatives…

Puis la "morale" devint un genre littéraire, de La Fontaine qui, d'anciens proverbes fit d'élégants alexandrins, à Vauvenargues, marquis misanthrope et fin diseur, en passant par La Bruyère, La Rochefoucauld, Chamfort, Joubert, jusqu'à Paul-Jean Toulet et Jules Renard…

Ces dictons et proverbes, ces sentences et maximes, reflets de l'humanisme lumineux du Siècle des Lumières ou témoignages acides des incertitudes de l'âme humaine, résumés de caprices climatiques, ou parallèles ironiques entre le bestiaire médiéval et l'homme intemporel, ont été ici rassemblés de façon thématique. Ainsi l'utilisation de ce dictionnaire, complément indispensable à ceux qui cherchent une référence pour agrémenter un discours, une dissertation, ou une réflexion, s'en trouvera-t-elle facilitée.

Certains proverbes sont passés dans notre langage, malgré un contenu aujourd'hui obscur. Nous en avons reconstitué le sens initial, à partir des travaux de Pierre-Marie Quitard et de Le Roux de Lincy qui, au XIXe siècle, s'employèrent à recenser, dans la littérature du moyen âge et de la Renaissance, les proverbes et expressions proverbiales, ces trésors de notre bonne vieille langue française qui nous ont permis de conserver la science empirique des bergers contemplant les étoiles et des philosophes penchés sur leurs grimoires.

A

ABONDANCE

L'abondance engendre la nausée.

Abondance de biens ne nuit pas.

Abondance engendre fâcherie.

Abondance de biens sur la terre rend nécessiteux de ceux du ciel.

La trop grande abondance ne parvient point à maturité.

ABSENCE

L'absence est à l'amour ce qu'est au feu le vent;
Il éteint le petit, il allume le grand.
BUSSY-RABUTIN, *Histoire amoureuse des Gaules*.

Il n'est pas d'amour qui résiste à l'absence.
ANATOLE FRANCE, *La Rôtisserie de la reine Pédauque*.

L'éloge des absents se fait sans flatterie.
JEAN-BAPTISTE-LOUIS GRESSET

L'absence est le plus grand de tous les maux.
JEAN DE LA FONTAINE, *Les Deux Pigeons*.

Un seul être vous manque, et tout est dépeuplé.
ALPHONSE DE LAMARTINE, *Le Lac*.

Les absents ont toujours tort.

L'absence est l'ennemie de l'amour.

Un peu d'absence fait grand bien.

Les os sont pour les absents.

En l'absence du seigneur se connaît le serviteur.

Quand le chat n'est pas là les souris dansent.

ABUS

Avant d'attaquer un abus, il faut savoir si on peut ruiner ses fondements.
VAUVENARGUES, *Réflexions et Maximes*.

Les abus inévitables sont des lois de la nature.
VAUVENARGUES, *Réflexions et Maximes*.

Trop de repos nous engourdit,
Trop de tracas nous étourdit,
Trop de froideur est indolence,
Trop d'activité turbulence,
Trop d'amour trouble la raison,
Trop de remède est un poison,
Trop de finesse est artifice,
Trop de rigueur est cruauté,
Trop d'audace est témérité,
Trop d'économie avarice,
Trop de bien devient un fardeau,
Trop d'honneur est un esclavage,
Trop de plaisir mène au tombeau,
Trop d'esprit nous porte dommage,
Trop de confiance nous perd,
Trop de franchise nous dessert,
Trop de bonté devient faiblesse,
Trop de fierté devient hauteur,
Trop de complaisance bassesse,
Trop de politesse fadeur.
FRANÇOIS PANARD

Trop tirer rompt la corde.

Le surplus rompt le couvercle.

ACCENT

L'accent du pays où l'on est né demeure dans l'esprit et dans le cœur, comme dans le langage.
LA ROCHEFOUCAULD, *Maximes*.

ACCOMMODEMENT / ACCORD

On s'entend toujours ; il suffit de ne pas être du même avis.
HENRI DE RÉGNIER

Mauvais accommodement vaut mieux que bon procès.

ACCUSATION

Sois dur à ouïr qui accuse.

Il faut garder une oreille pour l'accusé.

ACHAT

Mieux vaut acheter qu'emprunter.

Il y a plus de fols acheteurs que de fols vendeurs.

ACTION

Nous aurions souvent honte de nos plus belles actions si le monde voyait tous les motifs qui les produisent.
LA ROCHEFOUCAULD

L'homme n'est point fait pour méditer, mais pour agir.
JEAN-JACQUES ROUSSEAU

Bonne action est toujours récompensée.

ADMIRATION

Un sot trouve toujours un plus sot qui l'admire.
BOILEAU

L'admiration se passe de l'amitié. Elle se suffit à elle-même.
JULES RENARD, *Journal*.

Dis-moi qui t'admire et je te dirai qui tu es.
SAINTE-BEUVE

C'est une grande preuve de noblesse que l'admiration survive à l'amitié.
JULES RENARD, *Journal*.

Nous aimons toujours ceux qui nous admirent ; et nous n'aimons pas toujours ceux que nous admirons.
LA ROCHEFOUCAULD, *Maximes*.

L'étonnement est une surprise longue et accablante ; l'admiration, une surprise pleine de respect.
VAUVENARGUES, *Réflexions et Maximes*.

L'admiration est un sentiment qu'on éprouve quand on se regarde devant un miroir.
PIERRE VÉRON

L'admiration est la fille de l'ignorance et la mère des merveilles.

ADORATION

C'est encore adorer ses Dieux que de leur jeter des pierres.
PAUL-JEAN TOULET, *Monsieur du Paur, homme public*.

ADULTÈRE

Dans la maison de l'adultère, rien n'y prospère.

ADVERSITÉ

En politique, la communauté des haines fait presque toujours le fond des amitiés.
TOCQUEVILLE

L'adversité fait beaucoup de coupables et d'imprudents.
VAUVENARGUES, *Réflexions et Maximes*.

L'adversité rend sage.

L'adversité est l'épreuve du courage

AFFAIRES

Il vaut mieux être plusieurs sur une bonne affaire que seul sur une mauvaise.
TRISTAN BERNARD

La science des occasions et des temps est la principale partie des affaires.
BOSSUET

Les affaires, c'est l'argent des autres.
ALEXANDRE DUMAS FILS

Les gens qui ont peu d'affaires sont de très grands parleurs : moins on pense, plus on parle.
MONTESQUIEU

Il n'est point de petites affaires.

Les affaires font les hommes.

Dieu nous garde d'un homme qui n'a qu'une affaire.

AFFAIRISME

L'eau trouble est le gain du pêcheur.

Au poulailler sont les fouines.

Bien mal acquis ne profite jamais.

Troubler l'eau du lac pour pêcher des anguilles.

AFFECTION

L'affection aveugle la raison.

On voit toujours par les yeux de son affection.

AFFLICTION

L'affliction ne guérit pas le mal.

ÂGE

Impossible de vous dire mon âge, il change tout le temps.
ALPHONSE ALLAIS

Chaque âge a ses plaisirs, son esprit et ses mœurs.
BOILEAU

L'homme arrive novice à chaque âge de sa vie.
CHAMFORT, *Caractères et anecdotes*.

Si jeunesse savait, si vieillesse pouvait.

Nous arrivons tous nouveaux aux divers âges de la vie, et nous y manquons souvent d'expérience malgré le nombre des années.
LA ROCHEFOUCAULD, *Maximes*.

Tout âge porte ses fruits, il faut savoir les cueillir.
RAYMOND RADIGUET

Jusqu'à trente ans, artiste, jusqu'à cinquante, homme d'action, jusqu'à la mort, le sage.
JULES RENARD, *Journal*.

L'âge peut-il donner le droit de gouverner la raison ?
VAUVENARGUES, *Réflexions et Maximes*.

AGRICULTURE

Labourage et pâturage sont les deux mamelles dont la France est alimentée et les vraies mines et trésor du Pérou.
SULLY

AIDE

Un peu d'aide fait grand bien.

Aide-toi, le ciel t'aidera.

Dieu aime à seconder celui qui travaille.

AIGUILLE

Il faut une aiguille pour la bouche et deux pour la bourse.

AIL

Ail mince de peau, hiver court et beau.

AIR

J'ai toujours cru que pour réussir dans le monde, il fallait avoir l'air fou et être sage.
MONTESQUIEU

Avec son air de rien, il est bon à tout.
JULES RENARD, *Journal*.

ALCHIMIE

Faire de l'alchimie avec les dents.
C'est n'avoir rien à se mettre sous la dent, et mâcher à vide. Soit par misère, soit par avarice. À l'inverse, le roi Midas, dont les aliments se convertissaient en or, faisait lui aussi de l'alchimie avec les dents...

ALLEMAND

Faire une querelle d'Allemand.
C'est se quereller sans raison. Les Allemands furent longtemps d'incommodes voisins pour la France, et se montrèrent toujours prêts à saisir le moindre prétexte pour faire des irruptions sur son territoire. De là serait venue cette expression proverbiale. Autre hypothèse, les seigneurs allemands, à la fin des repas, se cherchaient dispute à tout propos, une fois qu'ils étaient échauffés par le vin. On disait, au moyen-âge : "Li plus ireux (les plus enclins à l'ire ou à la colère) sont en Allemaingne".

ALLIÉ

Si vous voulez vous faire des ennemis, surpassez vos amis ; mais si vous voulez vous faire des alliés, laissez vos amis vous surpasser.
La Rochefoucauld, *Maximes.*

ALLOBROGE

C'est un Allobroge.
Ainsi désignait-on, du nom d'une tribu gauloise établie dans les Alpes, redoutée des Romains, puis méprisée par eux après avoir été soumise, un original, un sot, un rustre. À rapprocher de l'expression "crétin des Alpes".

ALOUETTE

Attendre que les alouettes tombent toutes rôties dans le bec.

ALPHABET

La colère se passe en disant l'alphabet.

ALTRUISME

L'homme le plus heureux est celui qui fait le bonheur d'un plus grand nombre d'autres.
DIDEROT

Il faut aimer les gens, non pour soi, mais pour eux.
COLLIN D'HARLEVILLE

AMANDE

Pour avoir l'amande, il faut casser le noyau.

AMANDIER

Il vaut mieux être mûrier qu'amandier.
Il y a plus de profit à être sage qu'à être fou. L'amandier était le symbole de l'imprudence, parce que sa floraison trop hâtive l'expose aux gelées du printemps ; et le mûrier celui de la prudence, parce qu'il fleurit sans risque à une époque plus tardive.

AMANT

Les amis de nos amies sont nos amants.
NATHALIE CLIFFORD-BARNEY

Ce qui fait que les amants et les maîtresses ne s'ennuient pas d'être ensemble, c'est qu'ils parlent toujours d'eux-mêmes.
LA ROCHEFOUCAULD

Dans les premières passions les femmes aiment l'amant, et dans les autres elles aiment l'amour.
LA ROCHEFOUCAULD

Les amants ne voient les défauts de leurs maîtresses que lorsque leur enchantement est fini.
LA ROCHEFOUCAULD

Un mari qu'on aime d'amour, ce n'est pas un mari, c'est un amant.
PAUL-JEAN TOULET, *Les Trois Impostures*.

Aux amants et aux buvants, chemin est court avec le temps.

La bourse d'un amant est liée avec des feuilles de porreau.

AMBITION

Amour, folie aimable ; ambition sottise sérieuse.
CHAMFORT, *Maximes*

L'ambition prend aux petites âmes plus facilement qu'aux grandes, comme le feu prend plus aisément à la paille, aux chaumières qu'aux palais.
CHAMFORT

L'ambition est impitoyable : tout mérite qui ne la sert pas est méprisable à ses yeux.
JOSEPH JOUBERT, *Pensées*.

On passe souvent de l'amour à l'ambition, mais on ne revient guère de l'ambition à l'amour.
LA ROCHEFOUCAULD, *Maximes*.

Quand on se propose un but, le temps, au lieu d'augmenter, diminue.
RIVAROL

Un homme n'est pas malheureux parce qu'il a de l'ambition, mais parce qu'il en est dévoré.
MONTESQUIEU

Pour exécuter de grandes choses, il faut vivre comme si on ne devait jamais mourir.
VAUVENARGUES, *Réflexions et Maximes*

L'ambition ardente exile les plaisirs dès la jeunesse, pour gouverner seule.
VAUVENARGUES

Les favoris de la fortune ou de la gloire, malheureux à nos yeux, ne nous détournent point de l'ambition.
VAUVENARGUES

Savoir où l'on veut aller, c'est très bien ; mais il faut encore montrer qu'on y va.
ÉMILE ZOLA

C'est l'ambition qui perd les grands hommes.

On ne va jamais si loin que lorsqu'on ne sait pas où l'on va.

AMBITION (CONTRARIÉE)

Qui entre pape au conclave en sort cardinal.

De grande montée, grande chute.

Qui saute le plus haut, descend le plus bas.

C'est se précipiter que de s'élancer trop haut.

AMENDE

Les battus payent l'amende.

AMI

Faites-vous des amis prompts à vous censurer.
NICOLAS BOILEAU, *Satires*.

L'amitié délicate et vraie ne souffre l'alliage d'aucun autre sentiment.
CHAMFORT, *Maximes*

Dans le monde, vous avez trois sortes d'amis : vos amis qui vous aiment, vos amis qui ne se soucient pas de vous, et vos amis qui vous haïssent.
CHAMFORT, *Maximes*

La moitié d'un ami, c'est la moitié d'un traître.
VICTOR HUGO, *La Légende des siècles*.

Quand mes amis sont borgnes, je les regarde de profil.
JOSEPH JOUBERT, *Pensées*.

Les amis font toujours plaisir; si ce n'est pas quand ils arrivent, c'est quand ils partent.
ALPHONSE KARR

Rien n'est si dangereux qu'un ignorant ami :
Mieux vaudrait un sage ennemi.
JEAN DE LA FONTAINE, *L'Ours et l'Amateur des jardins*.

Si vous voulez vous faire des ennemis, surpassez vos amis; mais si vous voulez vous faire des alliés, laissez vos amis vous surpasser.
LA ROCHEFOUCAULD, *Maximes*.

Un véritable ami est le plus grand de tous les biens et celui de tous qu'on songe le moins à acquérir.
LA ROCHEFOUCAULD, *Maximes*.

Un ami, c'est celui qui devine toujours quand on a besoin de lui.
JULES RENARD, *Journal*.

Nous avons de l'amour pour une ou deux femmes, de l'amitié pour deux ou trois amis, de la haine pour un seul ennemi, de la pitié pour quelques pauvres ; et le reste des hommes nous est indifférent.
JULES RENARD, *Journal*.

Il n'y a pas d'amis : il y a des moments d'amitié.
JULES RENARD, *Journal*.

Les ronces couvrent le chemin de l'amitié, quand on n'y passe pas souvent.
RIVAROL

Sur vingt amis, dix-neuf disent de vous du mal, et le vingtième, qui en dit du bien, le dit mal.
RIVAROL

Un ami est une traite dont on a oublié le chiffre et dont on ne sait pas l'échéance.
PAUL-JEAN TOULET, *Monsieur du Paur, homme public*.

Une amitié acquise, c'est une servitude ; perdue, c'est un deuil.
PAUL-JEAN TOULET, *Monsieur du Paur, homme public*.

Toutes les grandeurs de ce monde ne valent pas un bon ami.
VOLTAIRE, *Jeannot et Colin*.

Un ami est un autre nous-même.

Rien de plus commun que le nom d'un ami, rien de plus rare que la chose.

Qui cesse d'être ami ne l'a jamais été.

Qui n'est pas grand ennemi n'est pas grand ami.

Il vaut mieux perdre un bon mot qu'un ami.

Un ami en amène un autre.

Il faut éprouver les amis aux petites occasions et les employer aux grandes.

Il faut louer tout bas ses amis.

Les amis de nos amis sont nos amis.

Il faut se dire beaucoup d'amis et s'en croire peu.

Il est bon d'avoir des amis partout.

C'est toujours fête quand des amis se retrouvent.

Le mort n'a point d'ami, le malade n'en a qu'un demi.

L'on ne doit pas pleurer quand son ami est mort.

Le plus bel âge de l'amitié est la vieillesse.

Il faut découdre et non déchirer l'amitié.

L'amitié rompue n'est jamais bien soudée.

AMIS (ARGENT)

Voulez-vous compter vos amis ? Empruntez-leur de l'argent.
ALEXANDRE DUMAS FILS

Un ami est une traite dont on a oublié le chiffre et dont on ne sait pas l'échéance.
PAUL-JEAN TOULET, *Monsieur du Paur, homme public*.

Si nos amis nous rendent des services, nous pensons qu'à titre d'amis ils nous les doivent, et nous ne pensons pas du tout qu'ils ne nous doivent pas leur amitié.
VAUVENARGUES, *Réflexions et Maximes*.

Au besoin on connaît l'ami.

Ami au prêter, ennemi au rendre.

Les bons comptes font les bons amis.

Il ne faut pas compter avec ses amis.

Ami vaut mieux qu'argent.

L'homme pauvre n'a point d'amis.

Qui a un bon ami n'est pas pauvre.

L'homme riche ne sait qui est son ami.

L'amitié mesure par tonneaux et le commerce par grains.

AMIS (DÉFAUTS)

Ceux qui épient d'un œil malin les défauts de leurs amis, les découvrent avec joie. Qui n'est jamais dupe n'est pas ami.
JOSEPH JOUBERT, *Pensées*.

Qui n'a pas les faiblesses de l'amitié, n'en a pas les forces.
JOSEPH JOUBERT, *Pensées*.

Le plus grand effort de l'amitié n'est pas de montrer nos défauts à un ami ; c'est de lui faire voir les siens.
LA ROCHEFOUCAULD, *Maximes*.

Nous pardonnons aisément à nos amis les défauts qui ne nous regardent pas.
LA ROCHEFOUCAULD, *Maximes*.

La plupart des amis dégoûtent de l'amitié, et la plupart des dévots dégoûtent de la dévotion.
LA ROCHEFOUCAULD, *Maximes*.

On n'aime pas les défauts de ses amis, mais on y tient.
JULES RENARD, *Journal*.

Nous ne savons pas beaucoup de gré à nos amis d'estimer nos bonnes qualités, s'ils osent seulement s'apercevoir de nos défauts.
VAUVENARGUES, *Réflexions et Maximes*.

AMITIÉ ET AMOUR

Peut-être faut-il avoir senti l'amour pour bien connaître l'amitié.
CHAMFORT, *Maximes*

Quelque rare que soit le véritable amour, il l'est encore moins que la véritable amitié.
LA ROCHEFOUCAULD, *Maximes*.

L'amour et l'amitié s'excluent l'un l'autre.
LA BRUYÈRE, *Les Caractères*.

Le temps, qui fortifie les amitiés, affaiblit l'amour.
LA BRUYÈRE, *Les Caractères*.

Amour et amitié, c'est la nuit et le jour.
JULES RENARD, *Journal*.

AMITIÉ ET FAMILLE

Le sort fait les parents, le choix fait les amis.
DELILLE

Un bon ami vaut mieux que cent parents.

Beaucoup de parents, et peu d'amis.

On choisit ses amis, on ne choisit pas sa famille.

AMNISTIE

L'amnistie est un acte par lequel les gouvernements pardonnent les injustices qu'ils ont commises.
PIERRE VÉRON

AMOUR

Parler d'amour, c'est faire l'amour.
HONORÉ DE BALZAC, *Physiologie du mariage.*

L'amour n'est pas seulement un sentiment, il est un art aussi.
HONORÉ DE BALZAC, *La recherche de l'absolu.*

L'amour est la seule passion qui ne souffre ni passé ni avenir.
HONORÉ DE BALZAC

Toutes les femmes, même les dévotes et les sottes, s'entendent en fait d'amour.
HONORÉ DE BALZAC, *César Birotteau.*

L'amour qui économise n'est jamais le véritable amour.
HONORÉ DE BALZAC, *Melmoth réconcilié.*

Ce qu'il y a d'ennuyeux dans l'amour, c'est que c'est un crime où l'on ne peut pas se passer de complice.
CHARLES BAUDELAIRE

Toute belle femme s'estant une fois essayée au jeu d'amour ne le désapprend jamais.
BRANTÔME, *Vies des dames galantes.*

L'amour, tel qu'il existe dans la société, n'est que l'échange de deux fantaisies et le contact de deux épidermes.
CHAMFORT, *Maximes*

Quand on n'aime pas trop, on n'aime pas assez.
BUSSY-RABUTIN

Amour, folie aimable ; ambition sottise sérieuse.
CHAMFORT, *Maximes*

Il y a des redites pour l'oreille et pour l'esprit : il n'y en a point pour le cœur.
CHAMFORT, *Maximes*

L'hymen vient après l'amour, comme la fumée après la flamme.
CHAMFORT, *Maximes*

En amour, tout est vrai, tout est faux ; et c'est la seule chose sur laquelle on ne puisse pas dire une absurdité.
CHAMFORT, *Maximes*

L'amour, c'est l'infini mis à la portée des caniches.
LOUIS-FERDINAND CÉLINE

L'amour n'est qu'un plaisir, l'honneur est un devoir.
PIERRE CORNEILLE, *Le Cid*.

Il est évidemment bien dur de ne plus être aimé quand on aime, mais cela n'est pas comparable à l'être encore quand on n'aime plus.
GEORGES COURTELINE

L'amour ne va pas sans estime.
ALEXANDRE DUMAS FILS

Il faut aimer n'importe qui, n'importe quoi, n'importe comment, pourvu qu'on aime.
ALEXANDRE DUMAS FILS

En art comme en amour, l'instinct suffit.
ANATOLE FRANCE

Quand je n'aime plus, j'ai autant d'envie de ne plus être aimé, que j'en ai d'être aimé quand j'aime.
FONTENELLE

Amour, amour, quand tu nous tiens,
On peut bien dire “adieu prudence”.
JEAN DE LA FONTAINE, *Le Lion amoureux*.

L'homme commence par aimer l'amour et finit par aimer une femme. La femme commence par aimer un homme et finit par aimer l'amour.
RÉMY DE GOURMONT

Aimer, c'est la moitié de croire.
VICTOR HUGO, *Les Chants du crépuscule*.

L'amour qui naît subitement est le plus long à guérir.
LA BRUYÈRE, *Les Caractères*.

L'on aime bien qu'une seule fois, c'est la première : les amours qui suivent sont moins involontaires.
LA BRUYÈRE, *Les Caractères*.

L'amour et l'amitié s'excluent l'un l'autre.
LA BRUYÈRE, *Les Caractères*.

Si on juge de l'amour par la plupart de ses effets, il ressemble plus à la haine qu'à l'amitié.
LA ROCHEFOUCAULD, *Maximes*.

Il est du véritable amour comme de l'apparition des esprits : tout le monde en parle, mais peu de gens en ont vu.
LA ROCHEFOUCAULD, *Maximes*.

Il n'y a point de déguisement qui puisse longtemps cacher l'amour où il est, ni le feindre où il n'est pas.
LA ROCHEFOUCAULD, *Maximes*.

Ce qui fait que la plupart des femmes sont peu touchées de l'amitié, c'est qu'elle est fade quand on a senti de l'amour.
LA ROCHEFOUCAULD, *Maximes*.

Quelque rare que soit le véritable amour, il l'est encore moins que la véritable amitié.
LA ROCHEFOUCAULD, *Maximes*.

N'aimer guère en amour est un moyen assuré pour être aimé.
LA ROCHEFOUCAULD, *Maximes*.

La prudence et l'amour ne sont pas faits l'un pour l'autre : à mesure que l'amour croît, la prudence diminue.
LA ROCHEFOUCAULD, *Maximes*.

Il est plus difficile de bien faire l'amour que de bien faire la guerre.
NINON DE LENCLOS

En amour, il n'y a que les commencements qui soient charmants. Je ne m'étonne pas qu'on trouve du plaisir à recommencer souvent.
PRINCE DE LIGNE

Quand l'amour parle, il est le maître.
MARIVAUX

Amour est le grand point, qu'importe la maîtresse ?
Qu'importe le flacon, pourvu qu'on ait l'ivresse ?
ALFRED DE MUSSET

On ne badine pas avec l'amour.
ALFRED DE MUSSET

Après avoir souffert, il faut souffrir encore ;
Il faut aimer sans cesse, après avoir aimé.
ALFRED DE MUSSET

La vie est un sommeil, l'amour en est le rêve,
Et vous auriez vécu si vous aviez aimé.
ALFRED DE MUSSET, *Poésies*.

L'amour, c'est l'espace et le temps rendus sensibles au cœur.
MARCEL PROUST, *À la recherche du temps perdu*.

Il faut à l'amitié six mois de congé par an pour renouveler son répertoire. L'amour devrait en faire autant.
JULES RENARD, *Journal*.

Nous avons de l'amour pour une ou deux femmes, de l'amitié pour deux ou trois amis, de la haine pour un seul ennemi, de la pitié pour quelques pauvres ; et le reste des hommes nous est indifférent.
JULES RENARD, *Journal*.

Amour et amitié, c'est la nuit et le jour.
JULES RENARD, *Journal*.

Pourquoi l'amour est-il toujours si mécontent de lui, et pourquoi l'amour-propre en est-il toujours si content ? C'est que tout est recette pour l'un, et que tout est dépense pour l'autre.
RIVAROL

L'amour naquit entre deux êtres qui se demandaient le même plaisir.
RIVAROL

Aimer, ce n'est pas se regarder l'un l'autre, c'est regarder ensemble dans la même direction.
ANTOINE DE SAINT-EXUPÉRY

L'amour est un je-ne-sais-quoi, qui vient je-ne-sais-où, et qui finit je-ne-sais-quand.
MELLE DE SCUDÉRY

Il n'est si bel amour qui ne laisse parfois sonner une secrète chaîne.
PAUL-JEAN TOULET, *Les trois impostures*.

La condition de comprendre, ce n'est pas l'intelligence, c'est l'amour.
PAUL-JEAN TOULET, *Monsieur du Paur, homme public*.

Il faut aimer si l'on veut être aimé.
HONORÉ D'URFÉ

La coutume fait tout, jusqu'en amour.
VAUVENARGUES, *Réflexions et Maximes*.

Il faut connaître avant d'aimer.

Il faut aimer pour être aimé.

Quand on n'a pas ce que l'on aime, il faut aimer ce que l'on a.

Qui se marie par amour a bonnes nuits et mauvais jours.

Après l'amour le repentir.

L'amour porte la musique.

Il n'y a point de laides amours. L'objet que l'on aime est toujours beau.

Heure de nuit, heure de jour, sont toujours bonnes en amour.

Aimer n'est pas sans amer.

L'amour apprend aux ânes à danser.

Amours nouvelles oublient les vieilles.

Aimer est bon, mieux est être aimé, l'un est servir et l'autre dominer.

De bonne amour vient beauté, de fol amour ne vient que mal.

On voit toujours par les yeux de son affection.

L'affection aveugle la raison.

Amour et mort, rien n'est plus fort.

L'amour le plus parfait est le plus malheureux.

L'amour fait perdre le repas et le repos.

Battre fait cesser l'amour.

AMOUR (PREMIER)

L'on aime bien qu'une seule fois, c'est la première : les amours qui suivent sont moins involontaires.
LA BRUYÈRE, *Les Caractères*.

On revient toujours à ses premières amours.

AMOUR ET ARGENT

L'amour et la pauvreté font ensemble mauvais ménage.

L'amour ne loge point sous le toit de l'avarice.

Amour fait beaucoup, mais argent fait tout.

AMOUR ET SOCIÉTÉ

L'amour, tel qu'il existe dans la société, n'est que l'échange de deux fantaisies et le contact de deux épidermes.
CHAMFORT, *Maximes*

L'amour n'est qu'un plaisir, l'honneur est un devoir.
PIERRE CORNEILLE, *Le Cid*.

Si les hommes n'entendent rien au cœur des femmes, les femmes n'entendent rien à l'honneur des hommes.
ALEXANDRE DUMAS FILS, *Denise*.

L'amour est un larcin que l'état de nature fait à l'état social.
RIVAROL

L'amour, dans l'état social, n'a peut-être de raisonnable que sa folie.
RIVAROL

Mieux vaut aimer bergères que princesses.

AMOUR ET VIEILLESSE

C'est une grande difformité dans la nature qu'un vieillard amoureux.
LA BRUYÈRE, *Les Caractères.*

Dans la vieillesse de l'amour comme dans celle de l'âge on vit encore pour les maux, mais on ne vit plus pour les plaisirs.
LA ROCHEFOUCAULD, *Maximes.*

L'amour est le roi des jeunes gens, et le tyran des vieillards.
LOUIS XII

L'amour et la scarlatine sont plus dangereux à proportion qu'on a vieilli.
PAUL-JEAN TOULET, *Monsieur du Paur, homme public.*

Vieilles amours et vieux tisons s'allument en toutes saisons.

L'amour sied bien aux jeunes gens et déshonore les vieillards.

Lorsqu'un vieux fait l'amour, la mort court à l'entour.

AMOUR-PROPRE

On voit dans le cœur des femmes par les trous qu'on fait à leur amour-propre.
BARBEY D'AUREVILLY

Ôter l'amour-propre de l'amour, il en reste trop peu de chose.
CHAMFORT, *Maximes.*

L'amour-propre est le plus grands de tous les flatteurs.
LA ROCHEFOUCAULD, *Maximes.*

L'amour-propre est plus habile que le plus habile homme du monde.
LA ROCHEFOUCAULD, *Maximes.*

L'orgueil ne veut pas devoir, et l'amour-propre ne veut pas payer.
LA ROCHEFOUCAULD, *Maximes.*

On n'aurait guère de plaisir si on ne se flattait jamais.
LA ROCHEFOUCAULD, *Maximes.*

La férocité naturelle fait moins de cruels que l'amour-propre.
LA ROCHEFOUCAULD, *Maximes.*

Pourquoi l'amour est-il toujours si mécontent de lui, et pourquoi l'amour-propre en est-il toujours si content ? C'est que tout est recette pour l'un, et que tout est dépense pour l'autre.
RIVAROL

Est-il contre la raison ou la justice de s'aimer soi-même ? Et pourquoi voulons-nous que l'amour-propre soit toujours un vice ?
VAUVENARGUES, *Réflexions et Maximes.*

L'amour n'est pas si délicat que l'amour-propre.
VAUVENARGUES, *Réflexions et Maximes.*

Nous n'avons pas assez d'amour-propre pour dédaigner le mépris d'autrui.
VAUVENARGUES, *Réflexions et Maximes.*

L'amour-propre est un ballon gonflé de vent dont il sort des tempêtes quand on y fait une piqûre.
VOLTAIRE

ANARCHISTE

Le Christ est un anarchiste qui a réussi. C'est le seul.
ANDRÉ MALRAUX, *L'Espoir.*

AN QUARANTE

S'en moquer comme de l'an quarante.
On s'attendait, au début du XIe siècle, selon les thèses millénaristes, à la fin du monde. On croyait que les mille ans et plus qu'on prétendait assignés par Jésus-Christ comme terme à son Église et à la société entière, devaient expirer en l'an 40 de ce siècle. D'où l'expression, qui n'a rien à voir avec l'an 40 de notre siècle, année de l'invasion de la France par l'Allemagne.

ANCÊTRE

Se glorifier de ses ancêtres, c'est chercher, dans les racines, des fruits que l'on devrait trouver dans les branches.
MADAME ROLLAND

ÂNE

Âne avec le cheval ne doit s'atteler.

C'est folie de faire boire un âne s'il n'a pas soif.

Chante à ton baudet, il te fera un pet.

L'âne de la communauté est toujours le plus mal bâté.

L'âne de la montagne porte le vin et boit de l'eau.

ANGES

Être aux anges

Boire aux anges
Selon saint Césaire, évêque d'Arles au VIe siècle, les ivrognes, lorsqu'ils ne pouvaient presque plus boire, pour s'y exciter encore, portaient des santés aux saints et aux anges.

Voir les anges violets.
Équivalent à l'expression "Voir trente-six chandelles".

ANGLAIS

Être poursuivi par les Anglais.
C'est être poursuivi par les créanciers intransigeants. L'expression daterait de la Guerre de Cent Ans : dans les territoires qu'ils occupaient, les Anglais prêtaient à des conditions fort dures.

ANGUILLE

Il y a quelque anguille sous roche.
L'expression, d'origine latine, est née de la confusion entre anguilla, *l'anguille, et* anguis, *le serpent, qui se tient sous des rochers.*

Écorcher l'anguille par la queue.
C'est commencer par où il faudrait finir.

Rompre l'anguille au genou.
Entreprendre l'impossible. L'anguille, glissante et souple, n'a pas d'échine, et ne peut être "cassée" comme un bâton.

ANNEAU

Laisser l'anneau à la porte.
Abandonner sa maison et ses biens.

AOÛT

Temps trop beau en août annonce hiver en courroux.

Août tarit les fontaines ou emporte les ponts.

Qui dort en août dort à son coût.

Quiconque se marie en août souvent n'amasse rien du tout.

Quand il pleut en août, il pleut miel et bon moût.

APÔTRE

Faire le bon apôtre.
Chercher à tromper en contrefaisant l'homme de bien. Un bon apôtre déguise sa malice sous les apparences d'une bonté qu'il n'a pas. Allusion à l'apôtre Judas qui, tout en trahissant Jésus l'assurait de son attachement et de sa fidélité.

APPARENCES

Dans les grandes choses, les hommes se montrent comme il leur convient de se montrer; dans les petites, ils se montrent comme ils sont.
CHAMFORT, *Maximes et Pensées.*

Il y a des sottises bien habillées, comme il y a des sots très bien vêtus.
CHAMFORT, *Maximes*

Garde-toi, tant que vivras,
De juger les gens sur la mine.
JEAN DE LA FONTAINE

Il faut que les jeunes gens qui entrent dans le monde soient honteux ou étourdis : un air capable et composé se tourne d'ordinaire en impertinence.
LA ROCHEFOUCAULD, *Maximes.*

Mon Dieu, le plus souvent l'apparence déçoit :
Il ne faut pas toujours juger sur ce qu'on voit.
MOLIÈRE, *Tartuffe*.

Le grand art de l'homme fin est de ne le point paraître.
MONTAIGNE, *Essais*.

J'ai toujours vu que pour réussir dans le monde, il fallait avoir l'air fou et être sage.
MONTESQUIEU

Si l'on jugeait les choses sur les apparences, personne n'aurait jamais voulu manger un oursin.
MARCEL PAGNOL

Les faibles veulent parfois qu'on les croie méchants ; mais les méchants veulent passer pour bons.
VAUVENARGUES, *Réflexions et Maximes*.

Le moine, la nonne et la béguine, sont fort pires qu'ils n'en ont la mine.

On ne connaît ni les gens aux robes, ni les chiens au poil.

Chien hargneux a toujours les oreilles déchirées.

Tel semble être bon par dehors, qui sent mauvais par dedans.

Tel a beaux yeux qui ne voit goutte.

Le singe est toujours singe, fût-il déguisé en prince.

Il vaut mieux faire envie que pitié.

Tous ceux qui dansent ne sont pas joyeux.

Beau noyau gît sous faible écorce.

Il ne faut pas se fier aux apparences.

APPÉTIT

L'appétit vient en mangeant, la soif s'en va en buvant.
RABELAIS, *Gargantua*.

Pain dérobé réveille l'appétit.

Plus on a, plus on veut avoir.

Autant croît le désir que le trésor.

APPLAUDISSEMENTS

N'applaudissez pas sur les joues d'autrui.
VICTOR HUGO

APPRENTISSAGE

À chacun est assignée sa part de misère, comme un art qu'il doit apprendre pour se rendre habile.
SÉNÈQUE

C'est en forgeant que l'on devient forgeron.

Les enfants sont tels qu'on les fait.

Ce qu'on apprend au berceau, dure jusqu'au tombeau.

En se trompant on apprend.

Le bon écuyer fait le bon chevalier.

L'instruction ne porte de fruit qu'autant que la nature la seconde.

Tel couteau tel fourreau.

Les affaires font les hommes.

ARBRE

Quand l'arbre est tombé, tout le monde court aux branches.

On ne jette des pierres qu'à l'arbre chargé de fruits.

ARC-EN-CIEL

Arc-en-ciel du matin, pluie sans fin.

L'arc-en-ciel du soir fait le beau temps paroir.

ARGENT

L'argent va à ceux qui l'honorent.
ALAIN, *Propos sur le bonheur.*

Le sang du pauvre, c'est l'argent.
LÉON BLOY

L'argent est le nerf de la guerre.
CATHERINE DE MÉDICIS

Mépriser l'argent, c'est détrôner un roi.
CHAMFORT, *Maximes*

Je n'ai d'argent qu'en mes cheveux.
CHARLES CROS

N'estime l'argent ni plus ni moins qu'il ne vaut : c'est un bon serviteur, et un mauvais maître.
ALEXANDRE DUMAS FILS, *La Dame aux camélias*.

Si l'argent ne fait pas le bonheur. Rendez-le !
JULES RENARD, *Journal*.

Si plaie d'argent n'est pas mortelle, elle ne se ferme jamais.
JULES RENARD, *Journal*.

On a tout avec de l'argent, hormis des mœurs et des citoyens.
ROUSSEAU

L'argent est une troisième main.
PAUL-JEAN TOULET

L'argent est un bon serviteur, mais c'est un mauvais maître.

L'argent est un remède à tout mal, hormis à l'avarice.

Plaie d'argent n'est pas mortelle.

Argent comptant porte médecine.

L'argent est rond pour rouler, l'argent est plat pour s'entasser.

Qui n'a point argent en bourse ait miel en bouche.

Amour fait beaucoup mais argent fait tout.

Argent fait perdre et pendre gens.

Argent fait rage et amour mariage.

Rien n'est plus éloquent que le son de l'argent.

L'argent prêté veut être racheté.

Ne prêtez point votre argent à un grand seigneur.

Ne prête pas ton argent à celui à qui tu serais obligé de le redemander le chapeau à la main.

Si tu veux savoir le prix de l'argent, essaie d'en emprunter.

Amour peut moult, argent peut tout.

L'argent est toujours bien venu, quoiqu'il arrive dans un torchon sale.

Ce qu'on peut éviter à force d'argent n'est point malheur ; le vrai malheur est d'avoir dans sa poche une bourse vide.

L'argent n'a point d'odeur.
L'empereur Vespasien, ayant mis un impôt sur les latrines, contre l'avis de son fils Titus, prit une pièce du premier argent qu'il en retira, et l'approcha du nez de ce prince, en disant : "Cela sent-il mauvais ?" ce qui donna lieu au proverbe.

Semer l'argent.
Dans une cour plénière tenue à Beaucaire par Raymond V, comte de Toulouse, en 1174, Bertrand de Raibaux, cherchant à surpasser en magnificence tous ses rivaux, fit labourer avec douze paires de taureaux blancs les cours et les environs du château, et y fit semer trente mille sous en deniers…

ARGILE

Dans l'argile sable vaut fumier.

ARMÉE

L'armée est une nation dans la nation ; c'est un vice de nos temps.
ALFRED DE VIGNY

ARMES

Un empire fondé par les armes a besoin de se soutenir par les armes.
MONTESQUIEU

Se battre à armes égales.
Les armes dont on se servait dans les anciens duels devaient être égales. C'étaient des épées qu'on nommait "jumelles", parce qu'on les renfermait dans le même fourreau.

ARMOIRIES

Il n'est pas de plus belles armes (armoiries) que les armes de vilain.

Prendre les armoiries des gueux.
Lorsqu'un pauvre faisait l'important, qu'il jouait au grand seigneur, on lui conseillait de prendre les armoiries des gueux. Ces armoiries étaient deux carottes de tabac en croix avec ces mots autour : "Dieu vous bénisse".

ARRIVISME

Pour arriver, il faut mettre de l'eau dans son vin jusqu'à ce qu'il n'y ait plus de vin.
JULES RENARD, *Journal*.

Il y en a qui, étant montés, voudraient tirer l'échelle après eux.

Un clou chasse l'autre.

ART

Une œuvre d'art, c'est le moyen d'une âme.
MAURICE BARRÈS

En art comme en amour, l'instinct suffit.
ANATOLE FRANCE

Les petits esprits ne tiennent jamais pour naturel rien de ce que l'art peut produire.
PAUL DE GONDI, *cardinal de Retz, Mémoires*.

L'objet de l'art est d'unir la matière aux formes qui sont ce que la nature a de plus vrai, de plus beau et de plus pur.
JOSEPH JOUBERT, *Pensées*.

Être naturel dans les arts, c'est être sincère.
JOSEPH JOUBERT, *Pensées*.

L'art est un anti-destin.
ANDRÉ MALRAUX

Un art qui a de la vie ne reproduit pas le passé ; il le continue.
AUGUSTE RODIN

Aurions-nous cultivé les arts, sans les passions ?
VAUVENARGUES, *Réflexions et Maximes*.

L'art est de cacher l'art.

ARTISTE

Le savant généralise, l'artiste individualise.
JULES RENARD, *Journal*.

L'artiste ne compte que sur l'imprévu.
JULES RENARD, *Journal*.

La netteté est le vernis des maîtres.
VAUVENARGUES, *Réflexions et Maximes*.

ASCENSION SOCIALE

Au plus élevé trône du monde, si ne sommes assis que sur notre cul.
MONTAIGNE, *Essais*.

Le difficile n'est pas de monter, mais, en montant, de rester soi.
MICHELET, *Le Peuple*.

J'ai toujours vu que pour réussir dans le monde, il fallait avoir l'air fou et être sage.
MONTESQUIEU

Tel brille au second rang qui s'éclipse au premier.
VOLTAIRE, *La Henriade*.

Chacun veut être un homme de bien.

Plus le singe s'élève, plus il montre son cul pelé.

ASILE

L'asile le plus sûr est le sein d'une mère.
FLORIAN, *Fables*.

On construit des maisons de fous pour faire croire à ceux qui n'y sont pas enfermés qu'ils ont encore la raison.
MONTAIGNE

ASSASSINAT

On tue un homme, on est un assassin. On tue des millions d'hommes, on est un conquérant. On les tue tous, on est un dieu.
JEAN ROSTAND

ASSISTANCE

Aide-toi, le ciel t'aidera.

Un peu d'aide fait grand bien.

Qui a peu Dieu lui donne.

Aux petits des oiseaux Dieu donne leur pâture.

Dieu donne le froid selon le drap.

ASSOCIATION

S'entendre comme larron en foire.

Le larron connaît le larron, comme le loup connaît le loup.

Les ronces se tiennent entrelacées.

ASTROLOGUE

Astrologue parle bien d'avenir, mais il ne le fait pas venir.

ATTENDRISSEMENT

Celui qui sait attendrir sait tout.
ALPHONSE DE LAMARTINE

ATTENTE

Tout vient à point à qui sait attendre.
CLÉMENT MAROT

L'attente est douce, mais elle s'aigrit comme le lait.
MONTAIGNE

L'attente est une chaîne qui lie tous nos plaisirs.
MONTESQUIEU

L'attente tourmente.

Il faut attendre le boiteux.

Tout vient à point à qui sait attendre.

Il ne faut pas se faire attendre ni arriver trop tôt.

On compte les défauts de celui qu'on attend.

Ne t'attends qu'à toi seul.

ATTENTION

Écouter est une politesse qu'un homme d'esprit fait souvent à un sot mais que celui-ci ne lui rend jamais.
PIERRE-ADRIEN DECOURCELLE

Qui se tient aux écoutes entend souvent son fait.

AUDACE

Messieurs, il faut de l'audace, encore de l'audace et toujours de l'audace et la France est sauvée.
DANTON, *Discours du 2 sept. 1792 à l'Assemblée législative.*

AUTEUR

C'est un métier que de faire un livre, comme de faire une pendule : il faut plus que de l'esprit pour être auteur.
LA BRUYÈRE, *Les Caractères.*

À sot auteur sot admirateur.

AUTOCRITIQUE

Ne t'attends qu'à toi seul.
JEAN DE LA FONTAINE, *L'Alouette et ses petits.*

Le vrai moyen d'être trompé, c'est de se croire plus fin que les autres.
LA ROCHEFOUCAULD, *Maximes.*

Nos ennemis approchent plus de la vérité dans les jugements qu'ils font de nous que nous n'en approchons nous-mêmes.
LA ROCHEFOUCAULD, *Maximes.*

Qui se connaît, connaît aussi les autres ; car chaque homme porte la forme entière de l'humaine condition.
MONTAIGNE, *Essais.*

Je préfère être détesté pour ce que je suis plutôt que d'être aimé pour ce que je ne suis pas.
GEORGES SIMENON

Apprends à te connaître : tu t'aimeras moins ; et à connaître les autres : tu ne les aimeras plus.
PAUL-JEAN TOULET

Connais-toi toi-même.

Si tu veux du bien, tire-le de toi-même.

Il ne faut pas mesurer les autres à son aune.

AUTOMNE

Chaleur en automne pique fort et cause à bien des gens la mort.

D'été bien chaud vient un automne, pendant lequel souvent il tonne.

Fièvre qui vient pendant l'automne est très longue, ou la mort nous donne.

AUTORITÉ

Quand on veut gouverner les hommes, il ne faut pas les chasser devant soi ; il faut les faire suivre.
MONTESQUIEU

L'autorité contraint à l'obéissance, mais la raison y persuade.
CARDINAL DE RICHELIEU

Quand Dieu ne veut le saint ne peut.

N'est pas maître qui n'ose commander.

Volonté de roi fait loi.

Dure chose est regimber contre aiguillon.

AUTOSATISFACTION

Il est doux d'être aimé pour soi-même.
BEAUMARCHAIS

Je sais ce que je vaux et crois ce qu'on m'en dit.
PIERRE CORNEILLE

On reproche aux gens de parler d'eux-mêmes, c'est pourtant le sujet qu'ils traitent le mieux.
ANATOLE FRANCE

La raison et l'extravagance, la vertu et le vice ont leurs heureux. Le contentement n'est pas la marque du mérite.
VAUVENARGUES, *Réflexions et Maximes*.

L'admiration est un sentiment qu'on éprouve quand on se regarde devant un miroir.
PIERRE VÉRON

À un chacun sent bon sa merde.

Chacun en sa beauté se mire.

Charité bien ordonnée commence par soi-même.

AUTRUI

L'homme le plus heureux est celui qui fait le bonheur d'un plus grand nombre d'autres.
DIDEROT

Pour vivre en paix avec tout le monde, il ne suffit pas de ne point se mêler des affaires d'autrui, il faut encore souffrir qu'autrui se mêle des vôtres.
FRÉRON

Il faut aimer les gens, non pour soi, mais pour eux.
COLLIN D'HARLEVILLE

Nous avons assez de force pour supporter les maux d'autrui.
LA ROCHEFOUCAULD, *Maximes*.

Dans ta vie, il faut apprendre à compter; mais non pas sur les autres.
PAUL-JEAN TOULET, *Monsieur du Paur, homme public*.

Apprends à te connaître : tu t'aimeras moins; et à connaître les autres : tu ne les aimeras plus.
PAUL-JEAN TOULET

Ceux qui croient n'avoir plus besoin d'autrui deviennent intraitables.
VAUVENARGUES, *Réflexions et Maximes*.

N'attends jamais d'autrui ce que tu peux toi-même faire.

AVARICE

A femme avare galant escroc.
LA FONTAINE, *Contes*.

Bon roi, roi avare.
LOUIS XII

Un avare est un imbécile qui se laisse mourir de faim pour garder de quoi vivre.
CHARLES NARREY

L'avare se moque du prodigue, le prodigue de l'avare : ils se prennent réciproquement pour des dupes.
RIVAROL

L'avarice annonce le déclin de l'âge et la fuite précipitée des plaisirs.
VAUVENARGUES, *Réflexions et Maximes*.

L'avarice est la dernière et la plus absolue de nos passions.
VAUVENARGUES, *Réflexions et Maximes*.

L'amour ne loge point sous le toit de l'avarice.

L'argent est un remède à tout mal, hormis à l'avarice.

Quand l'avarice entre au cerveau Vénus s'en va.

L'avare n'est jamais charitable.

L'avare et le cochon ne sont bons qu'à leur mort.

L'avare ne fait qu'une bonne chose, c'est de mourir.

À père avare, enfant prodigue, à père pilleur, fils gaspilleur.

L'argent est plat, pour s'entasser.

Quand tous les vices sont vieux, l'avarice est encore jeune.

L'avarice est comme le feu, plus on y met de bois, plus il brûle.

Homme chiche n'est jamais riche.

L'avare manque aussi bien de ce qu'il a que de ce qu'il n'a pas.

Avarice de temps seule est louable.

Avarice passe nature.

AVENIR

Il faut laisser le passé dans l'oubli et l'avenir à la Providence.
BOSSUET

L'avenir est ce qu'il y a de pire dans le présent.
GUSTAVE FLAUBERT

L'avenir est un lieu commode pour y mettre les songes.
ANATOLE FRANCE

L'avenir n'est interdit à personne.
LÉON GAMBETTA

Le présent touche toujours, sans comparaison, davantage les âmes faibles que l'avenir même le plus proche.
PAUL DE GONDI, CARDINAL DE RETZ, *Mémoires*.

Ma foi, sur l'avenir bien fou qui se fiera :
Tel qui rit vendredi dimanche pleurera.
JEAN RACINE, *Les Plaideurs*.

L'homme sage juge de l'avenir par le passé.
SOPHOCLE

Nous entrons dans l'avenir à reculons.
PAUL VALÉRY

Tu ne sais pas les événements que peut amener le soir.

L'avenir est perclus de la moitié de ses membres.

Par le fil tu tireras le peloton, et par le passé l'avenir.

Nul ne sait ce que lui garde l'avenir.

Il ne faut se fier sur l'avenir.

Par le passé l'on connaît l'avenir.

Bien fou qui s'inquiète de l'avenir.

AVERSION

Une grande aversion présente est souvent le seul signe d'un grand amour passé.
SAINTE-BEUVE

AVERTISSEMENT

Un homme averti en vaut deux.

Qui dit averti, dit muni.

Averti d'avance, armé d'avance.

AVEU

Il est, à mon sens, d'un plus grand homme de savoir avouer sa faute que de savoir ne la pas faire.
PAUL DE GONDI, CARDINAL DE RETZ, *Mémoires*.

AVEUGLEMENT

Nous courons sans souci dans le précipice, après que nous avons mis quelque chose devant nous pour nous empêcher de le voir.
PASCAL, *Pensées*.

Nous verrons, dit l'aveugle.
Lorsqu'une personne ignorante donne des avis.

AVIDITÉ

Trop n'est pas assez.
BEAUMARCHAIS

Les vertus se perdent dans l'intérêt, comme les fleuves se perdent dans la mer.
LA ROCHEFOUCAULD, *Maximes*.

L'homme a plus d'ardeur pour acquérir que pour conserver.
RIVAROL

Plus a le diable et plus il veut avoir.

Autant croît le désir que le trésor.

Qui s'enrichit en six mois peut se faire pendre au bout d'un an.

Qui trop embrasse mal étreint.

Qui plus a, plus convoite.

Il n'y a point assez, s'il n'y a trop.

Deux gloutons ne s'accordent en une même assiette.

AVIS

Les gens du même avis ne sont jamais d'accord.
DELAVILLE, *Le Folliculaire*.

Autant de têtes, autant d'avis.
JEAN DE LA FONTAINE, *Le meunier, son fils et l'âne*.

Je pardonne aux gens de n'être pas de mon avis, je ne leur pardonne pas de n'être pas du leur.
TALLEYRAND

Le bedeau de la paroisse est toujours de l'avis de monsieur le curé.

Les gens du même avis ne sont jamais d'accord.

Un bon avis vaut un œil dans la main.

AVOCAT

La gloire d'un bon avocat consiste à gagner de mauvais procès.
HONORÉ DE BALZAC,

Ce serait beau, l'honnêteté d'un avocat qui demanderait la condamnation de son client !
JULES RENARD, *Journal*.

Avocats se querellent, et vont boire ensemble.

Quand l'avocat prête, il achète.

Bon droit a besoin d'aide.

Le vent n'entre jamais dans la maison d'un avocat.

Se faire l'avocat du diable.
Cette expression est venue de l'usage ancien de discuter lors de débats contradictoires des principes de la religion. Celui qui, à des fins dialectiques, défendait les mauvais principes était appelé avocat du diable.

AVRIL

Lune d'avril ne passe pas sans gelée.

Avril froid pain et vin donne.

Gelée d'avril ou de mai misère nous prédit au vrai.

Au mois d'avril ne quitte pas un fil ; au mois de mai va comme il te plaît.

Quand il tonne en avril prépare tes barils.

Bourgeon qui pousse en avril met peu de vin au baril.

Avril le doux quand il se fâche est le pire de tous.

Le mois d'avril est cousu de mauvais fil.

Fleur d'avril tient par un fil.

En avril nuée, en mai rosée.

La pluie d'avril remplit les greniers.

Mars venteux et avril pluvieux font le mai gai et gracieux.

B

B

Être marqué au B.

Il faut se défier des gens marqués au B.
Avoir quelque défaut corporel dont le nom commence par la lettre B : être bancal, ou bègue, ou bigle, ou boiteux, ou borgne, ou bossu.

BAGUE

Avoir la bague au doigt.
Être marié, ne plus être libre.

Avoir une belle bague au doigt.
Posséder une belle propriété ou occuper un emploi aussi rentable que peu pénible.

Avoir bagues sauves.
Bien se sortir d'une situation périlleuse. Vient de la formule militaire "sortir vie et bagues sauves", employée lors des capitulations : elle garantissait à la garnison vaincue vie sauve et bagages (bagues) conservés.

BAGUETTE

Commander à la baguette.

Être servi à la baguette.

BAISER
Le baiser est un fruit qu'il faut cueillir sur l'arbre.
Proverbe galant qu'on adressait à une femme qui envoyait des baisers avec la main.

BALAI
Avoir rôti le balai.
Ceux qui fréquentaient le sabbat devaient s'y rendre avec un balai pour monture. Le balai était "rôti" lorsqu'il avait été ensorcelé.

BALEINE
Sauts de baleine, grosse bise prochaine.

Mais sauts plus hauts, tempête au plus haut.

BALLE
Prendre la balle au bond.

La balle cherche le joueur.
L'occasion se présente d'elle-même à celui qui sait en profiter.

Renvoyer la balle à quelqu'un.
Se décharger d'un travail sur quelqu'un d'autre, ou riposter avec vivacité.

BÂILLEMENT
Un bon bâilleur en fait bâiller deux.

BAN
Convoquer le ban et l'arrière-ban.
Quand les rois rassemblaient, pour le service du fief militaire, leurs vassaux directs, les ducs, comtes, baron, chevaliers, châtelains, cela s'appelait le ban ; quand ils rassemblaient leurs vassaux directs et leurs vassaux indirects, c'est-à-dire les seigneurs et les vassaux des seigneurs, les possesseurs d'arrière-fiefs, cela s'appelait l'arrière-ban.

BANNIÈRE

Faire de pennon bannière.
Le pennon était l'enseigne d'un gentilhomme bachelier qui commandait à 20 hommes d'armes ; la bannière était l'enseigne d'un gentilhomme banneret qui commandait à 50 hommes d'armes. Le pennon se terminait en queue, la bannière avait une forme carrée. Lorsque le bachelier était élevé à la dignité de banneret, on coupait la queue du pennon qui devenait ainsi sa bannière.

BANQUET

Les fous font les banquets et les sages les mangent.

Banquet de diables
Repas où il n'y a point de sel. La superstition attribuait au diable et aux sorciers une forte allergie au sel, symbole d'éternité, car il servait à conserver la nourriture.

BAPTÊME

Tout bateau non baptisé est mené par le diable aux rochers.

BAPTISTE

Tranquille comme Baptiste.
Se dit d'un homme indolent et apathique. Allusion au rôle des niais qui, dans les anciennes farces, étaient désignés ordinairement par le nom de Baptiste.

BARBE

En la grande barbe ne gît pas le savoir.

La barbe ne fait pas l'homme.

Faire la barbe à quelqu'un.
C'est braver quelqu'un, jusqu'à l'humilier en lui rasant ce symbole de sagesse qu'est sa barbe.

BARBON

Un homme riche n'est jamais vieux pour une fille.

BARQUE

A barque désespérée Dieu fait trouver le port.

BARRE

Jouer aux barres.
Se chercher sans se joindre, parce qu'au jeu de barres on poursuit ceux qui fuient, et on fuit ceux qui poursuivent.

BASILIC

Regard de basilic.
C'était une croyance que les vieux coqs pondaient quelquefois un œuf dans le fumier ; il produisait un basilic, reptile redoutable auquel on attribuait le pouvoir de tuer par son seul regard quiconque s'y trouve exposé, et de se tuer lui-même quand il se voit dans une glace. De là ces expressions proverbiales : lancer des regards de basilic, faire des yeux de basilic à quelqu'un, c'est-à-dire des regards et des yeux enflammés de fureur.

BASSINET

Cracher au bassinet.
Contribuer malgré soi à une dépense. Dans les églises, autrefois, on se servait d'un bassinet (cuvette) pour faire la quête.

BÂTARD

Enfant de loup, qui n'a jamais vu son père (*Voir Loup*).

BÂTON

Battre en vain l'eau avec un bâton.

Mettre un bâton dans les roues.

Bâton merdeux, que celui qu'on ne sait par quel bout prendre.

Être réduit au bâton blanc
Allusion à un ancien usage militaire : les soldats d'une garnison qui avait capitulé sortaient de la place avec un bâton dans la main, c'est-à-dire avec un bois de lance dégarni de son fer.

BAVARDAGE

Les gens qui ont peu d'affaires sont de très grands parleurs : moins on pense, plus on parle.
MONTESQUIEU

La nature a horreur des bavards.
JULES RENARD, *Journal*

La plus mauvaise roue fait le plus de bruit.
RIVAROL

Généralement, les gens qui savent peu parlent beaucoup, et les gens qui savent beaucoup parlent peu.
JEAN-JACQUES ROUSSEAU

Moins on parle, et bien souvent mieux on pense.
SAINTE-BEUVE

Trop gratter cuit, trop parler nuit.

Qui parle beaucoup dit beaucoup de sottises.

Tailler des bavettes (*Voir ce mot*).

Brebis qui bêle perd sa goulée.

Entendre le bruit du moulin, mais ne pas voir la farine

BAVETTE

Tailler des bavettes.
Expression populaire où le mot bavette, partie haute d'un tablier, se prend dans le sens de bavardage qu'il avait autrefois.

BEAUTÉ

La bêtise est souvent l'ornement de la beauté.
CHARLES BAUDELAIRE

Le beau est toujours bizarre.
CHARLES BAUDELAIRE

Le pouvoir est une beauté ; il fait aimer aux femmes la vieillesse même.
JOSEPH JOUBERT, *Pensées*.

Il ne sert à rien d'être jeune sans être belle, ni d'être belle sans être jeune.
LA ROCHEFOUCAULD, *Maximes*.

Il y a de belles choses qui ont plus d'éclat quand elles demeurent imparfaites que quand elles sont trop achevées.
LA ROCHEFOUCAULD, *Maximes*.

Tout est beau. Il faut parler d'un cochon comme d'une fleur.
JULES RENARD, *Journal*

La beauté est une promesse de bonheur.
STENDHAL

La beauté sans bonté est comme un vin éventé.

Beauté n'est qu'image fardée.

Par grande beauté est l'homme hébété.

Beau visage et cœur arrière.

Beauté de femme n'enrichit homme.

En grande beauté rarement loyauté.

Femme fort belle est rude et rebelle.

Beau et bon on ne peut pas être.

Les belles ne sont pas pour les beaux.

Ce ne sont pas les plus belles qui font les grandes passions.

BEAU TEMPS

Rouge vesprée et blanc matin est la joie du pèlerin.

Arc-en-ciel du soir, de beau temps espoir.

Après la pluie vient le beau temps.

Hirondelle volant haut, le temps sera beau.

BÉNÉFICE

Plus un bénéfice est illégal, plus l'homme y tient.
HONORÉ DE BALZAC, *César Birotteau*.

Bénéfice à l'indigne est maléfice.

Il faut prendre le bénéfice et les charges.

Ferrer la mule (*Voir ce mot*).

On ne peut avoir en même temps femme et bénéfice.
Autrefois, certains bénéfices ne pouvaient être collectés par des hommes mariés.

BERGER

Bon berger tond, mais n'écorche pas.

BÊTE

À toute bête la nature a donné son ennemi.

Souvent les bêtes montrent à vivre aux hommes.

Une bonne femme, une bonne mule, une bonne chèvre sont trois méchantes bêtes.

On prend les bêtes par les cornes, et les hommes par les paroles.

Mauvaise bête se prend par douceur.

Morte la bête, mort le venin.

Du chien qui mordit le poil guérit.

Prendre du poil de la bête.
Cette expression est fondée sur la croyance populaire que le poil de certains animaux, appliqué sur la morsure qu'ils ont faite, en opère la guérison.

BÊTISE

Ce qui entend le plus de bêtises dans le monde est peut-être un tableau de musée.
EDMOND ET JULES DE GONCOURT

La guigne ne s'acharne que sur la bêtise.
JULES RENARD, *Journal*

BIEN

Il m'a fait trop de bien pour en dire du mal,
Il m'a fait trop de mal pour en dire du bien.
CORNEILLE, *Poésies*.

Assez de gens méprisent le bien, mais peu savent le donner.
LA ROCHEFOUCAULD, *Maximes*.

Nous aurions souvent honte de nos plus belles actions si le monde voyait tous les motifs qui les produisent.
LA ROCHEFOUCAULD, *Maximes*.

Voulez-vous qu'on croie du bien de vous ? N'en dites pas.
PASCAL, *Pensées*.

Il ne faut attendre son bien que de soi-même.

Il ne faut pas délibérer pour faire le bien.

Bien vient à mieux, et mieux à mal.

Nul bien sans peine.

On trouve plutôt le mal que le bien.

Il faut faire le bien pour lui-même.

Si tu veux du bien, tire-le de toi-même.

Bien perdu, bien connu.

Tout est bien, qui finit bien.

BIEN (MAL ACQUIS)

Bien mal acquis ne profite jamais.

Ce qui vient de la flûte s'en retourne au tambour.

Ce qui vient de flot s'en retourne de marée.

Ce qui est gagné sur le dos du diable est dépensé sous son ventre.

BIENFAISANCE

La bienfaisance est bien plutôt un vice de l'orgueil qu'une véritable vertu de l'âme.
MARQUIS DE SADE, *La Philosophie dans le boudoir*.

Qui tôt donne, deux fois donne.
Un don spontané laisse moins de regrets qu'un don longtemps retenu.

BIENFAIT

Tout bienfait qui n'est pas cher au cœur est odieux.
CHAMFORT, *Maximes et Pensées.*

Un bienfait perd sa grâce à le trop publier.
PIERRE CORNEILLE, *Théodore.*

Souvent on oublie un bienfait parce que le bienfaiteur s'en souvient.
MALESHERBES

Rien ne vieillit plus vite qu'un bienfait.

Un bienfait n'est jamais perdu.

Le bienfait disparaît avec le bienfaiteur.

On s'attache par ses bienfaits.

BISCUIT

S'embarquer sans biscuit.
Tenter une entreprise sans avoir pris les précautions qu'elle exige. Métaphore empruntée aux marins, qui faisaient provision de biscuits pour la traversée.

BLÂME

Sans la liberté de blâmer, il n'est point d'éloge flatteur.
BEAUMARCHAIS, *Le mariage de Figaro.*

BLÉ

Bon champ semé, bon blé rapporte.

Année de gelée, année de blé.

Si tu veux des blés, fais des prés.

En petit champ croît bien blé.

BŒUF

Dieu donne le bœuf, mais pas la corne.

Vieux bœuf fait droit sillon.

Mieux vaut aujourd'hui un œuf que demain un bœuf.

BOIRE

Puisque le vin est tiré, il faut le boire.

Qui fait la faute la boit.

BOIS

Bois inutile porte fruit précieux.

Il ne faut pas aller au bois qui craint les feuilles.

Tout bois ne fait pas flèche.

Il ne faut pas mettre le doigt entre le bois et l'écorce.

De tout bois on fait feu.

Bois tordu fait flamme droite.

BOISSEAU

Il ne faut pas cacher la lumière sous le boisseau.

Il y a des fentes au boisseau sous lequel se cachent les vertus.

BOITEUX

Il ne faut pas clocher devant les boiteux.

Il faut attendre le boiteux.
Il faut attendre la confirmation d'une nouvelle avant d'y croire.

BON

Bonnes gens font les bons pays,
Bon cœur fait le bon caractère,
Bons comptes font les bons amis,
Bon fermier fait la bonne terre,
Bons livres font les bonnes mœurs,
Bons maîtres font les bons serviteurs,

Bons maris font les bonnes femmes,
Bonnes femmes les bons maris,
Bonnes actions les bonnes âmes,
Bons sentiments les bons esprits,
Le bon goût fait les bons écrits,
Bonne foi les bonnes affaires,
Bonnes lois les bons citoyens,
Bons fils encor font les bons pères,
Bonnes filles les bonnes mères,
Dieu, qui tout est bon, fait tous biens.

BONHEUR

Il y a du bonheur dans toute espèce de talent.
HONORÉ DE BALZAC, *Le Cabinet des antiques*.

Le bonheur humain est composé de tant de pièces qu'il en manque toujours.
BOSSUET

Il en est du bonheur comme des montres. Les moins compliquées sont celles qui se dérangent le moins.
CHAMFORT, *Maximes et Pensées*.

Le vrai bonheur coûte peu ; s'il est cher, il n'est pas d'une bonne espèce.
CHATEAUBRIAND, *Mémoires d'outre-tombe*.

Religion à part, le bonheur est de s'ignorer et d'arriver à la mort sans avoir senti la vie.
CHATEAUBRIAND, *Mémoires d'outre-tombe*.

Il ne faut jamais chercher le bonheur. Il passe sur la route, mais toujours en sens inverse.
ISABELLE EBERHARDT, *Journal*.

Pour vivre heureux, vivons caché.
FLORIAN, *Fables*.

Le plus grand secret du bonheur, c'est d'être bien avec soi.
FONTENELLE

Il entre dans la composition de tout bonheur l'idée de l'avoir mérité.
JOSEPH JOUBERT, *Pensées*.

Ni l'or ni la grandeur ne nous rendent heureux.

JEAN DE LA FONTAINE, *Philémon et Baucis*.

On n'est jamais si malheureux qu'on croit, ni si heureux qu'on avait espéré.
LA ROCHEFOUCAULD, *Maximes*.

Notre grand et glorieux chef-d'œuvre, c'est vivre à propos. Toutes autres choses, régner, thésauriser, bâtir, n'en sont qu'appendicules et adminicules pour le plus.
MONTAIGNE, *Les Essais*.

Si l'on bâtissait la maison du bonheur, la plus grande pièce serait la salle d'attente.
JULES RENARD, *Journal*

On n'est pas heureux : notre bonheur, c'est le silence du malheur.
JULES RENARD, *Journal*

Le bonheur, c'est de le chercher.
JULES RENARD, *Journal*

Le but, c'est d'être heureux. On n'y arrive que lentement. Il y faut une application quotidienne. Quand on l'est, il reste beaucoup à faire : à consoler les autres.
JULES RENARD, *Journal*

Le vrai bonheur serait de se souvenir du présent.
JULES RENARD, *Journal*

Il n'est pas nécessaire de vivre, mais il l'est de vivre heureux.
JULES RENARD, *Journal*

Il ne suffit pas d'être heureux : il faut encore que les autres ne le soient pas.
JULES RENARD, *Journal*

J'ai connu le bonheur, mais ce n'est pas ce qui m'a rendu le plus heureux.
JULES RENARD, *Journal*

Le bonheur que les autres vous croient ajoute à notre détresse de savoir que nous ne sommes pas heureux.
JULES RENARD, *Journal*

Les gens heureux n'ont pas le droit d'être optimistes : c'est une insulte au malheur.
JULES RENARD, *Journal*

L'homme heureux et optimiste est un imbécile.
JULES RENARD, *Journal*

On se reconnaît si peu de droits au bonheur qu'on a un peu hâte que ça finisse.
JULES RENARD, *Journal*

Prends garde ! Le bonheur qui déborde éclabousse le voisin.
JULES RENARD, *Journal*

On n'est heureux que par hasard.
JULES RENARD, *Journal*

Mes bonheurs, je les ai presque toujours eus par maladresse.
JULES RENARD, *Journal*

Le goût mûrit aux dépens du bonheur.
JULES RENARD, *Journal*

Il faut être discret quand on parle de son bonheur, et l'avouer comme si l'on se confessait d'un vol.
JULES RENARD, *Journal*

Le désir est à la passion ce que le plaisir est au bonheur : mais le désir devient souvent passion, et nul plaisir n'est encore devenu bonheur.
RIVAROL

Le bonheur en général fait plus de flatteurs et d'envieux que le mérite ; parce qu'il éblouit et irrite plus de monde.
RIVAROL

Ce qu'il y a d'horrible en général dans le monde, c'est que nous cherchions avec une égale ardeur à nous rendre heureux et à empêcher les autres de l'être.
RIVAROL

Nous recherchons tous le bonheur, mais sans savoir où, comme des ivrognes qui cherchent leur maison, sachant confusément qu'ils en ont une.
VOLTAIRE

La grande affaire et la seule qu'on doive avoir, c'est de vivre heureux.
VOLTAIRE

Est heureux qui peut, mais ne l'est qui veut.

N'est heureux que qui croit l'être.

À l'heureux l'heureux.

BON SENS

Le bon sens est de savoir ce qu'il faut faire ; le bon esprit, de savoir ce qu'il faut penser.
JOSEPH JOUBERT, *Pensées*.

Le bon sens dispense de savoir.
JULES RENARD, *Journal*

BONTÉ

Un homme sans élévation ne saurait avoir de bonté ; il ne peut avoir que de la bonhomie.
CHAMFORT, *Maximes et Pensées*.

La pitié est une loi contre la justice, la bonté est un devoir comme la probité.
VICTOR HUGO

On fait souvent du bien pour pouvoir impunément faire du mal.
LA ROCHEFOUCAULD, *Maximes*.

Un sot n'a pas assez d'étoffe pour être bon.
LA ROCHEFOUCAULD, *Maximes*.

Rien n'est plus rare que la véritable bonté ; ceux mêmes qui croient en avoir n'ont d'ordinaire que de la complaisance ou de la faiblesse.
LA ROCHEFOUCAULD, *Maximes*.

Dans ce monde, il faut être un peu trop bon pour l'être assez.
MARIVAUX

Comme on serait meilleur sans la crainte d'être dupe !
JULES RENARD, *Journal*

Notre bonté, c'est notre méchanceté qui dort.
JULES RENARD, *Journal*

La bonté ne mène jamais à la bêtise.
JULES RENARD, *Journal*

C'est difficile d'être bon quand on est clairvoyant.
JULES RENARD, *Journal*

La bonté n'est pas naturelle ; c'est le fruit pierreux de la raison.
JULES RENARD, *Journal*

Celui qui a bon cœur n'est jamais sot.
GEORGE SAND, *François le Champi*.

Aux bons ils arrivent souvent malheur.

Beau et bon on ne peut pas être.

Bonté vaut mieux que beauté.

BORGNE

Au pays des aveugles les borgnes sont rois.

BOTANIQUE

La botanique est l'art de dessécher les plantes entre des feuilles de papier buvard et de les injurier en grec et en latin.
ALPHONSE KARR

BOTTE

Mettre du foin dans ses bottes.
Au temps des chaussures à la poulaine, dont la grandeur était proportionnée au rang de ceux qui les portaient, on garnissait ordinairement de foin les vides que les pieds ne devaient pas remplir dans ces chaussures. On emploie cette expression en parlant d'un homme devenu riche par des moyens peu honnêtes.

BOUCHE

Qui garde sa bouche garde son âme.

Gouverne ta bouche selon ta bourse.

Bouche en cœur au sage, cœur en bouche au fou.

Il arrive bien des choses entre la bouche et le verre.

Qui est large de la bouche est étroit de la main.

La bouche fait jaillir le feu en soufflant sur l'étincelle et l'éteint en crachant dessus.

La bouche est la prison de la langue.

Faire venir l'eau à la bouche.

De la coupe à la bouche il y a souvent bien du vin perdu.

BOUDIN

S'en aller en eau de boudin.

On appelle eau de boudin l'eau dans laquelle on lave les boyaux qui forment l'enveloppe du boudin ; cette eau n'est bonne qu'à jeter.

BOULE

Tenir pied à boule.

Être assidu, ne point abandonner une affaire. Métaphore empruntée au joueur qui accompagne la boule qu'il vient de lancer, comme pour en régler le mouvement et l'arrêter au but.

BOULIMIE

Qui mange tout le soir, le lendemain ronge son pain noir.

BOURBIER

Il n'est que d'être crotté pour affronter le bourbier.

Le sens moral de ce proverbe est qu'après avoir fait des taches à son honneur on ne craint plus d'y ajouter de nouvelles, car l'habitude de l'infamie finit par produire l'impudence.

BOURGEOIS
Les bourgeois, ce sont les autres.
JULES RENARD, *Journal*

Un bourgeois a ses vertus comme il a ses habitudes.
PAUL-JEAN TOULET

BOURREAU
Se faire payer en bourreau.
Se faire payer d'avance, comme le bourreau qui, avant de dresser l'échafaud, recevait publiquement la somme qui lui revenait.

BOURSE
Gouverne ta bouche selon ta bourse.

BRAIES
Sortir les braies nettes d'une affaire.
Se retirer sans dommage d'ennuis. Allusion aux conséquences que la peur peut provoquer…

BRAVER
Faire la barbe à quelqu'un (*Voir Barbe*).

BREBIS
Il faut tondre les brebis et non pas les écorcher.

Qui se fait brebis le loup le mange.

Brebis mal gardée du loup est mangée.

À brebis tondue Dieu mesure le vent.

Il ne faut qu'une brebis galeuse pour infecter tout un troupeau.

Brebis qui bêle perd sa goulée.

BRUIT
Faire beaucoup de bruit pour rien.

BRUINE

Bruine est bonne à la vigne, et à blé la ruine.

Bruine obscure trois jours dure, si elle poursuit, en dure huit.

BUISSON

Il n'est si petit buisson qui ne porte son ombre.

BURE

Bure vaut bien écarlate.
La bure, ou bureau, était l'étoffe grossière des gens du commun, tandis que l'écarlate, de haut prix, parait les grands seigneurs.

BUVEUR

Un homme qui ne boit que de l'eau a un secret à cacher à ses semblables.
Charles Baudelaire

Ce que le sobre tient au cœur est sur la langue du buveur.

Les méchants sont buveurs d'eau.

Trop boire noie la mémoire.

Aux amants et aux buvants, chemin est court avec le temps.

C

CADEAUX

Donner est un plaisir plus durable que recevoir ; car celui des deux qui donne est celui qui se souvient le plus longtemps.
CHAMFORT, *Maximes et Pensées*.

CAGE

Pour avoir une idée de l'ennui, il faut regarder les fauves dans leurs cages.
JULES RENARD, *Journal*.

La belle cage ne nourrit pas l'oiseau.

CAHIN-CAHA

Aller cahin-caha
Aller tant bien que mal, de mauvaise grâce.

CAILLE

Chaud comme une caille
La caille passait pour être plus chaude que les autres oiseaux. Recette d'amour à l'ancienne entre époux : prendre un couple de cailles dont vous extrairiez les deux cœurs pour les porter sur vous, à savoir : le mari celui du mâle, et la femme celui de la femelle, et vous ferez très bon ménage.

CALENDES (RENVOYER AUX...)

Renvoyer aux calendes grecques.
Les Romains appelaient calendes le premier jour de chaque mois où les créanciers avaient coutume d'exiger l'argent prêté.

CALENDRIER MÉTÉO

(Les dates indiquées ne sont pas celles du calendrier actuel, corrigé par le concile Vatican II, en 1963, afin que les dates des fêtes correspondent à celles de la mort des saints, mais celles utilisées en France au cours des siècles passés.)

ÉPIPHANIE (6 janvier) : Beaucoup d'étoiles pour la nuit des Rois, et sécheresse en été tu auras.
SAINT RAYMOND (6 janvier) : S'il gèle à la Saint-Raymond, l'hiver est encore long.
SAINT VINCENT (22 janvier) : Si saint Vincent est clair et beau, on boira plus de vin que d'eau.
CHANDELEUR (2 février) : À la fête de la Chandeleur, les jours croissent de plus d'une heure, et le froid pique avec douleur.
La veille de la Chandeleur, l'hiver se passe ou prend vigueur.
SAINTE AGATHE (5 février) : À la sainte-Agathe sème ton oignon fût-il dans la glace.
ANNONCIATION (25 mars) : Annonciation mouillée, crains les giboulées.
SAINT GEORGES (23 avril) / SAINT MARC (25 avril) : À la saint Georges, sème ton orge. À la saint-Marc, il est trop tard.
ASCENSION : Quand il pleut à l'Ascension, tout dépérit jusqu'à la moisson. Il ne faut pas couper le chardon le jour de l'Ascension, il en viendrait dix sur le même tronc.
SAINTS DE GLACE : SAINT MAMERT (11 mai), SAINT GERVAIS (12 mai) / SAINT PANCRACE (13 mai) : Saint Gervais, saint Pancrace et saint Mamert, font à eux trois un petit hiver.
Au printemps ramènent l'hiver, Pancrace, Gervais et Mamert.
SAINTE ANGÈLE (24 mai) : Après ste-Angèle, ne crains plus le gel.
SAINT MÉDARD (8 juin) : S'il pleut le jour de saint-Médard, il pleut quarante jours plus tard.

SAINT BARNABÉ (11 juin) : Pluie de saint-Barnabé, diminue la récolte de moitié. St-Barnabé reboutonne la culotte de saint Médard.
SAINT AURÉLIEN (16 juin) : Pluie à la saint-Aurélien, belle avoine et mauvais foin.
SAINT JEAN (24 juin) : Eau de Saint-Jean, peu de vin et peu de grain.
SAINT THIBAULT (1 juillet) : À la Saint-Thibault, sème tes raves, arrache tes aulx.
ASSOMPTION (15 août) : Quand il pleut le jour de Notre-Dame, il pleut jusqu'au 8 septembre.
SAINTE JUSTINE (26 septembre) : À la Sainte-Justine, toutes les fleurs s'inclinent.
SAINT MICHEL (29 septembre) : Les hirondelles à la Saint-Michel, l'hiver s'en vient après la Noël.
SAINT LUC (18 octobre) : À la Saint-Luc ne sème plus, ou sème dru.
SAINT HUBERT (3 novembre) : À la Saint-Hubert, les oies sauvages fuient l'hiver.
SAINT MARTIN (11 novembre) : À la Saint-Martin, tout le moût passe pour bon vin. À la Saint-Martin on boit du bon vin.
Pour saint Martin, mène la chèvre au bouquin.
SAINT CLÉMENT (23 novembre) : Passé la Saint-Clément, ne sème plus froment.
SAINTE CATHERINE (25 novembre) : À la Sainte-Catherine, le bois prend racine.
SAINT ANDRÉ (30 novembre) : À la Saint-André la nuit, l'emporte sur le jour qui suit. Neige de Saint-André, peut cent jours durer.
SAINT AMBROISE (7 décembre) : À la Saint-Ambroise, du froid pour huit jours.
SAINTE LUCE (13 décembre) : À la Sainte-Luce, les jours croissent du saut d'une puce.
SAINT NICOLAS (6 déc.) : St-Nicolas marie les filles avec les gars.
SAINT THOMAS (21 décembre) : À la Saint-Thomas, les jours sont au plus bas.
SAINTE EUGÉNIE (25 décembre) : À la Sainte-Eugénie, toute semaille est finie.
NOËL (25 décembre) : On a tant crié Noël qu'à la fin il est venu.
NOËL et PÂQUES : Noël au balcon, Pâques aux tisons.
À Noël les moucherons, à Pâques les glaçons.

CALIN

Faire le câlin.
C'est cacher la finesse sous un air niais, indolent, et prendre un ton doucereux pour obtenir quelque chose.

CALOMNIE

La calomnie est une guêpe qui vous importune et contre laquelle il ne faut faire aucun mouvement, à moins qu'on ne soit sûr de la tuer, sans quoi elle revient à la charge, plus furieuse que jamais.
CHAMFORT, *Maximes et Pensées*.

Si ceux qui disent du mal de moi savaient exactement ce que je pense d'eux, ils en diraient bien davantage.
SACHA GUITRY

Le ciel punit souvent les fautes des gens de bien dans leur mémoire, en la livrant à la calomnie.
JOSEPH JOUBERT, *Pensées*.

L'odeur d'un coquillage putréfié suffit pour accuser toute la mer.
JULES RENARD, *Journal*.

Les calomniateurs sont comme le feu qui noircit le bois vert, ne pouvant le brûler.
VOLTAIRE, *Le Sottisier*.

La calomnie s'arme du vraisemblable.

La fumée s'attache au blanc.

Qui veut tuer son chien l'accuse de la rage.

Celui qui a attaché le grelot doit le détacher.

Qui crache en l'air reçoit le crachat.

C'est toujours à l'aide du vrai que le mensonge attaque la vérité.

Calomniez, calomniez : il en reste toujours quelque chose.

On offre les poisons enveloppés de miel.

Jeter des pierres dans le jardin de quelqu'un (*Voir "Jardin"*).

CAMELOT

Quand le camelot a pris son pli, c'est pour toujours.
L'étoffe appelée camelot, parce qu'originairement elle était faite de poil de chameau, ne perd que très difficilement les mauvais plis qu'elle a pris.

CANARD

Canard qui crie et c'est la pluie.

S'il pleut à la Saint-Médard, c'est du beau temps pour les canards.

CAPACITÉ

Un défaut qui empêche les hommes d'agir, c'est de ne pas sentir de quoi ils sont capables.
BOSSUET

Les hommes ne croient jamais les autres capables de ce qu'ils ne le sont pas eux-mêmes.
PAUL DE GONDI, CARDINAL DE RETZ, *Mémoires*.

La France doit redouter également les gens qui ne sont capables de rien et les gens qui sont capables de tout.
ADOLPHE THIERS

CAPITAL

Le capital est du travail volé.
AUGUSTE BLANQUI

Le Capital mourrait si, tous les matins, on ne graissait pas les rouages de ses machines avec de l'huile d'homme.
JULES VALLÈS, *Jacques Vingtras*.

CAPUCIN

Un verre de vin est la chemise d'un capucin.
D'après un précepte d'hygiène, il fallait, lorsqu'on était en sueur, changer de chemise ou boire un verre de vin. Les capucins, qui ne portaient point de chemise, buvaient donc un verre de vin. D'où cet autre proverbe : Un verre de vin vaut un habit de velours.

CARACTÈRE

Quiconque n'a pas de caractère n'est pas un homme, c'est une chose.
CHAMFORT, *Maximes et Pensées*.

Il faut savoir faire les sottises que nous demande notre caractère.
CHAMFORT, *Maximes et Pensées*.

Un acte de vertu, un sacrifice ou de ses intérêts ou de soi-même, est le besoin d'une âme noble, l'amour-propre d'un cœur généreux, et, en quelque sorte, l'égoïsme d'un grand caractère.
CHAMFORT, *Maximes et Pensées*.

Un homme d'esprit est perdu s'il ne joint pas à l'esprit l'énergie de caractère. Quand on a la lanterne de Diogène, il faut avoir son bâton.
CHAMFORT, *Maximes et Pensées*.

Le caractère, c'est d'abord de négliger d'être outragé ou abandonné par les siens.
CHARLES DE GAULLE

Chaque homme a trois caractères : celui qu'il a, celui qu'il montre, et celui qu'il croit avoir.
ALPHONSE KARR

Un caractère bien fade est celui de n'en avoir aucun.
JEAN DE LA BRUYÈRE, *Les Caractères*.

CASAQUE

Tourner casaque. *C'est changer de parti*.

CÉLÉBRITÉ

La plupart des hommes célèbres meurent dans un véritable état de prostitution.
SAINTE-BEUVE

La célébrité c'est l'avantage d'être connu de ceux qui ne vous connaissent pas.
CHAMFORT, *Maximes et Pensées*.

La célébrité est le châtiment du mérite et la punition du talent.
CHAMFORT, *Maximes et Pensées*.

CÉLÉRITÉ

Au fait ! est ma devise
VOLTAIRE

Aussitôt dit, aussitôt fait.

CÉLIBAT

Le mariage et le célibat ont tous deux des inconvénients ; il faut préférer celui dont les inconvénients ne sont pas sans remède.
CHAMFORT, *Maximes et Pensées*.

Se garde de femme épouser qui veut en paix se reposer.

Femme seule n'est rien.

Celui qui n'a point de dispute est dans le célibat.

Rester pour coiffer sainte Catherine.
C'était l'usage, le jour où une jeune fille se mariait, de confier à une de ses amies le soin d'arranger la coiffure nuptiale, dans l'idée que cet emploi portant bonheur, celle qui le remplissait ne pouvait manquer d'avoir à son tour un époux. Donc, comme les saintes Catherine, sont, d'après les légendes, toutes mortes vierges, celles qui auraient voulu attendre pour coiffer sainte Catherine se seraient retrouvées vieilles filles. Autre explication : Comme on ne choisissait que des vierges pour coiffer sainte Catherine, patronne des vierges, on réserva ce ministère à celles qui vieillissaient sans espoir de mariage.

CERCUEIL

Le cercueil est le salon des morts, ils y reçoivent des vers.
XAVIER FORNERET

CERNOIR

Faire de l'arbre d'un pressoir le manche d'un cernoir.
L'arbre d'un pressoir est une pièce de bois longue et épaisse, tandis que le manche d'un cernoir est un morceau de bois court. Un cernoir est un couteau destiné à cerner les noix, c'est-à-dire les séparer de leur coque pour en faire des cernaux.

CERISE

Il ne faut pas manger de cerises avec les grands seigneurs, ils vous jettent les noyaux à la figure.

Année de cerises rouges met le rire sur les bouches.

Quand la cerise périt, tout s'ensuit.

CERVEAU

Un cerveau bien soigné ne se fatigue jamais.
JULES RENARD, *Journal*.

CHAGRIN

Les premiers sujets de chagrin m'ont servi de cuirasse contre les autres.
CHAMFORT, *Maximes et Pensées*.

Ne réveillez pas le chagrin qui dort.
JULES RENARD, *Journal*.

On ne console pas des chagrins, on s'en distrait.
STENDHAL, *Armance*.

Le doge a ses chagrins, les gondoliers ont les leurs.
VOLTAIRE, *Candide*.

Avoir le cœur gros (*Voir "Cœur"*).

CHAIR

La chair des femmes se nourrit de caresses comme l'abeille de fleurs.
ANATOLE FRANCE

CHAMP

À faible champ fort laboureur.

CHANCE

Les chanceux sont ceux qui arrivent à tout ; les malchanceux, ceux à qui tout arrive.
EUGÈNE LABICHE

La déveine est bien ennuyeuse, mais la veine a quelque chose d'humiliant.
JULES RENARD, *Journal*.

Avoir de la corde de pendu (*Voir "Pendu"*).

Être né coiffé.
Personne constamment heureuse, par allusion à la membrane appelée coiffe qui enveloppe la tête de quelques enfants, au moment de leur naissance, et qui était, dans l'antiquité, présage de bonheur.

CHANDELEUR

À la Chandeleur, les grandes douleurs.
Ce sont les grands froids du début de février, temps de la Chandeleur, ainsi nommée à cause des chandelles de cire qu'on portait à la procession et aux offices de cette fête.

CHANDELLE

À la chandelle la chèvre semble demoiselle.

À chaque saint sa chandelle.

Donner une chandelle à Dieu et une au diable.

Devoir à Dieu une belle chandelle.
On le disait d'une personne sauvée du danger, par allusion à la coutume d'offrir des chandelles à Dieu, en reconnaissance de sa protection.

CHANSON / CHANT

Le gouvernement de la France est une monarchie absolue tempérée par des chansons.
CHAMFORT, *Maximes et Pensées*.

CHAPELET

Il faut se défier du chapelet du connétable.
Proverbe dû au connétable Anne de Montmorency qui avait toujours son chapelet à la main pendant qu'il commandait tantôt de mettre le feu à un village, tantôt de faire main basse sur une garnison, et tantôt de châtier ou de pendre des soldats.

CHAPITRE

N'avoir pas voix en (au) chapitre.

Ne pas être consulté, n'avoir aucun crédit, parce qu'il n'y avait que les principaux personnages d'un chapitre (assemblée de religieux)qui eussent voix délibérative.

CHARBON

Le méchant est comme le charbon, s'il ne vous brûle, il vous noircit.

Charbon n'est jamais si bien éteint qu'en s'approchant du feu il ne se rallume.

CHARDON

Qui s'y frotte s'y pique

Dicton populaire repris comme devise par Louis XII.

Il ne faut pas couper le chardon le jour de l'Ascension, il en viendrait dix sur le même tronc.

CHARITÉ

Il y a beaucoup à dire contre la charité. Le reproche le plus grave qu'on puisse lui faire, c'est de n'être pas pratiquée.
GEORGES CLEMENCEAU

Qui donne au pauvre, prête à Dieu.
VICTOR HUGO, *Les Voix intérieures.*

Il faut toujours rendre justice avant que d'exercer la charité.
NICOLAS MALEBRANCHE

La charité n'est jamais perdue, pour ceux qui la font.
PAUL-JEAN TOULET

Charité bien ordonnée commence par soi-même.

Qui a peu Dieu lui donne.

La main du pauvre est la bourse de Dieu.

Donner au pauvre n'appauvrit pas.

CHARYBDE

Tomber de Charybde en Scylla.
Scylla et Charybde, deux écueils opposés et redoutables : Charybde est du côté de la Sicile, près de Messine, Scylla du côté de l'Italie. Charybde est un gouffre profond dans lequel la mer s'enfonce en tournoyant, Scylla est un rocher menaçant, où les flots se précipitent. Si le pilote, en voyant d'un côté des rochers contre lesquels il va se briser et de l'autre un gouffre où il va se perdre, ne garde pas un juste milieu, il ne se sauve d'un rocher que pour se jeter dans un abîme, ou d'un abîme que pour se briser contre un rocher. De là le proverbe.

CHAT

L'idéal du calme est dans un chat assis.
JULES RENARD, *Journal.*

Le chat ne nous caresse pas ; il se caresse à nous.
RIVAROL

Qui naquit chat court après les souris.

Chat échaudé craint l'eau froide.

Chat échaudé ne revient pas en cuisine.

Le chat qui a été mordu par un serpent appréhende jusqu'à la corde.

Il est comme le chat qui tombe toujours sur ses pieds.

La nuit tous les chats sont gris.

Chat se chauffant, est signe de mauvais temps.

Quand chat se frotte la tête, il y aura bientôt tempête.

Appeler un chat un chat.

Propre comme une écuelle à chat.

À bon chat bon rat.

Acheter le chat pour le lièvre.

Acheter chat en poche (ou en sac).
Acheter quelque chose sans l'avoir vu.

CHEF

Chef, c'est un qualificatif de cuisinier !
ADOLPHE THIERS

CHEF-D'ŒUVRE

Les chefs-d'œuvre ne sont jamais que des tentatives heureuses.
GEORGE SAND

CHEMIN

Tous les chemins mènent à Rome.

À chemin battu il ne croît point d'herbe.

Aller et venir font le chemin pelé.

Bonne terre, mauvais chemins.

Beau chemin n'est jamais long.

Qui trop se hâte reste en chemin.

Aller par quatre chemins.
Expression qui a été quelquefois employée pour dire : aller sans savoir où l'on va, sans avoir un but fixe. Elle fait peut-être allusion à ce qui se pratiquait chez les Francs lorsqu'on affranchissait un esclave. On plaçait cet esclave dans un carrefour qu'on appelait la place des Quatre-Chemins, et on prononçait la formule : "Qu'il soit libre, et qu'il aille où il voudra".

Ne pas y aller par quatre chemins.
S'exprimer avec franchise.

CHEMISE

Que ta chemise ne sache ta guise.
C'est-à-dire qu'il faut garder ses projets secrets. Un général romain, en guerre en Espagne aurait été l'inventeur de ce proverbe, en répondant à quelqu'un qui lui demandait à quoi tendaient les marches et les travaux qu'il faisait faire à ses troupes : "Si ma tunique savait mon secret, je brûlerais à l'instant ma tunique !"

CHÊNE

Petit homme abat grand chêne.

Année de glands, année d'argent.

Année de glands, année d'enfants.

CHÈRE (BONNE)

Viande et boisson, perdition de maison.

Grande chère, petit testament.

Grasse cuisine, maigre testament.

Bien nourrir fait dormir, et bien vivre fait mourir.

CHERTÉ

Cherté foisonne.
Lorsqu'une marchandise est chère, ses vendeurs ne parviennent pas à la vendre. Mais lorsqu'elle devient bon marché, elle devient rare, car introuvable, ayant été achetée. Ainsi la nature donne-t-elle les vivres et les hommes font-ils la famine.

CHEVAL

La plus noble conquête que l'homme ait jamais faite est celle de ce fier et fougueux animal, qui partage avec lui les fatigues de la guerre et la gloire des combats.
BUFFON

À cheval donné on ne regarde pas les dents.

Au cheval maigre va la mouche.

Il n'est si bon cheval qui ne bronche.

Il est bien aisé d'aller à pied, quand on tient son cheval par la bride.

Abreuver son cheval à tous gués, mener sa femme à tous festins, de son cheval on fait une rosse, et de sa femme une catin.

L'œil du maître engraisse le cheval.

Monter sur ses grands chevaux.

CHÈVRE

Où la chèvre est attachée, il faut qu'elle broute.

À la chandelle la chèvre semble demoiselle.

On n'a jamais vu chèvre morte de faim.

Une bonne femme, une bonne mule, une bonne chèvre sont trois méchantes bêtes.

Ménager la chèvre et le chou.
Un batelier doit passer en trois fois du bord d'un fleuve à l'autre bord un loup, une chèvre et un chou, sans laisser la chèvre exposée à la dent du loup, ou le chou à la dent de la chèvre. Il passe donc en premier la chèvre, en second le chou qu'il gardera dans son bateau, en troisième le loup qu'il débarquera avec le chou.

CHIEN

Le chien, c'est la vertu qui, ne pouvant se faire homme, s'est faite bête.
VICTOR HUGO

Qui veut noyer son chien l'accuse de la rage.

Chien qui aboie ne mord pas.

Jamais bon chien n'aboie à faux.

Bon chien chasse de race.

Il n'est pas nécessaire de montrer le méchant au chien.

Il n'est de chasse que de vieux chiens.

Le chien se défend quand on lui ôte son os.

Chien hargneux a toujours les oreilles déchirées.

Le chien se frotte à la charogne.

Caresses de chien donnent des puces.

Pour l'alouette le chien perd son maître.

On ne connaît ni les gens aux robes, ni les chiens au poil.

Par petits chiens le lièvre est trouvé, et par les grands est happé.

À toute heure, chien pisse et femme pleure.

Ressemble aux grands chiens qui veut pisser contre les murailles.

Un chien regarde bien évêque.
Autrefois il était défendu aux évêques d'avoir chez eux un chien, afin que les fidèles qui iraient leur demander l'hospitalité ne fussent point exposés à être mordus.

Entre chien et loup.
Cette expression désigne l'intervalle qui sépare le moment où le chien est placé à la garde du bercail et celui où le loup profite de l'obscurité qui commence pour rôder à l'entour. Autre version : dans la pénombre montante, devant la silhouette de l'animal, on hésite entre le chien et le loup.

CHOIX

Devine, si tu peux, et choisis, si tu l'oses.
Pierre Corneille, Héraclius.

Il faut être enclume ou marteau.

CHOSES (PETITES)

Celui qui méprise les petites choses n'en aura jamais de grandes.

Il ne faut pas négliger les petites choses.

L'attention aux petites choses est l'économie de la vertu.

CHOU

Être bête comme chou.

S'y entendre comme à ramer des choux.
Faire preuve d'ignorance et d'incompétence. On rame le pois, dont les tiges ont besoin du support parce qu'elles s'élèvent à une certaine hauteur ; mais on ne rame point les choux.

CHRISTIANISME

Le christianisme a été prêché par des ignorants et cru par des savants, et c'est en quoi il ne ressemble à rien de connu.
JOSEPH DE MAISTRE

CHUTE

Quand on tombe, on ne tombe jamais bien.
ALEXANDRE DUMAS FILS, *Le Demi-Monde*.

De grande montée, grande chute.

CIEL

Ciel rouge le soir, blanc le matin, ravit le pèlerin.

Ciel pommelé et femme fardée ne sont pas de longue durée.

Ciel moutonné, beau temps passé.

Ciel bleu foncé, vent renforcé.

CLEF

Mettre les clefs sur la fosse.
C'était renoncer à une succession : on déposait, devant notaire, la clef de la propriété refusée sur le tombeau du testateur.

CLÉMENCE

La clémence des princes n'est souvent qu'une politique pour gagner l'affection des peuples.
LA ROCHEFOUCAULD, *Maximes*.

Cette clémence dont on fait une vertu se pratique tantôt par vanité, quelquefois par paresse, souvent par crainte, et presque toujours par tous les trois ensemble.
LA ROCHEFOUCAULD, *Maximes*.

La magnanimité méprise tout pour avoir tout.
LA ROCHEFOUCAULD, *Maximes*.

La clémence qui compose avec la tyrannie est barbare.
Robespierre

La clémence vaut mieux que la justice.
Vauvenargues

CLERC

Les plus grands clercs ne sont pas les plus fins.

CLERGÉ

Il faut se garder du devant d'une femme, du derrière d'une mule, et d'un moine de tous côtés.

Il n'y a pas de plus sage abbé que celui qui a été moine.

Il faut bien mentir quelquefois quand on est évêque.

L'abbaye est bien pauvre quand les moines vont aux glands.

Ferveur de novice ne dure pas longtemps.

CLOCHE

Qui n'entend qu'une cloche n'entend qu'un son.

On ne peut sonner les cloches et faire la procession.

On fait dire aux cloches tout ce qu'on veut.

CLOU

Un clou chasse l'autre.

River son clou à quelqu'un.
Métaphore empruntée aux galériens et aux forçats auxquels on rivait le clou qui fermait le collier les retenant à la chaîne

COCHON

Où il y a beau cochon, il y a bonne soupe.

À la Saint-Martin, tue ton cochon et invite tes voisins.

CŒUR

On voit dans le cœur des femmes par les trous qu'on fait à leur amour-propre.
BARBEY D'AUREVILLY

S'emparer d'un cœur qui n'a pas l'habitude des attaques, c'est entrer dans une ville ouverte et sans garnison.
ALEXANDRE DUMAS FILS, *La Dame aux camélias*.

Ah ! Frappe-toi le cœur, c'est là qu'est le génie.
ALFRED DE MUSSET, *Poésies*.

Le cœur d'un homme d'État doit être dans sa tête.
NAPOLÉON Ier

Le cœur a ses raisons que la raison ne connaît point.
PASCAL, *Pensées*

Tout homme a dans le cœur un orgue de Barbarie qui ne veut pas se taire.
JULES RENARD, *Journal*.

La mémoire est toujours aux ordres du cœur.
RIVAROL

Le cœur n'a pas de rides.
MARQUISE DE SÉVIGNÉ, *Correspondance*.

La vie est pleine de choses qui blessent le cœur.
MARQUISE DE SÉVIGNÉ, *Correspondance*.

Les grandes pensées viennent du cœur.
VAUVENARGUES, *Réflexions et Maximes*.

Le cœur mène où il va.

À cœur vaillant, rien d'impossible.

Loin des yeux, loin du cœur.

Bon cœur ne peut mentir

Faire contre mauvaise fortune bon cœur.

Avoir le cœur sur la main.

Avoir le cœur à la bouche.

Avoir un cœur de citrouille.

Les sages ont la bouche dans le cœur, les fous ont le cœur dans la bouche.

Avoir le cœur gros.
Avoir du chagrin. L'opinion populaire selon laquelle les personnes mélancoliques ont le cœur plus gros que les autres, a donné lieu à cette expression proverbiale. Un médecin du XVIIe siècle assura qu'en faisant la dissection de quelques personnes de ce tempérament, il avait trouvé des cœurs très volumineux, entre autres celui de Marie de Médicis.

COLÈRE

Ce sont nos impuissances qui nous irritent.
JOSEPH JOUBERT, *Pensées*.

Qui se fâche a tort.

Douces paroles apaisent grande colère, dures paroles irritent un cœur félon.

Craignez la colère de la colombe.

Il n'y a pas de colère au-dessus de la colère de la femme.

Méfie-toi du vinaigre fait avec du vin doux.

Courroux est vain sans forte main.

En ire on ne doit rire.

Tant chauffe-t-on le fer qu'il rougit.

La soumission désarme la colère.

La colère se passe en disant l'alphabet.

Il ne faut pas attiser le feu avec l'épée.

Il ne faut pas jeter de l'huile sur le feu.

COLLIER

Être franc du collier.
C'est être brave, serviable, agir avec franchise. Métaphore empruntée des chevaux de trait.

COMMANDEMENT

Aucun homme n'a reçu de la nature le droit de commander les autres.
DIDEROT, *Encyclopédie*.

Servir ! C'est la devise de ceux qui aiment commander.
JEAN GIRAUDOUX

Celui qui obéit est presque toujours meilleur que celui qui commande.
ERNEST RENAN, *Dialogues et fragments philosophiques*.

Il faut apprendre à obéir pour savoir commander.

COMMENCEMENT

Heureux commencement est la moitié de l'œuvre.

Commencement n'est pas fusée.

N'a pas fait qui commence.

COMMERCE

Le commerce est une guerre d'argent.
COLBERT

Le commerce est l'école de la tromperie.
VAUVENARGUES, *Réflexions et Maximes*.

Il faut être marchand ou larron.

Marchandise qui plaît est à moitié vendue.

Marchand qui perd ne peut rire.

COMPAGNIE

La mauvaise compagnie pend l'homme.

Il n'y a si bonne compagnie qui ne se quitte.

COMPARAISON

Comparaison n'est pas raison.

Il ne faut pas mesurer les autres à son aune.

Ce qui nuit à l'un convient à l'autre.

Il ne faut pas juger du mérite des hommes par la taille.

COMPÉTENCE

Il vaut mieux avoir affaire au bon Dieu qu'à ses saints.

C'est au pied du mur qu'on voit le maçon.

COMPLICITÉ

De larron à larron il n'y a que la main.

Les corbeaux ne crèvent pas les yeux aux corbeaux.

Manger à la même écuelle.

COMPRÉHENSION

Comprendre tout, c'est n'égaler rien.
JULES RENARD, *Journal*.

La condition de comprendre, ce n'est pas l'intelligence, c'est l'amour.
PAUL-JEAN TOULET, *Monsieur du Paur, homme public*.

COMPTER

Dans la vie il faut savoir compter, mais pas sur les autres.
PAUL-JEAN TOULET

CONCURRENCE

Deux gloutons ne s'accordent point en une même assiette.

CONDAMNATION

Il ne faut pas condamner sans entendre.

Qui casse les verres les paie.

Avec vent, on nettoie froment, et vice avec supplice et châtiment.

CONFESSION

Ceux-là seuls vous font de belles confessions qui aiment encore leurs fautes.
ANATOLE FRANCE

Il est, à mon sens, d'un plus grand homme de savoir avouer sa faute que de savoir ne la pas faire.
PAUL DE GONDI, CARDINAL DE RETZ, *Mémoires*.

On doit se consoler de ses fautes, quand on a la force de les avouer.
LA ROCHEFOUCAULD, *Maximes*.

Mieux vaut être martyr que confesseur.

CONFIANCE

Savoir se fier est une qualité très rare, et qui marque autant un esprit élevé au-dessus du commun.
PAUL DE GONDI, CARDINAL DE RETZ, *Mémoires*.

Un homme qui ne se fie pas à soi-même ne se fie véritablement à personne.
PAUL DE GONDI, CARDINAL DE RETZ, *Mémoires*.

La confiance fournit plus à la conversation qu'à l'esprit.
LA ROCHEFOUCAULD, *Maximes*.

La confiance doit venir d'en bas et le pouvoir d'en haut.
SIEYÈS

Confiance est mère de déception.

CONNAISSANCE

Savoir par cœur n'est pas savoir : c'est tenir ce qu'on a donné en garde à sa mémoire.
MONTAIGNE, *Essais*.

Le simple écolier sait maintenant des vérités pour lesquelles Archimède eût sacrifié sa vie.
ERNEST RENAN

CONNAISSANCE (DE SOI)

Qui se connaît, connaît aussi les autres ; car chaque homme porte la forme entière de l'humaine condition.
MONTAIGNE, *Essais*.

Apprends à te connaître : tu t'aimeras moins ; et à connaître les autres, tu ne les aimeras plus.
PAUL-JEAN TOULET

Connais-toi toi-même.

CONSCIENCE

La conscience est un bâton que chacun prend pour battre son voisin.
BALZAC, *Pensées*.

Science sans conscience n'est que ruine de l'âme.
RABELAIS, *Pantagruel*.

La conscience est la voix de l'âme, les passions sont la voix du corps.
JEAN-JACQUES ROUSSEAU, *Émile*.

La conscience est à l'âme ce que l'instinct est au corps ; qui la suit obéit à la nature et ne craint point de s'égarer.
JEAN-JACQUES ROUSSEAU

Une bonne conscience est un bon oreiller

CONSEILS

En général, on ne demande de conseils que pour ne pas les suivre ou, si on les a suivis, reprocher à quelqu'un de les avoir donnés.
ALEXANDRE DUMAS

On donne facilement des conseils ; ça amuse beaucoup celui qui les donne et ça n'engage à rien celui qui les reçoit.
ALPHONSE KARR

On ne donne rien si libéralement que ses conseils.
LA ROCHEFOUCAULD, *Maximes*.

Il y a plus de mauvais conseils que de caprices.
VAUVENARGUES, *Réflexions et Maximes*.

On ne fait pas beaucoup de grandes choses par conseil.
VAUVENARGUES, *Réflexions et Maximes*.

Les conseils faciles à pratiquer sont les plus utiles.
VAUVENARGUES, *Réflexions et Maximes*.

Conseiller, c'est donner aux hommes des motifs d'agir qu'ils ignorent.
VAUVENARGUES, *Réflexions et Maximes*.

Les conseilleurs ne sont pas les payeurs.

La nuit porte conseil.

Écoute les conseils de tous et prends celui qui te convient.

Il est plus facile de dire que de faire.

Conseil de nuit, ne fait ennui, conseil en vin, n'a bonne fin.

Ce que chacun sait n'est pas conseil.

Il faut choisir un conseil entre mille.

CONSÉQUENCES

Petite étincelle engendre grand feu.

Petites causes, grands effets.

CONTAGION

Il ne faut qu'une brebis galeuse pour infecter tout un troupeau.

Un bon bâilleur en fait bâiller deux.

CONTEMPLATION

La vie contemplative est souvent misérable. Il faut agir davantage, penser moins, et ne pas se regarder vivre.
CHAMFORT, *Maximes et Pensées*.

CONTENTEMENT

Quand on n'a pas ce que l'on aime, il faut aimer ce que l'on a.
BUSSY-RABUTIN *(attribué aussi à Thomas Corneille)*

Contentement passe richesse.
MOLIÈRE, *le Médecin malgré lui*.

On ne peut contenter tout le monde et son père.

La pauvreté que la joie accompagne est un trésor.

CONTESTATION

Être contesté, c'est être constaté.
VICTOR HUGO

CONVERSATION

On reproche aux gens de parler d'eux-mêmes, c'est pourtant le sujet qu'ils traitent le mieux.
ANATOLE FRANCE

L'esprit de la conversation consiste bien moins à en montrer beaucoup qu'à en faire trouver aux autres. Celui qui sort de votre entretien content de soi et de son esprit l'est de vous parfaitement.
LA BRUYÈRE, *Caractères*.

Nous faisons quelquefois des conversations d'une tristesse qu'il semble qu'il n'y ait plus qu'à nous enterrer.
MME DE SÉVIGNÉ, *Lettres*.

Pour juger combien nous importunons en parlant de nous, il faut songer combien les autres nous importunent quand ils parlent d'eux.
MME DE SÉVIGNÉ, *Lettres*.

Les discours des hommes ne sont que des masques qu'ils appliquent sur leurs actions.
STENDHAL

Conversation en jeunesse, fraternité en vieillesse.

CONVERTI

Un traître est celui qui quitte son parti pour s'inscrire à un autre; et un converti, celui qui quitte cet autre pour s'inscrire au vôtre.
GEORGES CLEMENCEAU

CONVICTION

La conviction est la volonté humaine arrivée à sa plus grande puissance.
BALZAC, *Le Curé de village*.

La conviction est la conscience de l'esprit.
CHAMFORT, *Maximes et Pensées*.

COQ

Un oiseau qui chante sur le fumier.
NAPOLÉON 1ER

Le coq et le serviteur, un seul an sont en vigueur.

C'est chose qui moult déplaît, quand poule chante et coq se tait.

À Mardi Gras qui n'a pas de viande tue son coq

Qui n'a pas de coq tue sa femme.

Si le coq boit en été, bientôt il pleut.

Si le coq chante le soir, c'est signe qu'il va pleuvoir.

Être comme un coq en pâte.

COQUELUCHE

Être la coqueluche de quelqu'un.

C'est être l'objet de ses préférences, de son admiration, l'objet dont il est coiffé, comme on dit. Cette façon de parler fait allusion à la coqueluche, espèce de bonnet autrefois à la mode, dont les dames se paraient.

COQUETTERIE

Une femme qui n'a qu'un amant croit n'être point coquette; celle qui a plusieurs amants croit n'être que coquette.
LA BRUYÈRE, *Les Caractères*.

C'est une espèce de coquetterie de faire remarquer qu'on n'en fait jamais.
LA ROCHEFOUCAULD, *Maximes*.

L'envie est détruite par la véritable amitié, et la coquetterie par le véritable amour.
LA ROCHEFOUCAULD, *Maximes*.

Les coquettes se font honneur d'être jalouses de leurs amants pour cacher qu'elles sont envieuses des autres femmes.
LA ROCHEFOUCAULD, *Maximes*.

Ciel pommelé et femme fardée ne sont pas de longue durée.

Dame qui moult se mire, peu file.

CORBEAU

Les corbeaux ne crèvent pas les yeux aux corbeaux.

N'élève pas un corbeau, il te crèvera les yeux.

Au corbeau, préfère la pie.

De mauvais corbeau mauvais œuf.

CORDE

On ne parle pas de corde dans la maison d'un pendu.

Vaurien qui ne vaut pas la corde pour se pendre.

À trop tirer, on rompt la corde.

Filer sa corde.
C'est faire comme l'araignée qui travaille à se pendre.

Gens de sac et de corde
Sous Charles VI, les agents de l'autorité s'emparaient secrètement de leurs opposants, les enfermaient dans des sacs liés par le haut avec une corde, et allaient les précipiter dans la Seine, pendant la nuit, sous le pont au Change.

CORDELIER

Il ne faut pas parler latin devant les cordeliers.
Les cordeliers avaient la réputation d'être bons latinistes.

CORDONNIER

Cordonnier est toujours le plus mal chaussé.

CORNEILLE

Y aller de cul et de tête, comme une corneille qui abat des noix.

Bayer aux corneilles.

CORPS

Le corps est la baraque où notre existence est campée.
JOSEPH JOUBERT, *Pensées.*

À trop vieux corps, point de remède.

CORRECTION

L'expérience corrige.

CORRUPTION

Telle est la différence entre la corruption et la barbarie : l'une est plus féconde en vices, et l'autre en crimes.
RIVAROL

Les petits présents entretiennent l'amitié.

Il ne faut qu'une brebis galeuse pour infecter tout un troupeau.

Graisser la patte (*Voir "Graisser"*).

COUCOU

Chant du coucou, temps doux.

En été le coucou perd son chant, c'est la caille qui le reprend.

Maigre comme un coucou.

Ingrat comme un coucou.

Avaler comme un coucou. *Le coucou est un nourrisson insatiable.*

COUPABLE

Il vaut mieux hasarder de sauver un coupable que de condamner un innocent.
VOLTAIRE, *Zadig*.

Coupable craint de comparaître.

COUPLE

L'homme sans la femme et la femme sans l'homme, sont des êtres imparfaits dans l'ordre naturel. Mais plus il y a de contraste dans leurs caractères, plus il y a d'union dans leurs harmonies.
BERNARDIN DE SAINT-PIERRE

COURAGE

On ne peut répondre de son courage quand on n'a jamais été dans le péril.
LA ROCHEFOUCAULD, *Maximes*.

Un fait courageux ne doit pas conclure un homme vaillant.
MONTAIGNE, *Essais*.

C'est dans les grands dangers qu'on voit les grands courages.
JEAN-FRANÇOIS REGNARD

Il faut du courage pour être heureux.
ARMAND SALACROU

Le courage consiste à savoir choisir le moindre mal.
STENDHAL, *La Chartreuse de Parme*.

Le courage a plus de ressources contre les disgrâces, que la raison.
VAUVENARGUES, *Réflexions et Maximes*.

Le terme du courage est l'intrépidité dans le péril.
VAUVENARGUES, *Réflexions et Maximes*.

Le courage, c'est l'art d'avoir peur sans que cela paraisse.
PIERRE VÉRON

Cœur content, grand talent.

Cœur et courage font l'ouvrage.

À cœur vaillant rien d'impossible.

À vaillant homme courte épée.

Au danger on connaît les braves.

Avoir du cœur au ventre.

COURTISAN

Les courtisans sont des pauvres enrichis par la mendicité.
CHAMFORT, *Maximes et Pensées*.

J'aime mieux être ridicule aux courtisans que lourd au peuple.
LOUIS XII

Un courtisan est semblable à ces plantes faites pour ramper qui s'attachent à tout ce qu'elles trouvent.
MONTESQUIEU

Un courtisan doit être sans humeur et sans honneur.

COURTOISIE

Courtois de bouche, main au bonnet, peu coûte, et bon est.

Courtoisie qui ne vient que d'un côté ne peut longtemps durer.

Courtoisie passe beauté.

Courtoisie vaut beaucoup contre rusé ennemi.

CRAINTE

La jalousie est un doute, la crainte est une petitesse.
HONORÉ DE BALZAC

Un défaut qui empêche les hommes d'agir, c'est de ne pas sentir de quoi ils sont capables.
BOSSUET

Fi du plaisir
Que la crainte peut corrompre.
JEAN DE LA FONTAINE, *Le Rat de ville et le Rat des champs*.

L'espérance et la crainte sont inséparables, et il n'y a point de crainte sans espérance ni d'espérance sans crainte.
LA ROCHEFOUCAULD, *Maximes*.

Quand je pourrais me faire craindre, j'aimerais encore mieux me faire aimer.
MONTAIGNE, *Essais*.

Qui craint de souffrir, il souffre déjà de ce qu'il craint.
MONTAIGNE, *Essais*.

La crainte suit le crime, et c'est son châtiment.
VOLTAIRE, *Sémiramis*.

CRÉANCIER

Être poursuivi par les Anglais (*Voir ce mot*).

CRÉDULITÉ

L'incrédulité est quelquefois le vice d'un sot, et la crédulité le défaut d'un homme d'esprit.
DIDEROT, *Pensées philosophiques*.

La dévote croit aux dévots, l'indévote aux philosophes ; mais toutes deux sont également crédules.
RIVAROL

CRIME

Un crime est avant tout un manque de raisonnement.
HONORÉ DE BALZAC

Un homme couvert de crimes est toujours intéressant. C'est une cible pour la Miséricorde.
LÉON BLOY, *Le Désespéré*.

Les hommes rougissent moins de leurs crimes que de leurs faiblesses et de leur vanité.
LA BRUYÈRE, *Les Caractères*.

Le crime prend souvent l'accent de la vertu.
JEAN-BAPTISTE GRESSET

En matière de crime d'État, il faut fermer la porte à la pitié.
RICHELIEU

Et qui pardonne au crime en devient le complice.
VOLTAIRE, *Brutus*.

Homicide, mensonge et larcin, se découvrent toujours à la fin.

CRITIQUE

Sans la liberté de blâmer, il n'est point d'éloge flatteur.
BEAUMARCHAIS, *Le mariage de Figaro*.

Le besoin que les hommes ont de tout blâmer.
CHAMFORT, *Maximes et Pensées*.

On fait de la critique quand on ne peut pas faire de l'art, de même qu'on se met mouchard quand on ne peut pas être soldat.
GUSTAVE FLAUBERT

Le bon critique est celui qui raconte les aventures de son âme au milieu des chefs-d'œuvre.
ANATOLE FRANCE

La critique sans bonté trouble le goût et empoisonne les saveurs.
JOSEPH JOUBERT, *Pensées*.

Certains critiques ressemblent assez à ces gens qui, toutes les fois qu'ils veulent rire, montrent de vilaines dents.
JOSEPH JOUBERT, *Pensées*.

Le plaisir de la critique nous ôte celui d'être vivement touchés de très belles choses.
LA BRUYÈRE, *Les Caractères*.

Les esprits médiocres condamnent d'ordinaire tout ce qui passe à leur portée.
LA ROCHEFOUCAULD, *Maximes*.

Peu de gens sont assez sages pour préférer le blâme qui leur est utile à la louange qui les trahit.
LA ROCHEFOUCAULD, *Maximes*.

La critique est aisée, mais l'art est difficile.
DESTOUCHES

Il est aisé de critiquer un auteur; mais il est difficile de l'apprécier.
VAUVENARGUES, *Réflexions et Maximes*.

Il est plus facile de démolir que de bâtir.

Il est aisé de reprendre et malaisé de faire mieux.

CROCODILE

Larmes de crocodile.
Cette expression est fondée sur la croyance que le crocodile pleure et gémit en imitant la voix humaine, lorsqu'il se cache, afin d'attirer sa proie.

CROIRE

On risque autant à croire trop qu'à croire trop peu.
DIDEROT

Je crois ce que je dis, je fais ce que je crois.
VICTOR HUGO

Qui craint de souffrir, il souffre déjà ce qu'il craint.
MONTAIGNE, *Essais*.

Il est doux de croire, même à l'enfer.
ANATOLE FRANCE

Aimer, c'est la moitié de croire.
VICTOR HUGO, *Les Chants du crépuscule*.

On croit mieux ce qu'on craint, ou ce que l'on désire.

CROIX

La croix est l'échelle des cieux.

Chacun porte sa croix en ce monde.

Faire une croix à la porte de quelqu'un.
Cette expression, dont on se sert pour dire qu'on ne veut plus aller dans une maison, est fondée sur un usage des chevaliers qui, passant devant un château où ils ne daignaient pas entrer, traçaient sur la porte une croix d'infamie.

CROSSE

Crosse d'or, évêque de bois.
Quelqu'un ayant demandé à saint Boniface, au VIIIe siècle, s'il était permis de se servir de calices de bois, ce saint répondit : "Autrefois l'Église avait des calices de bois, et des évêques d'or ; aujourd'hui elle a des calices d'or, et des évêques de bois".

CROUPIÈRE

Tailler des croupières à quelqu'un.
Cette locution, dont on se sert pour dire que l'on suscite des embarras à quelqu'un, fut employée d'abord en parlant d'un corps de cavalerie mis en déroute et poursuivi par l'ennemi qui, frappant à coups de lance sur la croupe des chevaux, taillait les croupières.

CROYANCE

Il est très important de ne pas prendre de la ciguë pour du persil, mais nullement de croire ou de ne pas croire en Dieu.
DIDEROT

La foi est la consolation des misérables, et la terreur des heureux.
VAUVENARGUES, *Réflexions et Maximes*.

CRUAUTÉ

La cruauté, c'est le premier des attributs de Dieu.
ANDRÉ GIDE, *Les faux-monnayeurs*.

CUIR

Faire du cuir d'autrui large courroie.
C'est être fort libéral du bien des autres, le dépenser mal à propos.

CUISINE

La cuisine, c'est quand les choses ont le goût de ce qu'elles sont.
CURNONSKY

Petite cuisine agrandit la maison.

CUISSON

Bœuf saignant, mouton bêlant, porc pourri, tout n'en vaut rien, s'il n'est bien cuit.

Veaux, poulets et poissons crus, font les cimetières bossus.

CUL

Il ne faut pas péter plus haut que son cul.

S'il faut baiser le cul du chien, tant vaut aujourd'hui que demain.

Demeurer entre deux selles le cul à terre.

Être à cul.
C'est ne savoir plus que faire ni que dire.

CULTURE

Il n'y a pas d'homme cultivé. Il n'y a que des hommes qui se cultivent.
MARÉCHAL FOCH

La culture, c'est ce qui demeure dans l'homme lorsqu'il a tout oublié.
ÉMILE HENRIOT

La culture, c'est comme la confiture, moins on en a, plus on l'étale.

CURIOSITÉ

Il y a toujours un moment où la curiosité devient un péché, et le diable s'est toujours mis du côté des savants.
ANATOLE FRANCE

On n'est curieux qu'à proportion qu'on est instruit.
JEAN-JACQUES ROUSSEAU, *Émile*.

CYGNE

Chant du cygne.
Les Anciens prétendaient que le cygne, au moment de mourir, avait un chant particulièrement solennel et mélodieux.

D

D

Tout se fait dans le monde par quatre grands D.
Dieu, Diable, Dame, Denier.

DANGER

Plus le péril est grand, plus doux est le fruit.
PIERRE CORNEILLE, *Cinna*.

Au danger on connaît les braves.

Le danger dissout tous les liens.

Danger passé, saint moqué.

Péril passé, promesses oubliées.

DANSE

Après la panse, la danse.

Qui bien chante et qui bien danse, fait un métier qui peu avance.

Jamais danseur ne fut bon clerc.

DATE

Dans toutes les existences, on note une date où bifurque la destinée, soit vers une catastrophe, soit vers le succès.
LA ROCHEFOUCAULD, *Maximes*.

DÉBUT

Rien ne sert de courir, il faut partir à point.
JEAN DE LA FONTAINE, *Le Lièvre et la Tortue*.

Heureux commencement est la moitié de l'œuvre.

Il n'y a que le premier pas qui coûte.

DÉCEMBRE

Décembre de froid trop chiche, ne fait pas le paysan riche.

Si l'hiver ne fait son devoir en mois de décembre ou de janvier, au plus tard il se fera voir, dès le deuxième février.

DÉCEPTION

Le fâcheux avec les hommes, c'est qu'ils vous déçoivent toujours, soit qu'on s'y fie, soit qu'on s'en méfie.
FRÉRON

DÉCHÉANCE

Quand on tombe, on ne tombe jamais bien.
ALEXANDRE DUMAS FILS

De grande montée, grande chute.

Quand l'arbre est tombé, tout le monde court aux branches.

Au bout du fossé la culbute.

Aujourd'hui chevalier, demain vacher.

Aujourd'hui en chère, demain en bière.

Aujourd'hui en fleur, demain en pleur.

Aujourd'hui maître, demain valet.

Aujourd'hui roi, demain rien.

Les murs s'abaissent et les fumiers se haussent.

Il n'est point de roi qui ne soit descendu de quelque esclave, il n'est point d'esclave qui ne soit descendu de quelque roi.

DÉCORATIONS

Décernez aux chefs des honneurs, mais revêtez-en les soldats.
JOSEPH JOUBERT, *Pensées*.

DÉCOURAGEMENT

Il ne faut pas jeter le manche après la cognée.

DÉFAITE

Accepter l'idée d'une défaite, c'est être vaincu.
MARÉCHAL FOCH

Les battus paient l'amende.

DÉFAUT

Malheur à l'homme qui, même dans l'amitié la plus intime, laisse découvrir son faible et sa prise !
CHAMFORT, *Maximes et Pensées*.

Fuyez un ennemi qui sait votre défaut.
PIERRE CORNEILLE, *Polyeucte*.

Chacun a son défaut, où toujours il revient.
JEAN DE LA FONTAINE

Si nous n'avions point de défauts, nous ne prendrions pas tant de plaisir à en remarquer dans les autres.
LA ROCHEFOUCAULD, *Maximes*.

Il n'appartient qu'aux grands hommes d'avoir de grands défauts.
LA ROCHEFOUCAULD, *Maximes*.

Nous n'avouons de petits défauts que pour persuader que nous n'en avons pas de grands.
LA ROCHEFOUCAULD, *Maximes*.

Le plus grand effort de l'amitié n'est pas de montrer nos défauts à un ami ; c'est de lui faire voir les siens.
LA ROCHEFOUCAULD, *Maximes*.

Nous n'avouons jamais nos défauts que par vanité.
LA ROCHEFOUCAULD, *Maximes*.

Nous pardonnons aisément à nos amis les défauts qui ne nous regardent pas.
LA ROCHEFOUCAULD, *Maximes*.

On blâme aisément les défauts des autres, mais on s'en sert rarement à corriger les siens.
LA ROCHEFOUCAULD, *Maximes*.

Nous essayons de nous faire honneur des défauts que nous ne voulons pas corriger.
LA ROCHEFOUCAULD, *Maximes*.

Nous ne savons pas beaucoup de gré à nos amis d'estimer nos bonnes qualités, s'ils osent seulement s'apercevoir de nos défauts.
VAUVENARGUES, *Réflexions et Maximes*.

Pour la plupart des hommes, se corriger consiste à changer de défauts.
VOLTAIRE

Chacun sait où son soulier le blesse.

DÉFIANCE

J'aime beaucoup mieux être trompé que de vivre éternellement dans la défiance, fille de la lâcheté et mère de la dissension.
BOSSUET

Notre défiance justifie la tromperie d'autrui.
LA ROCHEFOUCAULD, *Maximes*.

Il est plus honteux de se défier de ses amis que d'en être trompé.
LA ROCHEFOUCAULD, *Maximes*.

Défiance est mère de sûreté.

Il faut se défier d'un ennemi réconcilié.

Les présents des ennemis sont funestes.

Il n'y a point de petit ennemi.

Tiens pour un éléphant ton ennemi, ne fût-il pas plus gros qu'une fourmi.

Il faut se garder du devant d'une femme, du derrière d'une mule, et d'un moine de tous côtés.

Il ne faut pas se fier aux apparences.

Il faut se défier du chapelet du connétable (*Voir "Chapelet"*).

De toute femme qui se farde,
De personne hypocrite et bavarde,
De fille qui se recommande,
De valet qui commande,
De chair salée sans moutarde,
De vache sans lait,
De poule qui point ne pond,
Du petit dîner qui trop tarde,
De cheval qui recule,
De vieux chien qui hurle,
De fou portant massue,
De bête cornue en étroite rue,
De vieille femme borgne ou bossue,
De femme mauvaise ou malotrue,
De prêtres, sergents et guerriers,
De jeune médecin et vieux barbier,
De fille oiseuse et querelleuse,
De jument vieille et boiteuse,
Du jeune arrogant en jeunesse,
De serviteurs remplis de paresse,
De chambrière mal soigneuse,
De bourse vide et creuse,
De cuisinier morveux et poulain rogneux,
De vin éventé et pain mouillé,
De vilain enrichi et favorisé,
De maison envinée,
De personne de Dieu signée
De chausse déchirée,
De fièvre enracinée,
D'ennemi familier et privé,
D'ami simulé et réconcilié,
Et de choir en dettes toute l'année,
Libera nos, Domine.

DÉGÉNÉRESCENCE

Tout est bien sortant des mains de l'auteur des choses ; tout dégénère entre les mains de l'homme.
JEAN-JACQUES ROUSSEAU

DÉGOÛT

On court les risques du dégoût en voyant comment l'administration, la justice et la cuisine se préparent.
CHAMFORT, *Maximes et Pensées*.

Notre dégoût n'est point un défaut et une insuffisance des objets extérieurs, comme nous aimons à le croire ; mais un épuisement de nos propres organes, et un témoignage de notre faiblesse.
VAUVENARGUES, *Réflexions et Maximes*.

Au dégoûté le miel est amer.

À ventre saoul, cerises sont amères.

DÉLUGE

Il n'y a que l'inutilité du premier déluge qui empêche Dieu d'en envoyer un second.
CHAMFORT, *Maximes et Pensées*.

DÉMAGOGIE

La clémence des princes n'est souvent qu'une politique pour gagner l'affection des peuples.
LA ROCHEFOUCAULD, *Maximes*.

DEMAIN

Il ne faut jamais remettre à demain ce qu'on peut faire le jour même.

DÉMÉNAGEMENT

Trois déménagements valent un incendie.

On n'est jamais si riche que quand on déménage.

DÉMENTI

Un démenti vaut un soufflet.

Cela signifie qu'un démenti doit être vengé par un soufflet, et qu'un démenti est l'équivalent d'un soufflet (en paroles). C'était une injure des plus graves que d'appeler quelqu'un menteur, et une loi salique, rédigée sous Clovis, infligeait à ceux qui s'en rendaient coupables une grosse amende.

DÉMOCRATIE

Le pouvoir pour les poux de manger les lions.
CLEMENCEAU

DEMOISELLE

À la chandelle la chèvre semble demoiselle.

DÉMONSTRATION

Pour expliquer un brin de paille, il faut démonter tout l'univers.
RÉMY DE GOURMONT

DENT

Le sourire réside sur les lèvres, mais le rire a son siège et sa bonne grâce sur les dents.
JOSEPH JOUBERT, *Pensées*.

On creuse sa tombe avec ses dents.

Bonnes sont les dents qui retiennent la langue.

Montrer les dents.

Avoir une dent contre quelqu'un.

Déchirer à belles dents.

DÉPART

Rien ne sert de courir, il faut partir à point.
JEAN DE LA FONTAINE, *Le lièvre et la tortue*.

Il n'y a si bonne compagnie qui ne se quitte.

DÉRATÉ

Courir comme un dératé.

Courir vite et longtemps. On croyait, dans l'Antiquité que les meilleurs coureurs devaient leur talent à l'absence de rate.

DÉRISION

Je me presse de rire de tout, de peur d'être obligé d'en pleurer.
BEAUMARCHAIS, *Le barbier de Séville*

DÉSAMOUR

Il est impossible d'aimer une seconde fois ce qu'on a véritablement cessé d'aimer.
LA ROCHEFOUCAULD, *Maximes*.

Il est plus facile de prendre de l'amour quand on n'en a pas, que de s'en défaire quand on en a.
LA ROCHEFOUCAULD, *Maximes*.

On a bien de la peine à rompre, quand on ne s'aime plus.
LA ROCHEFOUCAULD, *Maximes*.

Aimer moins, ou ne plus aimer, c'est tout de même.
PAUL-JEAN TOULET

Loin des yeux, loin du cœur.

DÉSESPOIR

L'homme est désespéré de faire partie d'un monde infini, où il compte pour zéro.
ERNEST RENAN

Le désespoir comble non seulement notre misère, mais notre faiblesse.
VAUVENARGUES, *Réflexions et Maximes*.

Le désespoir est la plus grande de nos erreurs.
VAUVENARGUES, *Réflexions et Maximes*.

La vertu croît sur le désespoir.

À barque désespérée Dieu fait trouver le port.

DÉSHONNEUR

Quoiqu'on fasse, on ne peut se déshonorer quand on est riche.
DIDEROT, *Le Neveu de Rameau*.

Le ridicule déshonore plus que le déshonneur.
LA ROCHEFOUCAULD, *Maximes*.

Il n'est que d'être crotté pour affronter le bourbier.

DÉSIR

Un désir satisfait en fait naître un autre dans le cœur d'un amant. Sur ce qu'on lui permet, il voit ce qu'on peut lui permettre.
CRÉBILLON FILS

Il est plus facile d'éteindre un premier désir que de satisfaire tous ceux qui le suivent.
LA ROCHEFOUCAULD, *Maximes*.

Le désir est à la passion ce que le plaisir est au bonheur : mais le désir devient souvent passion, et nul plaisir n'est encore devenu bonheur.
RIVAROL

On ne peut désirer ce qu'on ne connaît pas.
VOLTAIRE, *Zaïre*.

Qui borne ses désirs est toujours assez riche.
VOLTAIRE

Qui désire est en peine.

N'est pas pauvre qui a peu, mais qui désire beaucoup.

C'est grand bonheur d'avoir ce que l'on désire, mais c'est encore plus grand bonheur de ne désirer que ce que l'on a.

DÉSOBÉISSANCE

Il est des occasions où le meilleur moyen de servir les princes, c'est de leur désobéir.
PIERRE BROUSSEL, magistrat pendant la Fronde.

Il est beau qu'un soldat désobéisse à des ordres criminels.
ANATOLE FRANCE

DESPOTISME

Je hais si fort le despotisme que je ne puis souffrir le mot ordonnance du médecin.
CHAMFORT, *Maximes et Pensées*.

Le prétexte ordinaire de ceux qui font le malheur des autres est qu'ils veulent leur bien.
VAUVENARGUES, *Réflexions et Maximes*.

Quiconque est plus sévère que les lois est un tyran.
VAUVENARGUES, *Réflexions et Maximes*.

DESSEIN

Pour exécuter de grandes choses, il faut vivre comme si on ne devait jamais mourir.
VAUVENARGUES, *Réflexions et Maximes*.

DESTIN

Va où tu peux, meurs où tu dois.

Qui doit être pendu n'est jamais noyé.

DESTINÉE

On rencontre sa destinée
Souvent par des chemins qu'on prend pour l'éviter.
JEAN DE LA FONTAINE, *L'Horoscope*.

DETTE

Qui perd ses dettes s'enrichit.
BALZAC, *Proverbes*.

Les dettes abrègent la vie.
JOSEPH JOUBERT, *Pensées*.

Argent comptant porte médecine, argent emprunté porte tristesse.

Le chagrin ne paye pas les dettes.

DEUIL

Tous vont au convoi du mort, et chacun pleure son deuil.

DEVOIR

C'est le devoir qui crée le droit et non le droit qui crée le devoir.
CHATEAUBRIAND, *Mémoires d'outre-tombe*.

Le devoir, c'est ce qu'on exige des autres.
ALEXANDRE DUMAS

Avec le mot devoir, on fait danser le citoyen comme un ours avec une musette.
RÉMY DE GOURMONT

Quand dans un royaume il y a plus d'avantage à faire sa cour qu'à faire son devoir, tout est perdu.
MONTESQUIEU

Tout le devoir ne vaut pas une faute qui s'est commise par tendresse.
MME DE LA SABLIÈRE, *Pensées chrétiennes*.

Fais ce que dois, advienne que pourra.

On n'a jamais fini de faire son devoir.

DÉVOT

Force gens veulent être dévots, mais personne ne veut être humble.
LA ROCHEFOUCAULD, *Maximes*.

La plupart des amis dégoûtent de l'amitié, et la plupart des dévots dégoûtent de la dévotion.
LA ROCHEFOUCAULD, *Maximes*.

La plupart de nos impies ne sont que des dévots révoltés.
RIVAROL

L'avare se moque du prodigue, le prodigue de l'avare ; l'incrédule du dévot, le dévot de l'incrédule : ils se prennent réciproquement pour des dupes.
RIVAROL

Le dévot croit aux visions d'autrui : le philosophe ne croit qu'aux siennes.
RIVAROL

Qui est près de l'église est souvent loin de Dieu.

DIABLE

Ne disons pas du mal du diable : c'est peut-être l'homme d'affaires du bon Dieu.
FONTENELLE

Le diable n'est pas si noir qu'on le fait.

Quand le diable dit ses patenôtres, il veut te tromper.

Le diable n'est pas toujours à la porte d'un pauvre homme.

Ce qui vient du diable retourne au diable.

Le diable devenu vieux se fait ermite.

De jeunes anges vieux diables

Les menteurs sont les enfants du diable.

Le diable ne dort jamais.

Le diable prend tout ce qu'on lui donne.

Plus a le diable et plus il veut avoir.

Le diable chante la grand'messe.

Le diable est derrière la croix.

Par les pans de la robe du vicaire, le diable monte au clocher.

Il n'y a point d'église où le diable n'ait sa chapelle.

Couvrir son diable du plus bel ange.

Pour réussir il faut crever l'œil du diable.
C'est-à-dire parvenir en dépit de l'envieux, dont le regard, autrefois, passait pour nuisible.

Tirer le diable par la queue.
Ce proverbe fait supposer entre le diable, personnification du malheur, et le pauvre, une lutte dans laquelle celui-ci, n'osant attaquer de front son adversaire, sans doute à cause des cornes et des griffes, le saisit par-derrière afin de l'éloigner de son logis.

Le diable bat sa femme et marie sa fille.
Dicton employé pour signifier qu'il pleut et qu'il fait soleil à la fois.

DIAGNOSTIC

Douleur de tête veut manger, douleur de ventre veut purger.

DIAMANT

L'âme du diamant est la lumière.
JOSEPH JOUBERT, *Pensées*.

DICTATURE

Les dictatures sont comme le supplice du pal : elles commencent bien, mais elles finissent mal.
GEORGES CLEMENCEAU

Pour enchaîner les peuples, on commence par les endormir.
JEAN-PAUL MARAT

Chose contrainte ne vaut rien.

DIEU

Plus on approche de Dieu, plus on est seul. C'est l'infini de la solitude.
LÉON BLOY

Dieu n'est pas un tout qu'on partage.
BOSSUET

Dieu fit la liberté, l'homme a fait l'esclavage.
MARIE-JOSEPH CHÉNIER

Quand on voit la vie telle que Dieu l'a faite, il n'y a qu'à le remercier d'avoir fait la mort.
ALEXANDRE DUMAS FILS, *Denise*.

Dieu punit l'homme de ses fautes en le laissant vivre.
XAVIER FORNERET

Dieu premier servi
Devise de JEANNE D'ARC

Dieu est tellement grand et tellement vaste que, pour le comprendre, il faut le diviser.
JOSEPH JOUBERT, *Pensées*.

Dieu a ordonné au temps de consoler les malheureux.
JOSEPH JOUBERT, *Pensées*.

L'espace est la stature de Dieu.
JOSEPH JOUBERT, *Pensées*.

C'est le cœur qui sent Dieu, et non la raison.
PASCAL, *Pensées*.

Mon plus grand chagrin est qu'il n'existe réellement pas de Dieu et de me voir privé, par là, du plaisir de l'insulter plus positivement.
MARQUIS DE SADE

La nature est une œuvre d'art, mais Dieu est le seul artiste qui existe, et l'homme n'est qu'un arrangeur de mauvais goût.
GEORGE SAND, *François le Champi*.

Le vrai Dieu, le Dieu fort, c'est le Dieu des idées.
ALFRED DE VIGNY, *Les Destinées*.

L'univers m'embarrasse, et je ne puis songer
Que cette horloge existe et n'ait pas d'horloger.
VOLTAIRE

Si Dieu n'existait pas, il faudrait l'inventer.
VOLTAIRE

Si Dieu nous a fait à son image, nous le lui avons bien rendu.
VOLTAIRE

Chacun pour soi et Dieu pour tous.

Contre Dieu nul ne peut.

Qui est près de l'église est souvent loin de Dieu.

Quand Dieu envoie la farine, le diable enlève le sac.

Qui a peu Dieu lui donne.

La main du pauvre est la bourse de Dieu.

Ceux à qui Dieu veut du bien meurent jeunes.

Dieu aide à trois sortes de personnes : aux fous, aux enfants et aux ivrognes.

Secret de deux, secret de Dieu, secret de trois, secret de tous.

Servir Dieu, c'est régner.

On ne peut servir Dieu et le monde.

L'homme propose et Dieu dispose.

Ne nous plaignons pas du mal, il vient de Dieu.

Dieu a posé le travail pour sentinelle de la vertu.

Aux petits des oiseaux Dieu donne leur pâture.

Dieu donne le froid selon la robe (selon le drap).

Dieu aime les mal vêtus.

Dieu hait le pauvre orgueilleux, le jeune paresseux et le vieux luxurieux.

Bien misérable que celui que Dieu hait, bien riche que celui que Dieu aime.

À barque désespérée Dieu fait trouver le port.

Quand Dieu ne veut, le saint ne peut.

Il vaut mieux s'adresser au bon Dieu qu'à ses saints.

DIFFÉRENCE

J'ai assez vécu pour voir que différence engendre haine.
STENDHAL, *Le Rouge et le Noir.*

Difformité n'est pas vice.

DIGESTION

Après la panse, la danse.

À panse chaude, pied endormi.

Après dîner tu te reposeras ou tu feras mille pas.

Qui dort dîne.
Dans les écoles de médecine médiévales, l'on enseignait que le sommeil tient lieu d'aliment lorsque, l'estomac étant plein de crudités, il faut dégager la nature, et lui donner loisir de les cuire, sans la surcharger de nouvelles viandes.

DIGNITÉ

Toute notre dignité consiste donc en la pensée. C'est de là qu'il faut nous relever, et non de l'espace et de la durée, que nous ne saurions remplir. Travaillons donc à bien penser : voilà le principe de la morale.
PASCAL, *Pensées*

DINDON

Être le dindon de la farce.

Dindon perché, temps mouillé.

DIPLOMATE

Les seuls espions avoués sont les ambassadeurs.
CASANOVA, *Mémoires*.

Les diplomates trahissent tout, excepté leurs émotions.
VICTOR HUGO

DIPLOMATIE

Ne coupez pas ce que vous pouvez dénouer.
JOSEPH JOUBERT, *Pensées*.

La diplomatie est la police en grand costume.
NAPOLÉON Ier

Ménager la chèvre et le chou (*Voir "Chèvre"*).

DISCIPLE

Personne ne nous montre nos défauts comme un disciple.
JULES RENARD, *Journal*.

DISCOURS

Les discours des hommes ne sont que des masques qu'ils appliquent sur leurs actions.
STENDHAL

Les grands discours font les longs jours.

DISCRÉTION

Je me suis souvent repenti d'avoir parlé, mais jamais de m'être tu.
PHILIPPE DE COMMYNES

Les gens sans bruit sont dangereux.
JEAN DE LA FONTAINE, *Le Torrent et la Rivière*.

La parfaite valeur est de faire sans témoin ce qu'on serait capable de faire devant tout le monde.
LA ROCHEFOUCAULD, *Maximes*.

Nous oublions aisément nos fautes lorsqu'elles ne sont sues que de nous.
LA ROCHEFOUCAULD, *Maximes*.

Le grand art de l'homme fin est de ne le point paraître.
MONTAIGNE, *Essais*.

Voulez-vous qu'on croie du bien de vous ? N'en dites pas.
PASCAL, *Pensées*.

On ne devrait rien dire, parce que tout blesse.
JULES RENARD, *Journal*.

Généralement, les gens qui savent peu parlent beaucoup, et les gens qui savent beaucoup parlent peu.
JEAN-JACQUES ROUSSEAU, *Émile*.

Moins on parle, et bien souvent mieux on pense.
SAINTE-BEUVE

Bien dire fait rire, bien faire fait taire.

Il faut tourner sept fois sa langue dans sa bouche avant de parler.

La foudre épargne ceux qui dorment.

Bonnes sont les dents qui retiennent la langue.

Écoute beaucoup, et parle peu.

De choses tristes et adversaires, en temps de joie il se faut taire.

Le fou semble sage quand il se tait.

Que ta chemise ne sache ta guise (*Voir "Chemise"*).

DISGRÂCE

De grande montée, grande chute.

Au bout du fossé la culbute.

Aujourd'hui chevalier, demain vacher.

Aujourd'hui en chère, demain en bière.

Aujourd'hui en fleur, demain en pleur.

Aujourd'hui maître, demain valet.

Aujourd'hui roi, demain rien.

Qui entre pape au conclave en sort cardinal.

Quand l'arbre est tombé, tout le monde court aux branches.

On ne jette des pierres qu'à l'arbre chargé de fruits.

DISSIMULATION

Savoir dissimuler est le savoir des rois.
CARDINAL DE RICHELIEU

Péché caché est à demi pardonné.

DIVERTISSEMENT

Les hommes ont une pente merveilleuse à s'imaginer qu'ils amuseront les autres par les mêmes moyens par lesquels ils sentent qu'ils peuvent être eux-mêmes amusés.
PAUL DE GONDI, CARDINAL DE RETZ, *Mémoires*.

Sans divertissement, il n'y a point de joie ; avec le divertissement, il n'y a point de tristesse.
PASCAL, *Pensées*.

Les gens du monde emploient mieux leurs loisirs que leur temps ; les pauvres n'ont pas de loisirs.
RIVAROL

La distraction tient à une grande passion ou à une grande insensibilité.
RIVAROL

DIVORCE

Le divorce est si naturel que, dans beaucoup de maisons, il couche toutes les nuits entre les deux époux.
CHAMFORT, *Maximes et Pensées*.

DOIGT

Il ne faut pas mettre le doigt entre l'arbre et l'écorce.

Ne pas savoir quoi faire de ses dix doigts.

DON

Donner est un plaisir plus durable que recevoir ; car celui des deux qui donne est celui qui se souvient le plus longtemps.
CHAMFORT, *Maximes et Pensées*.

La plus belle femme ne peut donner ce qu'elle a.

Recevoir sans donner fait tourner l'amitié.

À donner donner, à vendre vendre.

Un bienfait n'est jamais perdu.

Donner tard, c'est refuser.

Qui donne peu reçoit peu.

Donner un œuf pour un bœuf.

Qui donne tôt deux fois donne.

Qui mal donne perd sa donne.

On ne donne rien pour rien.

On ne donne que pour recevoir.

Donner un œuf pour avoir un bœuf.

Il n'y a pas de plus bel acquêt que le don.

À cheval donné on ne regarde pas les dents.

Ceux qui donnent et qui reçoivent restent longtemps amis.

Jamais un don ne vaut autant qu'au moment où l'on désire l'obtenir.

DONS

Il avait tous les dons, hormis celui de s'en servir.
PRINCESSE PALATINE (au sujet de son fils, le régent Philippe d'Orléans).

DOUCEUR

Plus fait douceur que violence.
JEAN DE LA FONTAINE, *Phébus et Borée*.

Il n'y a que les personnes qui ont de la fermeté qui puissent avoir une véritable douceur ; celles qui paraissent douces n'ont d'ordinaire que de la faiblesse, qui se convertit aisément en aigreur.
LA ROCHEFOUCAULD, *Maximes*.

Douce est la peine qui amène après tourment contentement.

Douces paroles apaisent grande colère, dures paroles irritent un cœur félon.

On prend plus de mouches avec du miel, qu'avec du vinaigre.

DOULEUR

Il n'y a pas de douleur que le sommeil sache vaincre.
HONORÉ DE BALZAC, *Le Cousin Pons*.

La douleur est un siècle et la mort, un moment.
JEAN-BAPTISTE GRESSET

Notre âme a plus de capacité pour le plaisir que pour la douleur.
MAINE DE BIRAN

Rien ne nous rend si grands qu'une grande douleur.
ALFRED DE MUSSET, *La Nuit de mai*.

La douleur qui se tait n'en est que plus funeste.
JEAN RACINE, *Andromaque*.

La douleur, c'est le vide.
JEAN-PAUL SARTRE

On se heurte toujours où l'on a mal.

Les grandes douleurs sont muettes.

DOUTE

Doutons même du doute.
ANATOLE FRANCE

Le doute est un hommage rendu à l'espoir.
LAUTRÉAMONT, *Les Chants de Maldoror.*

Dans le doute, il faut choisir d'être fidèle.
FRANÇOIS MAURIAC

Dans le doute, abstiens-toi.

Qui doute ne se trompe point.

DRAPEAU

Le drapeau déchiré fait la gloire du capitaine.

DROIT

Où manque la force, le droit disparaît ; où apparaît la force, le droit commence de rayonner.
MAURICE BARRÈS

C'est le devoir qui crée le droit et non le droit qui crée le devoir.
CHATEAUBRIAND, *Mémoires d'outre-tombe.*

Il y a un droit du plus sage, mais non pas un droit du plus fort.
JOSEPH JOUBERT, *Pensées.*

Bon droit a besoin d'aide.

Force n'est pas droit.

Droit à droit revient.

Droit défend toute vilenie, droit montre toute courtoisie.

DUPERIE

Les gens les plus défiants sont souvent les plus dupes.
PAUL DE GONDI, *cardinal de Retz, Mémoires*.

C'est double plaisir de tromper le trompeur.
JEAN DE LA FONTAINE, *Le Coq et le Renard*.

Tel est pris qui croyait prendre.
JEAN DE LA FONTAINE, *Le Rat et l'Huître*.

L'intention de ne jamais tromper nous expose à être souvent trompés.
LA ROCHEFOUCAULD, *Maximes*.

Le vrai moyen d'être trompé, c'est de se croire plus fin que les autres.
LA ROCHEFOUCAULD, *Maximes*.

Comme on serait meilleur, sans la crainte d'être dupe !
JULES RENARD, *Journal*.

L'avare se moque du prodigue, le prodigue de l'avare ; l'incrédule du dévot, le dévot de l'incrédule : ils se prennent réciproquement pour des dupes.
RIVAROL

Il y a plus de trompés que de trompettes.

Acheter le chat pour le lièvre.

Acheter chat en poche (*Voir "Chat"*).

La cloche appelle à l'église, mais elle n'y entre pas.

Le moine prêche contre le vol pendant qu'il a le boudin dans sa manche.

DURÉE

Tout s'anéantit, tout périt, tout passe ; il n'y a que le monde qui reste. Il n'y a que le temps qui dure.
DIDEROT

E

EAU

Un homme qui ne boit que de l'eau a un secret à cacher à ses semblables.

CHARLES BAUDELAIRE

Les méchants sont buveurs d'eau.

Il n'est pire eau que l'eau qui dort.

L'eau trouble est le gain du pêcheur.

L'eau fait pleurer, le vin chanter.

L'eau fait pourrir la barque.

Mettre de l'eau dans son vin.

Croyez cela et buvez de l'eau.
Dicton qu'on adresse à une personne qui a l'air de croire à une nouvelle invraisemblable. Puisque la chose est difficile à avaler, buvez de l'eau pour la faire passer.

ÉCLAIRCIE

Le diable bat sa femme et marie sa fille (*Voir "Diable"*).

ÉCHANGE

Donner un œuf pour avoir un bœuf.

Découvrir saint Pierre pour couvrir saint Paul.

ÉCHECS

On ne joue pas aux échecs avec un bon cœur.
CHAMFORT, *Maximes et Pensées*.

Au jeu d'échecs les fous sont les plus près du roi.

ÉCHELLE

Après lui il faut tirer l'échelle.
Il s'agit de l'échelle patibulaire, sur laquelle on faisait monter les condamnés afin de les accrocher à la potence. Lorsqu'il y avait plusieurs complices, on pendait le plus coupable le dernier.

ÉCLECTISME

Celui qui disperse ses regards sur tout ne voit rien ou voit mal.
DIDEROT.

ÉCOLE

Révéler les secrets de l'école.
L'école de Pythagore défendait de communiquer aux profanes les dogmes de sa doctrine. Les stoïciens, et presque tous les philosophes de l'Antiquité, avaient aussi dans leur enseignement plusieurs parties que leurs disciples devaient tenir secrètes.

Faire l'école buissonnière
Cette expression, suivant les uns, fait allusion à la conduite de pédagogues qui, pour se soustraire à un droit qu'ils devaient payer aux chantres de Notre-Dame, allaient établir leurs classes en plein air, hors de la ville. Elle est venue, suivant les autres, de ce que les protestants, dont on ne tolérait pas les écoles, en avaient de clandestines qui se tenaient dans les halliers et les bois.

ÉCONOMIES

Petite cuisine agrandit la maison.

Il n'y a pas de petites économies.

Il faut faire feu qui dure.

Il ne faut pas mettre au feu le fagot entier.

ÉCORCE

Beau noyau gît sous faible écorce.

Il ne faut pas mettre le doigt entre l'arbre et l'écorce.

ÉCOUTE

Écouter est une politesse qu'un homme d'esprit fait souvent à un sot mais que celui-ci ne lui rend jamais.
PIERRE-ADRIEN DECOURCELLE

Qui écoute aux portes (ou qui se tient aux écoutes) entend son fait

Si tu veux la paix, écoute et te tais.

ÉCRITS

Les paroles s'envolent, et les écrits restent.
Richelieu soutenait qu'il n'avait besoin que de deux lignes de l'écriture d'un homme pour y trouver de quoi le faire pendre.

ÉCRITURE

Avant donc que d'écrire, apprenez à penser.
NICOLAS BOILEAU, *L'Art poétique*.

Ceux qui écrivent comme ils parlent, quoiqu'ils parlent très bien, écrivent mal.
BUFFON, *Discours sur le style*.

Le mot ne manque jamais quand on possède l'idée.
GUSTAVE FLAUBERT

Pour bien écrire, il faut sauter les idées intermédiaires, assez pour n'être pas ennuyeux, pas trop de peur de n'être pas entendu.
MONTESQUIEU

Il ne faut pas mettre du vinaigre dans ses écrits, il faut y mettre du sel.
MONTESQUIEU

Écrire, c'est une façon de parler sans être interrompu.
JULES RENARD, *Journal*.

Écrire, c'est presque toujours mentir.
JULES RENARD, *Journal*.

ÉCRIVAIN

L'écrivain original n'est pas celui qui n'imite personne, mais celui que personne ne peut imiter.
CHATEAUBRIAND, *Génie du christianisme*.

Les yeux d'un écrivain, pour être clairs, doivent être secs.
GEORGES DARIEN

Le nombre des écrivains est déjà innombrable et ira toujours croissant, parce que c'est le seul métier, avec l'art de gouverner, qu'on ose faire sans l'avoir appris.
ALPHONSE KARR

Les meilleurs auteurs parlent trop.
VAUVENARGUES, *Réflexions et Maximes*.

La ressource de ceux qui n'imaginent pas est de conter.
VAUVENARGUES, *Réflexions et Maximes*.

Ce qui fait souvent le mécompte d'un écrivain, c'est qu'il croit rendre les choses telles qu'il les aperçoit ou qu'il les sent.
VAUVENARGUES, *Réflexions et Maximes*.

Il est aisé de critiquer un auteur; mais il est difficile de l'apprécier.
VAUVENARGUES, *Réflexions et Maximes*.

Si on ne regarde que certains ouvrages des meilleurs auteurs, on sera tenté de les mépriser. Pour les apprécier avec justice, il faut tout lire.
VAUVENARGUES, *Réflexions et Maximes*.

ÉDUCATION

Chez un grand peuple dont les institutions sont fixes, l'éducation doit être en harmonie avec les institutions.
LUCIEN BONAPARTE

Après le pain, l'éducation est le premier besoin d'un peuple.
DANTON

Souvenons-nous-en bien, l'éducation ne consiste pas seulement à orner la mémoire et à éclairer l'entendement; elle doit surtout s'occuper à diriger la volonté.
JOSEPH JOUBERT, *Pensées*.

D'ordinaire ceux qui gouvernent les enfants ne leur pardonnent rien, et se pardonnent tout à eux-mêmes.
FÉNELON

Les enfants ont plus besoin de modèles que de critiques.
JOSEPH JOUBERT, *Pensées*.

L'éducation doit être tendre et sévère et non pas froide et molle.
JOSEPH JOUBERT, *Pensées*.

Les enfants doivent avoir pour amis leurs camarades, et non pas leurs pères et leurs maîtres. Ceux-ci ne doivent être que leurs guides.
JOSEPH JOUBERT, *Pensées*.

L'éducation se compose de ce qu'il faut dire et de ce qu'il faut taire, de silences et d'instructions.
JOSEPH JOUBERT, *Pensées*.

En élevant un enfant, songez à sa vieillesse.
JOSEPH JOUBERT, *Pensées*.

L'éducation que l'on donne d'ordinaire aux jeunes gens est un second amour-propre qu'on leur inspire.
LA ROCHEFOUCAULD, *Maximes*.

Combien l'éducation durera-t-elle ? Juste autant que la vie. Quelle est la première partie de la politique ? L'éducation. La seconde ? L'éducation. Et la troisième ? L'éducation.
MICHELET, *Le Peuple*.

Le simple écolier sait maintenant des vérités pour lesquelles Archimède eût sacrifié sa vie.
ERNEST RENAN

Ce que poulain prend en jeunesse, il le continue en vieillesse.

Ce qu'on apprend au berceau dure jusqu'au tombeau.

Ce qu'on suce avec le lait au suaire se répand.

Les enfants sont ce qu'on les fait.

Chaque enfant est ce que son père veut qu'il soit.

D'un busard on ne fait pas un épervier.

On apprend en chutant.

EFFICACITÉ

Au fait ! est ma devise.
VOLTAIRE

EFFORTS

Il ne faut pas mépriser l'homme si l'on veut obtenir des autres et de soi de grands efforts.
TOCQUEVILLE, *Correspondance*.

ÉGALITÉ

C'est toujours par là que commencent les partisans de l'égalité : ils établissent les catégories et se mettent dans la première.
JACQUES BOUCHER DE PERTHES

L'égalité entre les hommes est une règle qui ne compte que des exceptions.
ERNEST JAUBERT

Sitôt que les hommes sont en société, ils perdent le sentiment de leur faiblesse ; l'égalité qui est entre eux cesse, et l'état de guerre commence.
MONTESQUIEU, *De l'esprit des lois*.

Les hommes naissent égaux. Dès le lendemain, ils ne le sont plus.
JULES RENARD, *Journal*.

Les philosophes fondent souvent l'égalité sur des rapports anatomiques ; ils concluent de ce que les nerfs, les muscles et la configuration extérieure sont les mêmes, que deux citoyens doivent être égaux ; mais égal ne signifie pas semblable ; le croire est une erreur funeste.
RIVAROL

Quand tous les hommes seront libres, ils seront égaux ; quand ils seront égaux, ils seront justes.
SAINT-JUST

Il est faux que l'égalité soit une loi de la nature. La nature n'a rien fait d'égal ; la loi souveraine est la subordination et la dépendance.
VAUVENARGUES, *Réflexions et Maximes*.

Le soleil luit pour tout le monde.

Se battre à armes égales (*Voir "Armes"*).

Le soleil est pour le brin d'herbe comme pour le cèdre.

ÉGLISE

L'Église est vraiment bien charitable : elle donne des indulgences dont elle a bien besoin.
XAVIER FORNERET

Hors de l'Église point de salut.

Près de l'église et loin de Dieu.

ÉGOÏSME

Un égoïste est incapable d'aimer un ami. Mais il ne peut pas se passer d'amis : il ne s'aimerait jamais assez à lui tout seul.
LABICHE

Le moi est haïssable.
PASCAL, *Pensées*.

Il n'y a que l'égoïste à souffrir vraiment et tout le temps.
JULES RENARD, *Journal*.

Ce qu'il y a d'horrible en général dans le monde, c'est que nous cherchions avec une égale ardeur à nous rendre heureux et à empêcher les autres de l'être.
RIVAROL

On aime mieux dire du mal de soi-même que de n'en point parler.
LA ROCHEFOUCAULD, *Maximes*.

Pour juger combien nous importunons en parlant de nous, il faut songer combien les autres nous importunent quand ils parlent d'eux.
MME DE SÉVIGNÉ, *Lettres*.

Ceux qui croient n'avoir plus besoin d'autrui deviennent intraitables.
VAUVENARGUES, *Réflexions et Maximes*.

Ce qui fait que les amants et les maîtresses ne s'ennuient pas d'être ensemble, c'est qu'ils parlent toujours d'eux-mêmes.
LA ROCHEFOUCAULD, *Maximes*.

Charité bien ordonnée commence par soi-même.

Chacun porte les mains tournées vers soi.

Quand je me noie, tout le monde se noie.

ÉLECTION

L'élection encourage le charlatanisme.
ERNEST RENAN

ÉLÉGANCE

La grâce entoure l'élégance, et la revêt.
JOSEPH JOUBERT, *Pensées*.

Être tiré à quatre épingles

ÉLÈVE (MAUVAIS)

Celui qui disperse ses regards sur tout ne voit rien ou voit mal.
DIDEROT

D'un busard on ne fait pas un épervier.

ELLÉBORE

Avoir besoin de deux grains d'ellébore.
Être fou. Les Anciens employaient l'ellébore pour purger le cerveau des fous.

ÉLOGE

On place ses éloges comme on place de l'argent, pour qu'ils nous soient rendus avec les intérêts.
JULES RENARD, *Journal*.

Les justes éloges ont un parfum que l'on réserve pour embaumer les morts.
VOLTAIRE

ÉLOQUENCE

L'art de la parenthèse est un des grands secrets de l'éloquence dans la société.
CHAMFORT, *Maximes et Pensées*.

Avant d'employer un beau mot, faites-lui une place.
JOSEPH JOUBERT, *Pensées*.

La véritable éloquence consiste à dire tout ce qu'il faut, et à ne dire que ce qu'il faut.
LA ROCHEFOUCAULD, *Maximes*.

Les passions sont les seuls orateurs qui persuadent toujours.
LA ROCHEFOUCAULD, *Maximes*.

Ce qui manque aux orateurs en profondeur, ils vous le donnent en longueur.
MONTESQUIEU

La vraie éloquence se moque de l'éloquence, la vraie morale se moque de la morale.
PASCAL, *Pensées*.

Parler en public. Il n'est pas nécessaire de penser ce qu'on dit, mais il faut penser à ce qu'on dit : c'est plus difficile.
JULES RENARD, *Journal*.

Les passions sont les orateurs des grandes assemblées.
RIVAROL

L'éloquence vaut mieux que le savoir.
VAUVENARGUES, *Réflexions et Maximes*.

On prend les oiseaux par le bec, les bêtes par les cornes, et les hommes par la parole.

Juge l'oiseau à la plume et au chant, et au parler l'homme bon ou méchant.

De grande éloquence petite conscience.

Beau parler n'écorche langue.

Qui n'a point argent en bourse ait miel en bouche.

ÉMOTION

Celui qui ne s'émeut a l'âme d'un barbare
Ou n'en a point du tout.
MALHERBE

EMPRUNT

Voulez-vous compter vos amis ? Empruntez-leur de l'argent.
ALEXANDRE DUMAS FILS

À bon demandeur bon refuseur.

Ce qui est bon à prendre est bon à rendre.

Emprunt n'est pas avance.

Si vous voulez savoir le prix de l'argent, essayez d'en emprunter.

Qui n'a point argent en bourse ait miel en bouche.

Ami au prêter, ennemi au rendre.

Au prêter Dieu, au rendre Diable.

Qui prête ne recouvre ; s'il recouvre, non tout ; si tout, non tel ; si tel, ennemi mortel.

Les bons comptes font les bons amis.

Emprunt n'est pas avance.

Emprunter, c'est ronger une fortune ou grossir une misère.

ÉMULATION

Il vaut mieux être l'aiguillon que le bœuf.

Un couteau aiguise l'autre.

ENCENS

Selon les gens l'encens.

L'encens entête et tout le monde en veut.

L'encens noircit l'idole en fumant pour sa gloire.

ENCLUME

Il faut être enclume ou marteau dans ce monde, il faut que le cœur se brise ou se bronze.

CHAMFORT, *Maximes et Pensées*.

Il vaut mieux être marteau qu'enclume

Être entre le marteau et l'enclume.

Entre le marteau et l'enclume, entre l'autel et la pierre.
Lors d'une alliance entre deux nations, le sacrificateur tuait avec une pierre un cochon sur l'autel en disant : "Que Jupiter frappe le peuple qui violera le traité comme je frappe la victime".

À dure enclume, marteau de plume.
Les coups du malheur deviennent légers pour l'homme résigné.

ENFANT

Les enfants tourmentent et persécutent tous ceux qu'ils aiment.
JOSEPH JOUBERT, *Pensées*.

Les enfants crient ou chantent tout ce qu'ils demandent, caressent ou brisent tout ce qu'ils touchent, et pleurent tout ce qu'ils perdent.
RIVAROL

Les enfants flattent quelquefois les vieillards, mais ils ne les aiment pas.
JEAN-JACQUES ROUSSEAU

Les enfants sont tels qu'on les fait.

À pauvres gens enfants sont richesse.

Enfants et sots sont devins.

Chaque enfant est ce que son père veut qu'il soit.

ENFER

Toutes ces vertus dont l'enfer est rempli.
BOSSUET

L'enfer, c'est de ne plus aimer.
GEORGES BERNANOS

Enfer chrétien, du feu. Enfer païen, du feu. Enfer mahométan, du feu. Enfer hindou, des flammes. À en croire les religions, Dieu est né rôtisseur.
VICTOR HUGO

Pas besoin de gril, l'enfer, c'est les Autres.
JEAN-PAUL SARTRE, *Huis clos*.

L'enfer est pavé de bonnes intentions.

ENNEMI

Nos vrais ennemis sont en nous-mêmes.
BOSSUET, *Oraison funèbre de la reine de France*.

Plus de morts, moins d'ennemis.
CHARLES IX (lors de la Saint-Barthélemy).

Fuyez un ennemi qui sait votre défaut.
PIERRE CORNEILLE, *Polyeucte*.

Ami est quelquefois un mot vide de sens, ennemi, jamais.
VICTOR HUGO

Entre nos ennemis
Les plus à craindre sont souvent les plus petits.
JEAN DE LA FONTAINE, *Le Lion et le Moucheron*.

Si vous voulez vous faire des ennemis, surpassez vos amis ; mais si vous voulez vous faire des alliés, laissez vos amis vous surpasser.
LA ROCHEFOUCAULD, *Maximes*.

Nos ennemis approchent plus de la vérité dans les jugements qu'ils font de nous que nous n'en approchons nous-mêmes.
LA ROCHEFOUCAULD, *Maximes*.

L'une des plus grandes sagesses en l'art militaire, c'est de ne pousser son ennemi au désespoir.
MONTAIGNE

Vivent mes ennemis !
Eux au moins ne peuvent pas me trahir.
HENRY DE MONTHERLANT, *Malatesta*.

En la maison de ton ennemi, tiens une femme pour ton amie.

À toute bête la nature a donné son ennemi.

Il faut se défier d'un ennemi réconcilié.

Il faut faire un pont d'or à l'ennemi qui fuit.

Les présents de l'ennemi sont funestes.

Il n'y a point de petit ennemi.

Ennemi ne dort jamais.

ENNUI

On croit communément que l'art de plaire est un grand moyen de faire fortune : savoir s'ennuyer est un art qui réussit bien davantage. Le talent de faire fortune, comme celui de réussir auprès des femmes, se réduit presque à cet art-là.
CHAMFORT, *Maximes et Pensées*.

L'ennui est entré dans le monde par la paresse.
LA BRUYÈRE, *Les Caractères*.

La France est une nation qui s'ennuie.
ALPHONSE DE LAMARTINE

Nous pardonnons souvent à ceux qui nous ennuient, mais nous ne pouvons pardonner à ceux que nous ennuyons.
LA ROCHEFOUCAULD, *Maximes*.

On s'ennuie presque toujours avec les gens avec qui il n'est pas permis de s'ennuyer.
LA ROCHEFOUCAULD, *Maximes*.

L'extrême ennui sert à nous désennuyer.
LA ROCHEFOUCAULD, *Maximes*.

L'ennui naquit un jour de l'uniformité.
ANTOINE DE LA MOTTE-HOUDAR

La peur de l'ennui est la seule excuse du travail.
JULES RENARD, *Journal*.

La vie est courte, mais on s'ennuie quand même.
JULES RENARD, *Journal*.

La vie est courte, mais l'ennui l'allonge.
JULES RENARD, *Journal*.

Pour avoir une idée de l'ennui, il faut regarder les fauves dans leur cage.
JULES RENARD, *Journal*.

Il n'y a point d'homme qui ait assez d'esprit pour n'être jamais ennuyeux.
VAUVENARGUES, *Réflexions et Maximes*.

ENRICHISSEMENT

Mettre du foin dans ses bottes (*Voir "Botte"*).

ENSEIGNEMENT

Enseigner, c'est apprendre deux fois.
JOSEPH JOUBERT, *Pensées*.

L'enseignement, c'est une amitié.
JULES MICHELET

Un homme qui enseigne peut devenir aisément opiniâtre, parce qu'il fait le métier d'un homme qui n'a jamais tort.
MONTESQUIEU

Il ne faut pas beaucoup d'esprit pour enseigner ce que l'on sait, il en faut infiniment pour enseigner ce qu'on ignore.
MONTESQUIEU

Les méthodes sont les habitudes de l'esprit et les économies de la mémoire.
RIVAROL

ENTERREMENT

La pompe des enterrements regarde plus la vanité des vivants que l'honneur des morts.
LA ROCHEFOUCAULD, *Maximes*.

ENTÊTEMENT

L'entêtement représente le caractère, à peu près comme le tempérament représente l'Amour.
CHAMFORT, *Maximes et Pensées*.

À tête de fer bras d'acier.

Il n'y a pas pire sourd qui ne veut pas entendre.

L'abattu veut toujours lutter

ENTOURAGE

La mauvaise compagnie pend l'homme.

ENTRAIDE

Il se faut entraider, c'est la loi de la nature.
JEAN DE LA FONTAINE

Il faut, autant qu'on peut, obliger tout le monde :
On a souvent besoin d'un plus petit que soi.
JEAN DE LA FONTAINE, *Le Lion et le Rat*.

Une main lave l'autre.

Deux petits font un grand.

Deux yeux voient plus clairs qu'un.

Au besoin on connaît l'ami.

Il faut éprouver les amis aux petites occasions et les employer aux grandes.

ENTREPRISE (ESPRIT D')

L'activité fait plus de fortunes que la prudence.
VAUVENARGUES, *Réflexions et Maximes*.

ENVIE

La bassesse fait les conservateurs et l'envie les révolutionnaires.
EDMOND ET JULES DE GONCOURT

L'envie est plus irréconciliable que la haine.
LA ROCHEFOUCAULD, *Maximes*.

L'envie est une fureur qui ne peut souffrir le bien des autres.
LA ROCHEFOUCAULD, *Maximes*.

Notre envie dure toujours plus longtemps que le bonheur de ceux que nous envions.
LA ROCHEFOUCAULD, *Maximes*.

La plus véritable marque d'être né avec de grandes qualités, c'est d'être né sans envie.
LA ROCHEFOUCAULD, *Maximes*.

L'envie est détruite par la véritable amitié, et la coquetterie par le véritable amour.
LA ROCHEFOUCAULD, *Maximes*.

La jalousie est en quelque manière juste et raisonnable, puisqu'elle ne tend qu'à conserver un bien qui nous appartient, ou que nous croyons nous appartenir ; au lieu que l'envie est une fureur qui ne peut souffrir le bien des autres.
LA ROCHEFOUCAULD, *Maximes*.

La vertu dans le monde est toujours poursuivie.
Les envieux mourront, mais non jamais l'envie.
MOLIÈRE, *Tartuffe*.

L'envie qui parle et qui crie est toujours maladroite ; c'est l'envie qui se tait qu'on doit craindre.
RIVAROL

Le mieux, c'est le bien d'autrui.
PAUL-JEAN TOULET

L'envie ne saurait se cacher. Elle accuse et juge sans preuves ; elle grossit les défauts ; elle a des qualifications énormes pour les moindres fautes. Son langage est rempli de fiel, d'exagération et d'injure. Elle s'acharne avec opiniâtreté et avec fureur contre le mérite éclatant. Elle est aveugle, emportée, insensée, brutale.
VAUVENARGUES, *Réflexions et Maximes*.

Il vaut mieux faire envie que pitié.

Les envieux mourront, mais non jamais l'envie.

On ne jette des pierres qu'à l'arbre chargé de fruits.

Plus la lune brille, plus le mâtin aboie.

En vain l'anguille a sur l'aigle envie.

Qui plus a, plus convoite. Qui tout convoite, tout perd.

L'envieux maigrit de l'embonpoint d'autrui.

ÉPARGNE

Il ne faut pas mettre tous ses œufs dans le même panier.

L'épargne est un grand revenu.

À petit mercier, petit panier.

ÉPAULE

Payer par-dessus l'épaule.
Ne point payer.

Jeter ses dettes derrière l'épaule.
D'après une ancienne loi salique, l'homme qui était dans l'impossibilité de payer intégralement la somme exigée de lui, devait produire douze témoins chargés d'attester par serment son insolvabilité. Reconduit ensuite à son logis, il ramassait un peu de poussière qu'il mettait dans le creux de sa main gauche ; après quoi, se plaçant sur le seuil et tenant le poteau de la porte avec la main droite, il jetait cette poussière derrière son épaule à son plus proche parent, pour signifier qu'il se déchargeait sur lui de sa dette et qu'il le rendait responsable du déshonneur qu'il y avait pour la famille à ne pas l'acquitter.

ÉPÉE

À vaillant homme, courte épée.
Les Lacédémoniens, renommés par leur courage, avaient des épées très courtes. Un d'eux, à qui l'on en demandait la raison répondit : "C'est pour frapper l'ennemi de plus près".

Qui a vécu par l'épée finira par l'épée.

Bonne chère tue plus de gens que l'épée.

ÉPERONS

Vilain ne sait ce que valent éperons.

Gagner ses éperons.
C'est bien mériter, justifier d'une manière brillante les avantages et les récompenses qu'on obtient.

ÉPERVIER

On ne saurait faire d'une buse un épervier.

Mariage d'épervier.
Expression prise à la fauconnerie : la femelle vaut mieux que le mâle, car elle est plus forte.

ÉPIDERME

L'amour, tel qu'il existe dans la société, n'est que l'échange de deux fantaisies et le contact de deux épidermes.
CHAMFORT, *Maximes et Pensées*.

ÉPINE

L'épine en naissant va la pointe devant.

Point de roses sans épines.

De bonne heure pique ce qui deviendra une épine.

Qui sème épines n'aille déchaussé.

ÉPITAPHE

L'épitaphe est la dernière des vanités.

ÉPOUSE

Il ne faut choisir pour épouse que la femme qu'on choisirait pour ami, si elle était homme.
JOSEPH JOUBERT, *Pensées*.

Femme fort belle est rude et rebelle.

Femme bonne vaut une couronne.

Femmes sont anges à l'église, diables en la maison, et singes au lit.

Femme trop piteuse rend sa fille teigneuse.

Femme veut en toute saison être dame en sa maison.

Il faut être compagnon de sa femme et maître de son cheval.

La femme qui a le soleil au visage n'est jamais nuit pour son mari.

Les femmes au profit, l'homme à l'honneur.

Ne montre à nulle femme ce que donner ne veux.

Une bonne femme, une bonne mule, une bonne chèvre sont trois méchantes bêtes.

Une femme ne cache que ce qu'elle ne sait pas.

Fol est celui qui veut surveiller sa femme.

ERREUR

Pour avoir le droit d'admirer les erreurs d'un grand homme, il faut savoir les reconnaître, quand le temps les a mises au grand jour.
D'ALEMBERT

Il ne suffit pas de dire : je me suis trompé ; il faut dire comment on s'est trompé.
CLAUDE BERNARD

Pour grands que soient les rois, ils sont ce que nous sommes :
Ils peuvent se tromper comme les autres hommes.
PIERRE CORNEILLE, *Le Cid*.

On se trompe par supériorité et par médiocrité.
JOSEPH JOUBERT, *Pensées*.

Il y a des erreurs invincibles qu'il ne faut jamais attaquer.
JOSEPH JOUBERT, *Pensées*.

L'erreur agite ; la vérité repose.
JOSEPH JOUBERT, *Pensées*.

Quand on a le droit de se tromper impunément, on est toujours sûr de réussir.
ERNEST RENAN

Il n'y aurait point d'erreurs qui ne périssent d'elles-mêmes, rendues clairement.
VAUVENARGUES, *Réflexions et Maximes*.

Personne ne veut être plaint de ses erreurs.
VAUVENARGUES, *Réflexions et Maximes*.

L'erreur est la nuit des esprits, et le piège de l'innocence.
VAUVENARGUES, *Réflexions et Maximes*.

Aime la vérité, mais pardonne à l'erreur.
VOLTAIRE

Il n'y a que ceux qui ne font rien qui ne se trompent jamais.

Erreur n'est pas crime.

L'erreur est humaine.

Il n'est si bon cheval qui ne bronche.

ESCLAVAGE

Dieu fit la liberté, l'homme a fait l'esclavage.
MARIE-JOSEPH CHÉNIER

ESPACE

L'espace est la stature de Dieu.
JOSEPH JOUBERT, *Pensées*.

Le temps est du mouvement sur de l'espace.
JOSEPH JOUBERT, *Pensées*.

ESPÉRANCE

Tout le malheur des hommes vient de l'espérance.
ALBERT CAMUS

L'espérance est une disposition de l'âme à se persuader que ce qu'elle désire adviendra, laquelle est causée par un mouvement particulier des esprits, à savoir par celui de la joie et du désir mêlés ensemble.
DESCARTES

L'espérance est un emprunt fait au bonheur.
JOSEPH JOUBERT, *Pensées*.

Petit poisson deviendra grand
Pourvu que Dieu lui prête vie.
LA FONTAINE

L'espérance, toute trompeuse qu'elle est, sert au moins à nous mener à la fin de la vie par un chemin agréable.
LA ROCHEFOUCAULD, *Maximes*.

L'espérance est le plus utile ou le plus pernicieux de tous les biens.
VAUVENARGUES, *Réflexions et Maximes*.

L'espérance et la crainte sont inséparables, et il n'y a point de crainte sans espérance ni d'espérance sans crainte.
LA ROCHEFOUCAULD, *Maximes*.

Tout s'en va comme la fumée,
L'espérance et la renommée.
ALFRED DE MUSSET

L'espérance, c'est sortir par un beau soleil et rentrer sous la pluie.
JULES RENARD, *Journal*.

Tous les espoirs sont permis à l'homme, même celui de disparaître.
JEAN ROSTAND

On jouit moins de ce qu'on obtient que de ce qu'on espère.
JEAN-JACQUES ROUSSEAU

L'espérance anime le sage, et leurre le présomptueux et l'indolent, qui se reposent inconsidérément sur ses promesses.
VAUVENARGUES, *Réflexions et Maximes*.

L'espérance est le pain des malheureux.

Gagne beaucoup qui perd une vaine espérance.

Qui a de longues espérances a de longues douleurs.

Qui s'attend à l'écuelle d'autrui dîne souvent par cœur.

L'espoir du pendu, que la corde casse.

Folle espérance déçoit l'homme.

L'espérance est le songe d'un homme éveillé.

D'un veau on espère un bœuf, et d'une poule un œuf.

L'espérance est le viatique de la vie.

Qui voyage sur le char de l'espérance a la pauvreté pour compagne.

ESPRIT

L'esprit de l'homme accroît ses forces à proportion des forces que lui oppose la nature.
BERNARDIN DE SAINT-PIERRE

On n'imagine pas combien il faut d'esprit pour n'être jamais ridicule.
CHAMFORT, *Maximes et Pensées*.

L'esprit est ce qu'il y a de plus bête au monde.
MAXIME DU CAMP

L'esprit dans les grandes affaires n'est rien sans le cœur.
PAUL DE GONDI, CARDINAL DE RETZ, *Mémoires*.

L'esprit est l'atmosphère de l'âme.
JOSEPH JOUBERT, *Pensées*.

Rendre risible ce qui ne l'est pas, c'est en quelque sorte rendre mauvais ce qui était bon.
JOSEPH JOUBERT, *Pensées*.

Ayez, si vous pouvez, un langage simple, et tel que l'ont ceux en qui vous ne trouvez aucun esprit : peut-être alors croira-t-on que vous en avez.
LA BRUYÈRE, *Les Caractères*

L'esprit est toujours la dupe du cœur.
LA ROCHEFOUCAULD, *Maximes*.

Un homme d'esprit serait souvent bien embarrassé sans la compagnie des sots.
LA ROCHEFOUCAULD, *Maximes*.

Tous ceux qui connaissent leur esprit ne connaissent pas leur cœur.
LA ROCHEFOUCAULD, *Maximes*.

L'esprit nous sert quelquefois à faire hardiment des sottises.
LA ROCHEFOUCAULD, *Maximes*.

La fureur de la plupart des Français, c'est d'avoir de l'esprit, et la fureur de ceux qui veulent avoir de l'esprit, c'est de faire des livres.
MONTESQUIEU

Quand on court après l'esprit, on attrape la sottise.
MONTESQUIEU

Largeur d'esprit, étroitesse de cœur.
JULES RENARD, *Journal*.

Il n'est rien de si absent que la présence d'esprit.
RIVAROL

Un bon esprit paraît souvent heureux, comme un homme bien fait paraît souvent adroit.
RIVAROL

Le péché contre l'esprit, c'est de n'y pas croire.
PAUL-JEAN TOULET

Les sots devraient avoir pour les gens d'esprit une méfiance égale au mépris que ceux-ci ont pour eux.
RIVAROL

On ne s'amuse pas longtemps de l'esprit d'autrui.
VAUVENARGUES, *Réflexions et Maximes*.

La méchanceté tient lieu d'esprit
VAUVENARGUES, *Réflexions et Maximes*.

Un peu de bon sens ferait évanouir beaucoup d'esprit.
VAUVENARGUES, *Réflexions et Maximes*.

L'esprit est tout le contraire de l'argent ; moins on en a, plus on est satisfait.
VOLTAIRE

Il vaut mieux perdre un bon mot qu'un ami.

Tel croit frapper qui tue.

Diseur de bons mots, mauvais caractère.

Bon mot n'épargne personne.

L'écoutant fait le médisant.

Bienheureux les pauvres en esprit, car le Royaume des Cieux leur appartient.

ESTIME

L'amour ne va pas sans estime.
ALEXANDRE DUMAS FILS

Les hommes sont souvent estimés par les endroits où ils sont le plus blâmables.
PAUL DE GONDI, CARDINAL DE RETZ, *Mémoires*.

Quand on sent qu'on n'a pas de quoi se faire estimer de quelqu'un, on est bien près de le haïr.
VAUVENARGUES, *Réflexions et Maximes*.

L'estime s'use comme l'amour.
VAUVENARGUES, *Réflexions et Maximes*.

Il est difficile d'estimer quelqu'un comme il veut l'être.
VAUVENARGUES, *Réflexions et Maximes*.

ESTOMAC

L'estomac est le sol où germe la pensée.
RIVAROL

ÉTAMINE

Passer par l'étamine.
Être examiné de façon sévère et méticuleuse. L'étamine était une étoffe mince dans laquelle les vieilles bourgeoises taillaient des vêtements. Comme elles étaient aussi critiques que médisantes, on disait, après avoir subi leur examen, être passé par l'étamine. L'étamine était aussi le tamis des apothicaires, et peut-être l'expression ne vient-elle que de là…

ÉTAT

La raison d'État est une raison mystérieuse inventée par la politique pour autoriser ce qui se fait sans raison.
CHARLES DE SAINT-ÉVREMOND

Si l'État est fort, il nous écrase. S'il est faible, nous périssons.
PAUL VALÉRY

ÉTÉ

D'été bien chaud vient un automne pendant lequel souvent il tonne.

Si l'hiver est surchargé d'eau l'été n'en sera que plus beau.

En hiver au lit ou auprès du feu, et en été au soleil et au jeu.

ÉTERNUEMENT

Dieu vous bénisse !
Polydore Virgile prétend que du temps de saint Grégoire le Grand, en 594, il régna dans l'Italie une épidémie violente qui faisait mourir en éternuant ceux qui en étaient atteints, et que le pontife ordonna des prières accompagnées de vœux pour arrêter les progrès du mal, ce qui introduisit la coutume de dire : "Dieu vous bénisse !"

ÉTINCELLE

Petite étincelle luit dans la nuit.

Petite étincelle engendre grand feu.

Il ne faut qu'une petite étincelle pour allumer un grand incendie.

ÉTOILE

Être né sous une bonne étoile.

Ne pouvoir résister à son étoile.

ÉTONNEMENT

On ne devrait s'étonner que de pouvoir encore s'étonner.
LA ROCHEFOUCAULD, *Maximes*.

ÉTRANGER

Ce qu'il y a de meilleur à l'étranger, ce sont les compatriotes qu'on y rencontre.
PAUL-JEAN TOULET

D'Angleterre ne vient ni bon vent ni bonne guerre.

ÉTROITESSE (D'ESPRIT)

Qui n'entend qu'une cloche n'entend rien.

Qui n'entend qu'une cloche n'entend qu'un son.

ÉTUDE

Le gain de notre étude, c'est en être devenu meilleur et plus sage.
MONTAIGNE

Les bons livres font les bons clercs.

Les meilleurs clercs ne sont pas les plus sages.

ÉVÉNEMENTS

Les événements ont ceci de commun avec les oies qu'ils vont en troupe.
LÉON BLOY

Les événements sont plus grands que ne le savent les hommes.
FRANÇOIS GUIZOT, *Essai sur l'histoire de France*.

Il n'y a pour l'homme que trois événements : naître, vivre et mourir. Il ne se sent pas naître, il souffre à mourir, et il oublie de vivre.
JEAN DE LA BRUYÈRE, *Les Caractères*.

Les grands événements procèdent des petites causes.

ÉVOLUTION

De jeunes anges vieux diables.

Le bouton devient rose, et la rose gratte-cul.

EXACTITUDE

L'exactitude est la politesse des rois.
LOUIS XVIII

Les femmes et les montres ne sont jamais à l'heure qu'on voudrait.
PAUL-JEAN TOULET

Ce n'est pas le tout de se lever matin, encore faut-il arriver à l'heure.

Il ne faut pas se faire attendre ni arriver trop tôt.

EXAGÉRATION

Grossir un néant en montagne
PASCAL

Faire d'une mouche un éléphant.

EXAMEN

Passer par l'étamine (*Voir ce mot*).

EXCEPTION

Il n'y a point de règle sans exception.

L'exception confirme la règle.

EXCÈS

C'est faire le plus grand des excès que de n'en faire aucun.
JOSEPH LÉONARD, *Pensées*.

L'excès en tout est un défaut.

EXCUSE

Qui s'excuse s'accuse.

EXEMPLE

L'exemple descend et ne monte pas.
JOSEPH JOUBERT, *Pensées*.

EXISTENCE

Je pense, donc je suis.
DESCARTES

EXPÉRIENCE

Ce fruit tardif, le seul qui mûrisse sans devenir doux.
BARBEY D'AUREVILLY

L'expérience, qui éclaire les particuliers, corrompt les princes et les gens en place.
CHAMFORT, *Maximes et Pensées*.

Il y a deux choses que l'expérience doit apprendre : la première, c'est qu'il faut beaucoup corriger ; la seconde, c'est qu'il ne faut pas trop corriger.
DELACROIX, *Journal*.

De toutes les choses auxquelles on ne croit pas, l'expérience est celle à laquelle on croit le moins.
LAMENNAIS

Il n'y a pas de plus sage abbé que celui qui a été moine.

L'expérience corrige.

Expérience passe science.

Les ans ont beaucoup plus vu, que les livres n'en ont connu.

Les pots fêlés sont ceux qui durent le plus.

La pomme est pour le vieux singe.

C'est dans les vieux pots que l'on fait les meilleures soupes.

Chat échaudé craint l'eau froide.

Vieux bœuf fait droit sillon.

Un homme averti en vaut deux.

Qui dit averti, dit muni.

Averti d'avance, armé d'avance.

Chat échaudé ne revient pas en cuisine.

Le chat qui a été mordu par un serpent appréhende jusqu'à la corde.

Il n'est chasse que de vieux chiens.

EXTRÊMES

Du sublime au ridicule il n'y a qu'un pas.
NAPOLÉON Ier

Les extrêmes se touchent.

F

FACILITE

La facilité est le plus beau don de la nature, à la condition qu'on n'en use jamais.
CHAMFORT, *Maximes et Pensées*.

FADEUR

Les femmes sans charme sont comme les poètes qu'on ne lit pas.
ASTOLPHE DE CUSTINE

Une femme sans grâce est un appât sans hameçon.
JULIE DE LESPINASSE

FAGOT

Sentir le fagot
C'est être soupçonné d'hérésie, d'impiété. Allusion au supplice du feu qu'on infligeait aux hérétiques.

FAIBLE

La haine des faibles n'est pas si dangereuse que leur amitié.
VAUVENARGUES, *Réflexions et Maximes*.

FAIBLESSE

La faiblesse qui conserve vaut mieux que la force qui détruit.
JOSEPH JOUBERT, *Pensées*.

La faiblesse est le seul défaut que l'on ne saurait corriger.
LA ROCHEFOUCAULD, *Maximes*.

On est souvent ferme par faiblesse, et audacieux par timidité.
LA ROCHEFOUCAULD, *Maximes*.

La faiblesse est plus opposée à la vertu que le vice.
LA ROCHEFOUCAULD, *Maximes*.

Toute méchanceté vient de faiblesse.
JEAN-JACQUES ROUSSEAU, *Émile*.

La haine des faibles n'est pas si dangereuse que leur amitié.
VAUVENARGUES, *Réflexions et Maximes*.

FAILLITE

Faire un trou dans la lune (*Voir ce mot*).

FAIM

Ventre affamé n'a point d'oreilles.
JEAN DE LA FONTAINE, *Le Milan et le Rossignol*.

Crois-tu qu'on puisse être bien tendre lorsqu'on manque de pain ?
ABBÉ PRÉVOST, *Manon Lescaut*.

Nécessité fait gens méprendre et faim saillir le loup du bois.
FRANÇOIS VILLON, *Le Testament*.

En petit ventre gros cœur.

À faute de chapon, pain et oignon.

Dents aiguës et ventre plat trouvent tout bon ce qui est dans le plat.

Au pauvre un œuf vaut un bœuf.

Qui dort dîne.

Qui s'attend à l'écuelle d'autrui, dîne souvent par cœur.

La faim chasse le loup du bois.

FAMILIARITE

La familiarité engendre le mépris.

Familiarité de maître, chapeau de fou.
C'est-à-dire signe de folie.

FAMILLE

Comme on connaît les siens on les abhorre.
BALZAC, *Proverbes.*

Le sort fait les parents, le choix fait les amis.
DELILLE

Qui aime l'arbre aime la branche.

Quand le rossignol a vu ses petits il ne chante plus.

FAMINE

La famine amène la peste.
L'évêque de Chartres à Louis XV, en lui demandant des secours pour ses pauvres : "Sire, vous vivez dans l'abondance et vous ne connaissez pas la famine ; mais la famine amène la peste, et la peste atteint les rois."

FANATISME

Le fanatisme est une peste qui reproduit de temps en temps des germes capables d'infester la terre.
DIDEROT, *L'Encyclopédie.*

On ne fait rien de grand sans le fanatisme.
GUSTAVE FLAUBERT

N'est-il pas honteux que les fanatiques aient du zèle et que les sages n'en aient pas ?
VOLTAIRE

Il faut craindre l'homme d'un seul livre.

FANTAISIE

La fantaisie fait la loi à la raison.

FARINE

Quand Dieu envoie la farine, le diable enlève le sac.

Réussir mieux en pain qu'en farine.
Bien terminer une affaire mal engagée.

FATALITÉ

Ne pouvoir résister à son étoile.

Être né sous une mauvaise étoile.

L'homme propose et Dieu dispose.

Les dits en nous, les faits en Dieu.

L'homme dispose sa voie et Dieu conduit ses pas.

L'homme s'agite et Dieu le mène.

Il faut vouloir ce qu'on ne peut empêcher.

FATIGUE

Trop tirer rompt la corde.

La fatigue du corps est la santé de l'âme.

FATUITÉ

L'ignorance est toujours prête à s'admirer.
BOILEAU, *Art poétique*.

FAUTE

Toutes les passions nous font faire des fautes, mais l'amour nous en fait faire de plus ridicules.
LA ROCHEFOUCAULD, *Maximes*.

Il faut rougir de faire une faute, et non de la réparer.
JEAN-JACQUES ROUSSEAU, *Émile*.

Qui fait la faute la boit.

Un grand péché ne peut demeurer caché.

Faute avouée est à moitié pardonnée.

FAUVES

Pour avoir une idée de l'ennui, il faut regarder les fauves dans leurs cages.
JULES RENARD, *Journal*.

FAUX AMIS

Amitié de cour, foi de renards, et société de loups.
CHAMFORT, *Maximes et Pensées*.

Malheur à l'homme qui, même dans l'amitié la plus intime, laisse découvrir son faible et sa prise !
CHAMFORT, *Maximes et Pensées*.

La moitié d'un ami, c'est la moitié d'un traître.
VICTOR HUGO, *La Légende des siècles*.

Rien n'est si dangereux qu'un ignorant ami :
Mieux vaudrait un sage ennemi.
JEAN DE LA FONTAINE, *L'Ours et l'Amateur des jardins*.

Ce que les hommes ont nommé amitié n'est qu'une société, qu'un ménagement réciproque d'intérêts, et qu'un échange de bons offices ; ce n'est enfin qu'un commerce où l'amour-propre se propose toujours quelque chose à gagner.
LA ROCHEFOUCAULD, *Maximes*.

Il y a des amis. Il n'y a pas de vrais amis.
JULES RENARD, *Journal*.

Sur vingt amis, dix-neuf disent de vous du mal, et le vingtième, qui en dit du bien, le dit mal.
RIVAROL

Dieu me garde de mes amis ! Mes ennemis, je m'en charge.

Le faux ami ressemble à l'ombre d'un cadran.

Ami de table est variable.

Les faux amis sont hirondelles, qui paraissent dans la belle saison et disparaissent dans la mauvaise.

Tant que vous serez heureux, vous aurez des amis ; mais si la fortune vous devient contraire, ils vous laisseront seuls.

FAVORI

Trop grande faveur n'est pas bonne.

FAVORITISME

Être la coqueluche de quelqu'un (*Voir "Coqueluche"*).

FÉBRILITÉ

Y aller de cul et de tête, comme une corneille qui abat des noix.

FÉMINISME

Le féminisme, c'est de ne pas compter sur le Prince charmant.
JULES RENARD, *Journal*.

FEMME

La destinée de la femme et sa seule gloire sont de faire battre le cœur des hommes.
HONORÉ DE BALZAC

Un homme, quelque malicieux qu'il puisse être, ne dira jamais des femmes autant de bien ni autant de mal qu'elles en pensent elles-mêmes.
HONORÉ DE BALZAC, *Physiologie du mariage*.

Il y a toujours un fameux singe dans la plus jolie et la plus angélique des femmes.
HONORÉ DE BALZAC

Être belle et aimée, ce n'est être que femme. Être laide et savoir se faire aimer, c'est être princesse.
BARBEY D'AUREVILLY

Souvent femme varie, bien fol qui s'y fie
Proverbe attribué à FRANÇOIS Ier

On voit dans le cœur des femmes par les trous qu'on fait à leur amour-propre.
BARBEY D'AUREVILLY

L'enfer des femmes, c'est la vieillesse.
LA ROCHEFOUCAULD, *Maximes*.

La femme est, selon la Bible, la dernière chose que Dieu a faite. Il a dû la faire le samedi soir. On sent la fatigue.
ALEXANDRE DUMAS FILS

Une belle femme est le paradis des yeux, l'enfer de l'âme et le purgatoire de la bourse.
FONTENELLE

L'honnêteté des femmes est souvent l'amour de leur réputation et de leur repos.
LA ROCHEFOUCAULD, *Maximes*.

De toutes les passions violentes, celle qui sied le moins mal aux femmes, c'est l'amour.
LA ROCHEFOUCAULD, *Maximes*.

Il n'y a que deux belles choses au monde, les femmes et les roses, et que deux bons morceaux, les femmes et les melons.
MALHERBE

Il n'y a point de vieille femme. Toute, à tout âge, si elle aime et si elle est bonne, donne à l'homme le moment de l'infini.
JULES MICHELET, *L'Amour.*

La femme, dans les ménages pauvres, c'est l'économie, l'ordre, la providence.
MICHELET, *Le Peuple*.

Elle flotte, elle hésite ; en un mot, elle est femme.
JEAN RACINE, *Athalie*.

Une femme a l'importance d'un nid entre deux branches.
JULES RENARD, *Journal*.

Dès qu'on dit à une femme qu'elle est jolie, elle se croit de l'esprit.
JULES RENARD, *Journal*.

Les femmes ne peuvent comprendre qu'il y ait des hommes désintéressés à leur égard.
VAUVENARGUES, *Réflexions et Maximes*.

Les femmes ressemblent aux girouettes : elles se fixent quand elles se rouillent.
VOLTAIRE

À femme sotte nul ne s'y frotte.

À la meilleure femme le meilleur vin.

La plus belle femme ne peut donner que ce qu'elle a.

Femme fort belle est rude et rebelle.

Par grande beauté est l'homme hébété.

On ne peut avoir en même temps femme et bénéfice.

Il faut chercher une femme avec les oreilles plutôt qu'avec les yeux.

Foi de femme est plume sur l'eau.

Femme rit quand elle peut, et pleure quand elle veut.

Femme qui prend, se vend ; femme qui donne, s'abandonne.

Les femmes sont faites de langue, comme les renards de queue.

La plus honnête femme est celle dont on parle le moins.

Prends le premier conseil d'une femme et non le second.

Qui de femme honnête est séparé, d'un don divin est privé.

Une femme ne cèle que ce qu'elle ne sait pas.

Qui femme a, noise a.

Des femmes et des chevaux, il n'y en a point sans défauts.

Les femmes sont trop douces, il faut les saler.

Trois femmes font un marché.

La langue des femmes est leur épée, et elles ne la laissent pas rouiller.

Il faut se garder du devant d'une femme, du derrière d'une mule, et d'un moine de tous côtés.

FER

Il faut battre le fer quand il est chaud.

Tant chauffe-t-on le fer qu'il rougit.

FERVEUR

Ferveur de novice ne dure pas longtemps.

FÊTE

Après la panse vient la danse.

Il n'y a point de fête sans lendemain.

Laissons venir la fête avant de la chômer.

Il ne faut pas chômer les fêtes avant qu'elles soient venues.

Aux bonnes fêtes les bons coups.

Jour à marquer d'une pierre blanche.
Il était d'usage, en Crète, de noter les jours heureux par des cailloux blancs, et les jours néfastes par des cailloux noirs.

FEU

L'homme est le seul animal qui fasse du feu, ce qui lui a donné l'empire du monde.
RIVAROL

Il ne faut pas attiser le feu avec l'épée.

Il faut faire feu qui dure.

Il ne faut pas mettre au feu le fagot entier.

Feu, argent, sagesse et santé sont prisés hiver comme été.

Feu, fèves argent et bois sont bons tous les mois.

Il n'y a pas de fumée sans feu.

Il ne faut point mettre le feu où il n'y a point d'eau.

Au feu uriner est sain, et y cracher est vain.

Le feu le plus couvert est le plus ardent.

Mal se chauffe qui tout se brûle.

Il ne faut pas jeter de l'huile sur le feu.

Mettre le feu sous le ventre à quelqu'un.
L'irriter, l'aigrir, le mettre en colère. Métaphore prise de certains animaux qu'on excite au combat en leur mettant du feu sous le ventre. C'est le moyen que les Indiens emploient pour faire se battre deux éléphants.

FÉVRIER

Février trop doux, printemps en courroux.

Février entre tous les mois le plus court et le moins courtois.

En février qu'il grêle et tonne, c'est la marque d'un bel automne.

Si l'hiver ne fait son devoir en mois de décembre ou de janvier, au plus tard il se fera voir dès le deuxième février.

FIANCÉE

Belle fille et méchante robe trouvent toujours qui les accroche.

Fille fenestrière ou trottière rarement bonne ménagère.

Fille oisive à mal pensive, fille trop en rue tôt perdue.

FIDÉLITÉ

Dans le doute, il faut choisir d'être fidèle.
FRANÇOIS MAURIAC

L'amour, qui vit dans les orages, et croît souvent au sein des perfidies, ne résiste pas toujours au calme de la fidélité.
RIVAROL

La constance est la chimère de l'amour.
VAUVENARGUES, *Réflexions et Maximes*.

Le lierre meurt où il s'attache.

Le lièvre revient toujours à son gîte.

FIERTÉ

Fier comme Artaban.

Fier comme un pou.

Fier comme un pou sur son fumier.

Fier comme un pou sur une gale.

FIÈVRE

La cause la plus ordinaire de la fièvre lente est la tristesse.
DESCARTES, *Correspondance*.

La fièvre, à ce qu'on dit, nous délivre des puces, et l'infortune de nos amis.
PAUL-JEAN TOULET

Fièvre qui vient pendant l'automne est très longue, ou la mort nous donne.

Fièvre de renard qui se guérit en mangeant une poule.

FIL

Sa vie ne tient qu'à un fil.
Locution qui a deux interprétations. Celle des Parques, filant les jours de chaque homme, et celle de Denys le Tyran, qui fit suspendre au-dessus de la tête de son cousin Damoclès une épée suspendue à un fil.

À toile ourdie, Dieu envoie le fil.
Dieu aide à finir celui qui a commencé l'ouvrage.

FILLE

Les bourgeois, par une vanité ridicule, font de leur fille un fumier pour les terres des gens de qualité.
CHAMFORT, *Maximes et Pensées.*

Si le financier manque son coup, les courtisans disent de lui : c'est un bourgeois, un homme de rien, un malotru ; s'il réussit, ils lui demandent sa fille.
LA BRUYÈRE, *Les Caractères.*

Qui a des filles est toujours berger.

Fille aimant silence a grande science.

Fille qui trop se mire peu file.

Filles sottes à marier sont pénibles à garder.

Quand la fille est mariée, viennent des gendres.

Pour une fille, un homme riche n'est jamais vieux.

Faire d'une fille deux gendres.
C'est promettre le même objet à deux personnes.

FILS

Il n'y a que d'un fils qu'on ne soit point jaloux.
JULES RENARD, *Journal*.

Chacun est fils de ses œuvres.

FIN

En toute chose, il faut considérer la fin.
JEAN DE LA FONTAINE

C'est la fin qui couronne l'œuvre.

La fin fait tout.

En la queue et en la fin gît de coutume le venin.

La fin justifie les moyens.

FINANCIERS

Si le financier manque son coup, les courtisans disent de lui : c'est un bourgeois, un homme de rien, un malotru ; s'il réussit, ils lui demandent sa fille.
LA BRUYÈRE, *Les Caractères*.

Les financiers ne font bien leurs affaires que lorsque l'État les fait mal.
TALLEYRAND

L'activité fait plus de fortunes que la prudence.
VAUVENARGUES, *Réflexions et Maximes*.

FINESSE

On peut être plus fin qu'un autre, mais non pas plus fin que tous les autres.
LA ROCHEFOUCAULD, *Maximes*.

La finesse n'est qu'une pauvre habileté.
LA ROCHEFOUCAULD, *Maximes*.

Le grand art de l'homme fin est de ne le point paraître.
MONTAIGNE, *Essais*.

FIRMAMENT

Ce qui est admirable, ce n'est pas que le champ des étoiles soit si vaste, c'est que l'homme l'ait mesuré.
Anatole France

FLANC

Se battre les flancs.
Les Anciens croyaient que le lion, pour faire croire qu'il s'excitait au combat, se battait les flancs avec sa queue.

FLATTERIE

Il n'y a rien de si dangereux que la flatterie dans les conjonctures où celui que l'on flatte peut avoir peur.
Paul de Gondi, cardinal de Retz, *Mémoires*.

Apprenez que tout flatteur
Vit aux dépens de celui qui l'écoute.
Jean de La Fontaine, *Le Corbeau et le Renard*.

On n'aurait guère de plaisir si on ne se flattait jamais.
La Rochefoucauld, *Maximes*.

Quiconque flatte ses maîtres, les trahit.
Jean-Baptiste Massillon

L'encens noircit l'idole en fumant pour sa gloire.
Sébastien Mercier

Gare à la flatterie, ma fille : trop de sucre gâte les dents.
Mme de Sévigné, *Lettres*.

Les grandes flatteries sont muettes.
Paul Valéry

Selon les gens l'encens.

L'encens entête et tout le monde en veut.

Un âne en gratte un autre.

Qui te flatte veut te tromper.

La flûte fait entendre de doux sons quand l'oiseleur trompe l'oiseau.

Le flatteur est proche parent du traître.

Bouche de flatteurs, sépulcre ouvert.

Les flatteurs sont la pire espèce des ennemis.

Si la pilule avait bon goût, on ne la dorerait pas.

FLEUR

Qui peint la fleur n'en peut peindre l'odeur.

Les fleurs du printemps ne gardent pas toujours leur beauté.

FLIRT

Le flirt est l'aquarelle de l'amour.
PAUL BOURGET

FOI

Le ciel est pour ceux qui y pensent.
JOSEPH JOUBERT, *Pensées*.

Le pire de tous les états de l'âme est l'indifférence ; il faut croire ; l'incroyance est la ruine non seulement des individus, mais des sociétés.
LAMENNAIS

Il n'y a que la foi qui sauve.

Foi de gentilhomme, un autre gage vaut mieux.

FOIRE

La foire n'est pas sur le pont.

Il n'est pas nécessaire de tant se presser.
Locution fondée sur une ancienne coutume autorisant les petits marchands, après la clôture d'une foire à continuer leur vente pendant une demi-journée ou une journée entière, dans un quartier particulier, ordinairement près d'un pont et sur le pont même.

FOLIE

La plupart des folies ne viennent que de sottise.
CHAMFORT, *Maximes et Pensées*.

Il y a plus de fous que de sages, et dans le sage même, il y a plus de folie que de sagesse.
CHAMFORT, *Maximes et Pensées*.

La plus subtile folie se fait de la plus subtile sagesse.
LA ROCHEFOUCAULD, *Maximes*.

Il y a des folies qui se prennent comme des maladies contagieuses.
LA ROCHEFOUCAULD, *Maximes*.

Les vieux fous sont plus fous que les jeunes.
LA ROCHEFOUCAULD, *Maximes*.

Qui vit sans folie n'est pas si sage qu'il croit.
LA ROCHEFOUCAULD, *Maximes*.

On construit des maisons de fous pour faire croire à ceux qui n'y sont pas enfermés qu'ils ont encore la raison.
MONTAIGNE

Les hommes sont si nécessairement fous que ce serait être fou par un autre tour de folie de n'être pas fou.
PASCAL

Le monde appelle fous ceux qui ne sont pas fous de la folie commune.
MADAME ROLAND

Les hommes ne se comprennent pas les uns les autres. Il y a moins de fous qu'on ne croit.
VAUVENARGUES, *Réflexions et Maximes*.

Le fou se trahit lui-même.

Qui ne sait être fou n'est pas sage.

Il vaut mieux être fou avec tous que sage tout seul.

Les fous sont plus utiles aux sages que les sages aux fous.

Les sages vont chercher de la lumière, et les fous leur en donnent.

Fou qui se tait passe pour sage.

Au rire on connaît le fou.

Plus on est de fous, plus on rit.

Dieu aide à trois sortes de personnes : aux fous, aux enfants et aux ivrognes.

Si tous les fous portaient le bonnet blanc, nous ressemblerions à un troupeau d'oies.

Courtes folies sont les meilleures.

Il faut avoir un peu de folie, qui ne veut avoir plus de sottise.

Un fou avise un sage.

Sans les fous, les sages ne pourraient pas vivre.

Avoir besoin de deux grains d'ellébore (*Voir ce mot*).

Le fou se trahit lui-même.

Ce n'est pas être fou que de faire une folie, mais c'est l'être que de ne pas savoir la cacher.

Le coucou chante son propre nom.

FONCTIONNAIRE

Les fonctionnaires sont un peu comme les livres d'une bibliothèque : ce sont les plus hauts placés qui servent le moins.
GEORGES CLEMENCEAU

FONTAINE

Il ne faut pas dire : Fontaine, je ne boirai pas de ton eau.
Il ne faut pas assurer qu'on n'aura pas besoin de telle personne ou de telle chose. Allusion à l'aventure d'un ivrogne qui jurait sans cesse qu'il ne boirait jamais d'eau et qui se noya dans le bassin d'une fontaine.

FORCE

Où manque la force, le droit disparaît; où apparaît la force, le droit commence de rayonner.
MAURICE BARRÈS

Ce qui fait croire à la force l'augmente.
PAUL DE GONDI, CARDINAL DE RETZ, *Mémoires*.

On supporte aisément une puissance qu'on espère exercer un jour.
JOSEPH JOUBERT, *Pensées*.

La raison du plus fort est toujours la meilleure.
JEAN DE LA FONTAINE, *Le Loup et l'Agneau*.

Qui a la force a souvent la raison, en matière d'État.
CARDINAL DE RICHELIEU

Nous avons assez de force pour supporter les maux d'autrui.
LA ROCHEFOUCAULD, *Maximes*.

Le plus fort n'est jamais assez fort pour être toujours le maître, s'il ne transforme sa force en droit et l'obéissance en devoir.
JEAN-JACQUES ROUSSEAU, *Du Contrat social*.

Le sentiment de nos forces les augmente.
VAUVENARGUES, *Réflexions et Maximes*.

Force n'est pas droit.

L'union fait la force.

FORGERON

C'est en forgeant que l'on devient forgeron.

FORTUNE

Toute femme a sa fortune entre ses jambes.
BALZAC

La fortune est souvent comme les femmes riches et dépensières, qui ruinent les maisons où elles ont apporté une riche dot.
CHAMFORT, *Maximes et Pensées*.

Il faut de plus grandes vertus pour soutenir la bonne fortune que la mauvaise.
LA ROCHEFOUCAULD, *Maximes*.

Les mêmes moyens qui rendent un homme propre à faire fortune l'empêchent d'en jouir.
RIVAROL

Fortune, bonheur des pauvres d'esprit.
JULES RENARD, *Journal*.

On ne se ruine jamais mieux que lorsqu'on a beaucoup de fortune.
RIVAROL

Il faut avoir l'appétit du pauvre pour jouir de la fortune du riche.
RIVAROL

On a de la fortune sans bonheur, comme on a des femmes sans amour.
RIVAROL

Il y a des gens qui n'ont de leur fortune que la crainte de la perdre.
RIVAROL

Il est faux qu'on ait fait fortune lorsqu'on ne sait pas en jouir.
VAUVENARGUES, *Réflexions et Maximes*.

L'activité fait plus de fortunes que la prudence.
VAUVENARGUES, *Réflexions et Maximes*.

La fortune exige des soins.
VAUVENARGUES, *Réflexions et Maximes*.

Les fortunes promptes en tout genre sont les moins solides, parce qu'il est rare qu'elles soient l'ouvrage du mérite. Les fruits mûrs mais laborieux de la prudence, sont toujours tardifs.
VAUVENARGUES, *Réflexions et Maximes*.

Bien danse à qui la fortune chante.

Chacun a dans sa vie un sourire de la fortune.

Grande fortune, grande servitude.

La fortune et l'humeur gouvernent le monde.

Les haillons de la misère couvrent la vertu, le manteau de la fortune couvre le vice.

Être au nid de la pie (*Voir ce mot*).

La rivière ne grossit pas sans être trouble.

FOSSÉ

Au bout du fossé la culbute.

FOUET

Chacun se fait fouetter à sa guise.

Les moines, dès le XIe siècle, avaient trouvé bon de se donner mutuellement la discipline par esprit de pénitence, mais tous ne se conformaient pas à cet usage avec le même zèle. Les capucins, qui se fouettaient chaque jour vigoureusement, reprochaient aux augustins de ne se fouetter que trois jours par semaine, avec mollesse et ceux-ci leur répliquaient : "Chacun se fait fouetter à sa guise".

FOUINE

Au poulailler sont les fouines.

FOURMIS

Si les fourmis font de gros tas, un dur hiver viendra.

Fourmilières hautes à l'automne, l'hiver sera long et rude.

Quand on détruit une fourmilière, on a la pluie derrière.

Celui qui est trop endormi doit prendre garde à la fourmi.

FRANCHISE

Bien servir fait amis et vrai dire ennemis.

Avoir le cœur à la bouche.

FRANC-PARLER

Appeler un chat un chat.

FRELON

Il ne faut pas émouvoir les frelons.

S'il y a des frelons en trop le temps sera beau.

FRÊNE

Dessous le frêne venin ne règne.

Le frêne en certaines saisons, près de la mare est poison.

FRÉQUENTATION (MAUVAISE)

La mauvaise compagnie pend l'homme.

FRÈRE

Que tous les hommes soient Frères, c'est le rêve des gens qui n'ont pas de frère.
CHARLES CHINCHOLLE

Le frère est ami de nature, mais son amitié n'est pas sûre.

La borne sied très bien entre les champs de deux frères.

Partager comme frères : le mien est mien ; le tien est à nous deux.

FROID

Souffler le chaud et le froid.
C'est parler tantôt pour, tantôt contre une personne ou une chose ; en dire tantôt du bien, tantôt du mal, suivant les circonstances et les dispositions de ceux à qui l'on parle.

FROMENT

Avec le vent on nettoie le froment, et vice avec supplice et châtiment.

En lieu bas sème ton froment, en lieu haut plante ton sarment.

Année neigeuse, année fromenteuse.

FRUITS

Tout âge porte ses fruits, il faut savoir les cueillir.
RAYMOND RADIGUET

Bois inutile porte fruit précieux.

Bon fruit vient de bonne semence.

De bonne plante bon fruit.

FUGACITÉ

L'homme d'un jour n'aime qu'un jour.
THÉOPHILE GAUTIER, *Poésies*.

Vin, fille, faveur et poirier, sont difficiles à conserver.

Amitié de grands, serments de femmes et soleil d'hiver ne durent guère.

FUITE

Qui s'enfuit, on le poursuit.

Un chemin pour qui fuit, cent pour qui le poursuit.

Il n'y a si bonne compagnie qui ne se quitte.

FUMÉE

Tout s'en va comme la fumée,
L'espérance et la renommée.
ALFRED DE MUSSET

Il n'y a point de fumée sans feu.

La fumée s'attache au blanc.

La fumée nuit aux yeux.

FUSEAU

Le fuseau doit suivre le hoyau.
La femme doit filer quand l'homme pioche ; il ne faut pas qu'elle reste oisive quand il travaille.

FUTILITÉ

Disputer sur la pointe d'une aiguille (ou sur l'ombre d'un âne, ou sur la laine d'une chèvre).

Faire une querelle d'Allemand.

G

GAIN

Le vrai moyen de gagner beaucoup est de ne vouloir jamais trop gagner et de savoir perdre à propos.
FÉNELON

L'eau trouble est le gain du pêcheur.

Petit jeu, petit gain.

GALANTERIE

Toute femme a sa fortune entre ses jambes.
HONORÉ DE BALZAC

On peut trouver des femmes qui n'ont jamais eu de galanterie, mais il est rare d'en trouver qui n'en aient jamais eu qu'une.
LA ROCHEFOUCAULD, *Maximes*.

Ce qui se trouve le moins dans la galanterie, c'est de l'amour.
LA ROCHEFOUCAULD, *Maximes*.

Femme qui prend, se vend ; femme qui donne, s'abandonne.

Avoir perdu ses gants.
Se disait autrefois des demoiselles qui faisaient commerce de leurs charmes, car le plus grand témoignage d'amour qu'une jeune fille pouvait accorder à un homme qu'elle croyait épouser était de lui donner… ses gants.

GANT

Jeter le gant à quelqu'un

Ramasser ou relever le gant.

Avoir perdu ses gants (*Voir "Galanterie"*).

GASPILLAGE

C'est folie semer les roses aux pourceaux.

Fou qui jette à ses pieds ce qu'il tient dans ses mains.

Qui mange tout le soir le lendemain ronge son pain noir.

Si vous cassez la bouteille vous n'y boirez plus.

Pierre qui roule n'amasse pas mousse.

GASTRONOMIE

Porcelet d'un mois, oison de trois, est manger de princes et de rois.

GELÉE

Blanche gelée est de pluie messagère.

Année de gelée, année de blé.

GELER

Plus il gèle, plus il étreint.
Plus on a de maux, plus il est difficile de les supporter.

GENDRE

Amitié de gendre, soleil d'hiver.

GÊNE

On incommode souvent les autres quand on croit ne les pouvoir jamais incommoder.
La Rochefoucauld, *Maximes*.

Où il y a de la gêne, il n'y a pas de plaisir.

GÉNÉROSITÉ

Il n'y a que les pauvres de généreux.
HONORÉ DE BALZAC

Il faut être juste avant d'être généreux, comme on a des chemises avant d'avoir des dentelles.
CHAMFORT, *Maximes et Pensées.*

La générosité n'est que la pitié des âmes nobles.
CHAMFORT, *Maximes et Pensées.*

Ce qui paraît générosité n'est souvent qu'une ambition déguisée qui méprise de petits intérêts, pour aller à de plus grands.
LA ROCHEFOUCAULD, *Maximes.*

Méfiez-vous du premier mouvement, il est toujours généreux.
TALLEYRAND

GÉNIE

Faire aisément ce qui est difficile aux autres, voilà le talent ; faire ce qui est impossible au talent, voilà le génie.
HENRI FRÉDÉRIC AMIEL

Le génie est une longue patience.
BUFFON

Quand un vrai génie paraît dans le monde, on le distingue à cette marque : tous les sots se soulèvent contre lui.
FRÉRON

Tout homme qui ne se croit pas du génie n'a pas de talent…
EDMOND DE GONCOURT, *Journal.*

Appelons hommes de génie ceux qui font vite ce que nous faisons lentement.
JOSEPH JOUBERT, *Pensées.*

Ah ! Frappe-toi le cœur, c'est là qu'est le génie.
ALFRED DE MUSSET, *Poésies.*

Le génie est peut-être au talent ce que l'instinct est à la raison.
JULES RENARD, *Journal.*

Le génie égorge ceux qu'il pille.
RIVAROL

Le génie des idées est le comble de l'esprit ; le génie des expressions est le comble du talent.
RIVAROL

Le génie seul est la mesure du génie.
PAUL-JEAN TOULET, *Les Trois Impostures*.

On ne peut contrefaire le génie.
VAUVENARGUES, *Réflexions et Maximes*.

Il n'y a point de génie sans un grain de folie.

GEORGES

Brave comme saint Georges.
Les chevaliers avaient saint Georges pour patron. Ceux qui devaient se battre en duel prenaient à témoin saint Georges, le bon chevalier, dans leurs serments. Le cri de guerre des Anglais était "saint George" (celui des Français était "saint Denys").

GIBET

Le gibet ne perd jamais ses droits.

Si le gibet avait une bouche comme il a des oreilles, il appellerait à lui bien des gens.
Ce vieux proverbe est fondé sur un ancien usage : le bourreau coupait les oreilles des repris de justice, et il les clouait au gibet.

Le gibet n'est que pour les malheureux.

Plus malheureux que le bois dont on fait le gibet.

Malheureux comme un gibet.
Dans l'Antiquité, le gibet était fait du bois de certains arbres appelés "malheureux", et réputés stériles, tel que le peuplier, l'aune et l'orme.

GIGOLO

Celui qui prend la vieille femme aime l'argent plus que la dame.

GIROUETTE

Ce n'est pas la girouette qui tourne, c'est le vent.
EDGAR FAURE

Quand tourne le vent on accuse les girouettes.
PAUL-JEAN TOULET, *Monsieur du Paur, homme public*.

Les femmes ressemblent aux girouettes : elles se fixent quand elles se rouillent.
VOLTAIRE

GIVRE

Année de givre, année de fruits.

GLAND

Le plus mauvais pourceau mange le meilleur gland.

L'abbaye est bien pauvre quand les moines vont au gland.

Année glanduleuse, année chanceuse.

Année de glands, année d'enfants.

GLANE

Qui glane ne choisit pas.

GLOIRE

La gloire est le soleil des morts.
HONORÉ DE BALZAC

Il y a, entre la vanité et la gloire, la différence qu'il y a entre un fat et un amant.
CHAMFORT, *Maximes et Pensées*.

Ne dédaignons pas trop la gloire : rien n'est plus beau qu'elle si ce n'est la vertu.
CHATEAUBRIAND

Les grands hommes font leur propre piédestal ; l'avenir se charge de la statue.
VICTOR HUGO

Quoique les hommes se flattent de leurs grandes actions, elles ne sont pas souvent les effets d'un grand dessein, mais des effets du hasard.
LA ROCHEFOUCAULD, *Maximes*.

La gloire se donne seulement à ceux qui l'ont toujours rêvée.
CHARLES DE GAULLE

Nous élevons la gloire des uns pour abaisser celle des autres.
LA ROCHEFOUCAULD, *Maximes*.

La gloire est un effort constant.
JULES RENARD, *Journal*.

Tout se paie, et la honte quelquefois aussi cher que la gloire.
PAUL-JEAN TOULET, *Les trois impostures*.

Les feux de l'aurore ne sont pas si doux que les premiers regards de la gloire.
VAUVENARGUES, *Réflexions et Maximes*.

La haine est plus vive que l'amitié, moins que la gloire.
VAUVENARGUES, *Réflexions et Maximes*.

L'amour de la gloire fait les grandes fortunes entre les peuples.
VAUVENARGUES, *Réflexions et Maximes*.

Nous avons si peu de vertu, que nous nous trouvons ridicules d'aimer la gloire.
VAUVENARGUES, *Réflexions et Maximes*.

Où il y a de la grandeur, nous la sentons malgré nous.
La gloire des conquérants a toujours été combattue ; les peuples en ont toujours souffert, et ils l'ont toujours respectée.
VAUVENARGUES, *Réflexions et Maximes*.

La gloire est la preuve de la vertu.
VAUVENARGUES, *Réflexions et Maximes*.

On n'est pas né pour la gloire lorsqu'on ne connaît pas le prix du temps.
VAUVENARGUES, *Réflexions et Maximes*.

Quand vient la gloire s'en va la mémoire.

Le drapeau déchiré fait la gloire du capitaine.

GOGO

Avoir tout à gogo.

Vivre à gogo.
Vient du celtique go, qui signifie beaucoup, en profusion.

GOINFRERIE

L'abondance engendre la nausée.

Avaler comme un coucou (*Voir ce mot*).

GORGE

Faire rendre gorge à quelqu'un.
Rendre ce qui a été pris de façon illicite. Expression de fauconnerie : la "gorge" est la mangeaille de l'oiseau de proie, arrachée du jabot par le fauconnier, lorsque celui-ci veut qu'il chasse.

Faire une gorge chaude de quelque chose.
Se réjouir. La "gorge chaude" est la viande du gibier vivant ou récemment tué dont les oiseaux de proie sont très friands.

GOURMANDISE

Il faut manger pour vivre, et non pas vivre pour manger.
MOLIÈRE, *L'Avare*.

L'estomac devient le gouffre de la vie.

Les gourmands creusent leur fosse avec leurs dents.

GOÛT (BON)

Une belle âme ne va guère avec un goût faux.
DIDEROT, *Correspondance*.

Le bon goût vient plus du jugement que de l'esprit.
LA ROCHEFOUCAULD, *Maximes*.

Je ne réponds pas d'avoir du goût, mais j'ai le dégoût très sûr.
JULES RENARD, *Journal*.

Le goût mûrit aux dépens du bonheur.
JULES RENARD, *Journal*.

Il faut donc avoir l'âme pour avoir du goût.
VAUVENARGUES, *Réflexions et Maximes*.

Il ne faut pas discuter des goûts.

Tous les goûts sont dans la nature.

Il ne faut pas disputer des goûts.

Morceau mâché n'a plus de goût.

GOUTTE

La goutte est comme les enfants des princes ; on la baptise tard.

Au mal de goutte, le médecin ne voit goutte.

Goutte tracassée est à demi-pansée.
L'exercice était considéré comme un bon remède contre la goutte.

GOUVERNEMENT

On gouverne les hommes avec la tête.
CHAMFORT, *Maximes et Pensées*.

On court les risques du dégoût en voyant comment l'administration, la justice et la cuisine se préparent.
CHAMFORT, *Maximes et Pensées*.

Le gouvernement est stationnaire, l'espèce humaine est progressive. Il faut que la puissance du gouvernement contrarie le moins qu'il est possible la marche de l'espèce humaine.
BENJAMIN CONSTANT

Gouverner, c'est prévoir.
ÉMILE DE GIRARDIN

Gouverner, c'est choisir.
GASTON FRANÇOIS, DUC DE LÉVIS

Les hommes d'État s'enivrent de la vapeur du vin qu'ils versent, et leur propre mensonge les déçoit.
JOSEPH JOUBERT, *Pensées*.

La fortune et l'humeur gouvernent le monde.
LA ROCHEFOUCAULD, *Maximes*.

Le gouvernement est comme toutes les choses du monde ; pour le conserver, il faut l'aimer.
MONTESQUIEU

La crainte d'une chute, voilà ce qui suffit à un ministre pour faire égorger des milliers d'hommes.
JULES RENARD, *Journal*.

Il faut écouter beaucoup et parler peu pour bien agir au gouvernement d'un État.
CARDINAL DE RICHELIEU

Les souverains ne doivent jamais oublier que, le peuple étant toujours enfant, le gouvernement doit toujours être père.
RIVAROL

À prince dévot, confesseur homme d'État.
RIVAROL

Les princes parvenus jouissent mieux de l'empire que les princes héréditaires.
RIVAROL

Quand l'armée dépend du peuple, il se trouve à la fin que le gouvernement dépend de l'armée.
RIVAROL

L'art de gouverner n'a produit que des monstres.
SAINT-JUST

Le meilleur moyen de renverser un gouvernement, c'est d'en faire partie.
TALLEYRAND

La science de gouverner est toute dans l'art de dorer les pilules.
ADOLPHE THIERS

Si un peuple a les seuls gouvernements qu'il mérite, quand mériterons-nous de n'en avoir pas ?
PAUL-JEAN TOULET

S'il est vrai qu'on ne peut anéantir le vice, la science de ceux qui gouvernent est de le faire concourir au bien public.
VAUVENARGUES, *Réflexions et Maximes*.

GRÂCE

La grâce entoure l'élégance, et la revêt.
JOSEPH JOUBERT, *Pensées*.

La grâce imite la pudeur, comme la politesse imite la bonté.
JOSEPH JOUBERT, *Pensées*.

La force est naturelle ; mais il y a de l'habitude dans la grâce. Cette qualité charmante a besoin d'être pratiquée, pour devenir continuelle.
JOSEPH JOUBERT, *Pensées*.

La bonne grâce est au corps ce que le bon sens est à l'esprit.
LA ROCHEFOUCAULD, *Maximes*.

Une femme sans grâce est un appât sans hameçon.
JULIE DE LESPINASSE

GRÂCE (COUP DE)

Donner le coup de grâce à quelqu'un.
Faire quelque chose qui achève de le perdre. Coup que le bourreau donnait à un criminel afin d'abréger ses souffrances.

GRAISSER LA PATTE

Graisser la patte à quelqu'un.
Dans le temps où l'on payait la dîme sur le lard, le redevancier remettait, de la main à la main, au commissaire-dîmeur une portion de la denrée soumise au droit, afin de capter sa bienveillance.

GRANDEUR

La grandeur est comme certains verres qui grossissent tous les objets.
FÉNELON

Je n'ai jamais assez estimé la grandeur pour l'acheter par la haine publique.
PAUL DE GONDI, CARDINAL DE RETZ, *Mémoires*.

Ce qui est grand est toujours beau.
NAPOLÉON 1er

GRANDS

Le peuple n'a guère d'esprit, et les Grands n'ont point d'âme.
LA BRUYÈRE, *Les Caractères*

Hélas ! on voit que de tout temps
Les petits ont pâti des sottises des grands.
LA FONTAINE, *Les Deux Taureaux et la Grenouille*.

Promesse de grand n'est pas héritage.

GRAND (TAILLE)

En un corps grand bien rarement sagesse prend son hébergement.

Les plus grands clercs ne sont pas les plus fins.

Quand la maison est trop haute, il n'y a rien au grenier.

Un homme grand est un sot.

GRATITUDE

La gratitude, comme le lait, tourne à l'aigre, si le vase qui la contient n'est pas scrupuleusement propre.
RÉMY DE GOURMONT

GRATUITÉ

Travailler pour le roi de Prusse (*Voir "Roi"*).

GRAVITE

Les êtres heureux sont graves.
JULES BARBEY D'AUREVILLY

La gravité n'est que l'écorce de la sagesse. Mais elle la conserve.
JOSEPH JOUBERT, *Pensées*.

La gravité est le bonheur des imbéciles.
MONTESQUIEU

La gravité est un mystère du corps inventé pour cacher les défauts de l'esprit.
LA ROCHEFOUCAULD, *Maximes*.

GRELOT

Celui qui a attaché le grelot doit le détacher.
Celui qui s'est lancé dans une entreprise doit la terminer.

GRIVÈLERIE

Emporter le chat.
C'est s'en aller sans payer ou sans prendre congé.

GRUE

Faire le pied de grue.

Un moineau dans la main vaut mieux qu'une grue qui vole.

GUÉRISON

Le roi te touche, Dieu te guérisse.
Phrase rituelle des rois de France, lorsqu'ils imposaient les mains sur les écrouelles.

La guérison n'est jamais si prompte que la blessure.

Du chien qui mordit le poil guérit.

Prendre du poil de la bête (voir ce mot).

GUERRE

La guerre est une chose trop grave pour être confiée à des militaires.
GEORGES CLEMENCEAU

Faire la guerre, c'est attaquer.
GÉNÉRAL MANGIN

Sitôt que les hommes sont en société, ils perdent le sentiment de leur faiblesse ; l'égalité qui est entre eux cesse, et l'état de guerre commence.
MONTESQUIEU, *De l'esprit des lois.*

Le vice fomente la guerre : la vertu combat. S'il n'y avait aucune vertu, nous aurions pour toujours la paix.
VAUVENARGUES, *Réflexions et Maximes.*

La guerre n'est pas si onéreuse que la servitude.
VAUVENARGUES, *Réflexions et Maximes*.

Le nombre infini de maladies qui nous tue est assez grand; et notre vie est assez courte pour qu'on puisse se passer du fléau de la guerre.
VOLTAIRE

L'argent est le nerf de la guerre.

Guerre et pitié ne s'accordent pas ensemble.

La guerre nourrit la guerre.

Guerre est la fête des morts.

GUIGNE

La guigne ne s'acharne que sur la bêtise.
JULES RENARD, *Journal*.

Porter guignon.
Le mot guignon (et guigne) dérivé du verbe "guigner" (regarder de travers), a reçu la signification de malheur à cause des maléfices que l'on croyait que cette façon de regarder (celle des envieux) provoquait.

H

HABILETÉ

L'habileté est à la ruse ce que la dextérité est à la filouterie.
CHAMFORT, *Maximes et Pensées*.

Ne soyons pas si difficiles :
Les plus accommodants, ce sont les plus habiles.
JEAN DE LA FONTAINE, *Le Héron*.

Le désir de paraître habile empêche souvent de le devenir.
LA ROCHEFOUCAULD, *Maximes*.

La souveraine habileté consiste à bien connaître le prix des choses.
LA ROCHEFOUCAULD, *Maximes*.

C'est une grande habileté que de savoir cacher son habileté.
LA ROCHEFOUCAULD, *Maximes*.

Être comme le chat qui tombe toujours sur ses pieds.

HABIT

L'habit ne fait pas le moine.

Si l'habit du pauvre a des trous, celui du riche a des taches.

L'habit volé ne va pas au voleur.

Les haillons de la misère couvrent la vertu, le manteau de la fortune couvre le vice.

HABITUDE

L'habitude est une seconde nature.

HAINE

La haine, comme l'amour, se nourrit des plus petites choses, tout lui va.
HONORÉ DE BALZAC, *Le Contrat de mariage*.

La haine est tonique, elle fait vivre, elle inspire la vengeance.
HONORÉ DE BALZAC

La haine, c'est la colère des faibles.
ALPHONSE DAUDET

Lorsque notre haine est trop vive, elle nous met au-dessous de ceux que nous haïssons.
LA ROCHEFOUCAULD, *Maximes*.

Il me semble que la haine est douloureuse.
MONTESQUIEU

Je l'ai trop aimé pour ne point le haïr.
JEAN RACINE, *Andromaque*.

Si je la haïssais, je ne la fuirais pas.
JEAN RACINE, *Phèdre*.

Nous avons de l'amour pour une ou eux femmes, de l'amitié pour deux ou trois amis, de la haine pour un seul ennemi, de la pitié pour quelques pauvres ; et le reste des hommes nous est indifférent.
JULES RENARD, *Journal*

Je le haïrais davantage si je le méprisais moins.
JEAN-JACQUES ROUSSEAU (parlant de Voltaire)

La haine des faibles n'est pas si dangereuse que leur amitié.
VAUVENARGUES, *Réflexions et Maximes*.

La haine n'est pas moins volage que l'amitié.
VAUVENARGUES, *Réflexions et Maximes*.

La haine est plus vive que l'amitié, moins que la gloire.
VAUVENARGUES, *Réflexions et Maximes*.

Obliger un ingrat, c'est acheter la haine.

HARDI

Hardi comme un saint Pierre.

Se dit d'une personne qui nie effrontément, comme saint Pierre, lorsque par trois fois, il renia le Christ.

HASARD

Le hasard est le plus grand romancier du monde ; pour être fécond, il n'y a qu'à l'étudier.
HONORÉ DE BALZAC

Le hasard nous ressemble.
GEORGES BERNANOS

Le hasard ne sert que les hommes forts et c'est ce qui indigne les sots.
ÉMILE GABORIAU

Dans tout ce qu'on entreprend, il faut donner les deux tiers à la raison et l'autre tiers au hasard. Augmentez la première fraction, et vous serez pusillanime. Augmentez la seconde, vous serez téméraire.
NAPOLÉON Ier, *Le Mêmorial de Sainte-Hêlène*.

Le hasard est ordinairement heureux pour l'homme prudent.
JOSEPH JOUBERT, *Pensées*.

Il n'y a point de hasard.
VOLTAIRE, *Zadig*.

HÂTE

Hâtez-vous lentement.
NICOLAS BOILEAU, *Satires*.

Le trop de promptitude à l'erreur nous expose.
PIERRE CORNEILLE

Trop grande hâte retarde.

Il ne faut pas mettre la charrue devant les bœufs.

Qui trop se hâte reste en chemin.

Il ne faut pas vendre la peau de l'ours avant de l'avoir tué.

La trop grande hâte est cause de retardement.

HERBE

Mauvaise herbe croît toujours.

La mauvaise herbe pousse mieux que la bonne.

Manger son blé en herbe
Dépenser d'avance son revenu.

Employer toutes les herbes de la Saint-Jean.
Expression usitée en parlant de quelqu'un qui a pris des remèdes pour se guérir, ou qui a mis en œuvre tous les moyens pour réussir en affaires. On attribuait des vertus merveilleuses à certaines plantes cueillies le jour de la Saint-Jean, dans l'intervalle qui s'écoule entre les premières lueurs de l'aurore et le lever du soleil. On croyait qu'elles pouvaient préserver du tonnerre, des incendies et des maléfices. Les femmes qui n'avaient point d'enfants en faisaient des ceintures qu'elles portaient dans l'espoir de devenir fécondes.

HÉRÉDITÉ

Bon sang ne peut mentir.

La caque sent toujours le hareng.

On ne saurait faire d'une buse un épervier.

Qui naquit chat court après les souris.

De nature va le poulain l'amble, dont la mère fut haquenée.

De méchant œuf méchant oiseau.

L'aigle n'engendre point la colombe.

Bon chien chasse de race.

De mauvais corbeau mauvais œuf.

Le mortier sent toujours l'ail.

Qui naît poule aime à gratter.

Tel arbre, tel fruit.

Belle vigne sans raison ne vaut rien.

Bon fruit vient de bonne semence.

Bonne semence fait bon grain, et bons arbres portent beaux fruits.

L'épine en naissant va la pointe devant.

De bonne heure pique ce qui deviendra une épine.

Mauvaise herbe croît toujours.

HÉRÉSIE

Un sot ne fait point d'hérésie.

Sentir le fagot (*Voir ce mot*).

HÉRÉTIQUE

Le propre de l'hérétique, c'est-à-dire de celui qui a une opinion particulière, est de s'attacher à ses propres pensées.
BOSSUET

HÉRITAGE

L'homme vivant n'a pas d'héritier.

À père amasseur fils gaspilleur.

Grande chère, petit testament.

Fol et bien ignorant est le patient qui fait son médecin héritier de son bien.

Qui que saille notre jument, le poulain est nôtre.

Il ne faut pas se dépouiller avant de se coucher.
Il ne faut pas donner son bien avant sa mort. Proverbe employé dans la réponse que fit Guillaume le Conquérant, lorsque son fils Robert Courte-Heuse, qui s'était révolté contre lui, proposait de se soumettre contre la possession de la Normandie.

HÉRITIER

Il a bien plu dans son écuelle.

Un troisième héritier ne jouit pas des biens mal acquis.

Qui bien acquiert possède longuement.

N'est héritier que celui qui jouit.

Qui attend les souliers d'un mort, risque d'aller pieds nus.

HÉROS

Les nations n'ont de grands hommes que malgré elles - comme les familles.
CHARLES BAUDELAIRE, *Fusées*.

On peut être héros sans ravager la terre.
NICOLAS BOILEAU, *Satires*

On se lasse d'être un héros et on ne se lasse pas d'être riche.
FONTENELLE

Il y a des héros en mal comme en bien.
LA ROCHEFOUCAULD, *Maximes*.

La plupart des héros sont comme de certains tableaux : pour les estimer il ne faut pas les regarder de trop près.
LA ROCHEFOUCAULD, *Maximes*.

On est souvent ferme par faiblesse, et audacieux par timidité.
LA ROCHEFOUCAULD, *Maximes*.

Le plus grand homme n'est qu'un enfant que la vie a trompé.
JULES RENARD, *Journal*

On peut être un grand roi, un grand homme, un grand général, sans être un héros.
RIVAROL

Il n'y a point de héros pour son valet de chambre.

Geste farouche et arrogant ne fait pas le héros.

HÉROÏSME

L'héroïsme est un luxe qui n'est pas à la portée des faibles.
HENRI FRÉDÉRIC AMIEL

On peut s'enivrer de son âme. Cette ivrognerie-là s'appelle l'héroïsme.
VICTOR HUGO, *Les Travailleurs de la mer*.

HÉSITATION

Les esprits irrésolus ne suivent presque jamais ni leur vue ni leur sentiment, tant qu'il leur reste une excuse pour ne pas se déterminer.
Paul de Gondi, cardinal de Retz, *Mémoires*.

HEURE

Le temps se change en bien peu d'heures, tel rit le matin qui le soir pleure.

Chercher midi à quatorze heures
Chercher des difficultés là où il n'y en a pas, embrouiller quelque chose de clair.

L'heure du berger.
L'heure, l'occasion favorables aux amants. Ce nom de berger, employé comme synonyme d'amant, a été introduit dans notre langue par les pastorales galantes.

HEUREUX

À mon avis, c'est le vivre heureusement, et non le mourir heureusement qui fait l'humaine félicité.
Montaigne, *Essais*.

N'est heureux que qui le croit être.

On ne doit appeler personne heureux avant sa mort.

HIRONDELLE

Une hirondelle ne fait pas le printemps.

Hirondelle aux champs amène joie et printemps.

Quand l'hirondelle fait son nid, plus besoin d'abri.

Par temps d'orage l'hirondelle monte aux nuages.

Quand l'hirondelle vole en rasant, c'est pour bientôt le mauvais temps.

Les faux amis sont hirondelles, qui paraissent dans la belle saison et disparaissent dans la mauvaise.

HISTOIRE

Il y a deux histoires : l'histoire officielle, menteuse, puis l'histoire secrète, où sont les véritables causes des événements.
HONORÉ DE BALZAC

Les hommes ne veulent connaître que l'histoire des grands et des rois, qui ne sert à personne.
BERNARDIN DE SAINT-PIERRE

L'Histoire est écrite par les vainqueurs.
ROBERT BRASILLACH

Il est permis de violer l'histoire, à condition de lui faire un enfant.
ALEXANDRE DUMAS

L'histoire est un roman qui a été, le roman est de l'histoire qui aurait pu être.
EDMOND ET JULES DE GONCOURT

L'histoire, ce riche trésor des déshonneurs de l'homme.
HENRI LACORDAIRE, *Pensées*.

L'histoire est, dit-on, le bréviaire des rois; à la manière dont les rois gouvernent, on voit bien que leur bréviaire ne vaut rien.
SAINT-SIMON

L'histoire est une galerie de tableaux où il y a peu d'originaux et beaucoup de copies.
ALEXIS DE TOCQUEVILLE

HISTORIEN

Le bon historien n'est d'aucun temps ni d'aucun pays : quoiqu'il aime sa patrie, il ne la flatte jamais en rien.
FÉNELON

Les historiens arrivent à tirer plusieurs volumes d'un personnage dont on ne sait pas grand-chose. C'est une manière de contempler l'univers dans une bulle de savon.
PROSPER MÉRIMÉE

HIVER

Ail mince de peau, hiver court et beau.

Si l'hiver est surchargé d'eau, l'été n'en sera que plus beau.

En hiver au lit ou auprès du feu, et en été au soleil et au jeu.

Si l'hiver ne fait son devoir en mois de décembre ou de janvier, au plus tard il se fera voir dès le deuxième février.

L'hiver nous fait plus de mal que l'été nous fait de bien.

Soleil d'hiver, amour de paillarde tard vient et peu tarde.

Amitié de grands serments de femmes et soleil d'hiver ne durent guère.

Si les fourmis font de gros tas un dur hiver viendra.

Bonnes noisettes, mauvais hiver.

S'il y a des noix, l'hiver est froid.

Oignons à trois pelures, signe de froidure.

Quand siffle le merle, l'hiver est fini.

HOMME

L'homme est plein d'imperfections mais on ne peut que se montrer indulgent si l'on songe à l'époque où il fut créé.
ALPHONSE ALLAIS

Homme. C'est un être sentant, réfléchissant, pensant, qui se promène librement sur la surface de la terre, qui paraît être à la tête de tous les autres animaux sur lesquels il domine, qui vit en société, qui a inventé des sciences et des arts.
DIDEROT

Dire que l'homme est un composé de force et de faiblesse, de lumière et d'aveuglement, de petitesse et de grandeur, ce n'est pas lui faire son procès, c'est le définir.
DIDEROT

L'homme n'est ni ange ni bête, et le malheur veut que qui veut faire l'ange fait la bête.
PASCAL, *Pensées*.

Car enfin, qu'est-ce que l'homme dans la nature ? Un néant à l'égard de l'infini, un tout à l'égard du néant, un milieu entre rien et tout.
PASCAL, *Pensées*.

Chaque homme est une humanité, une histoire universelle.
JULES MICHELET

L'homme, ce condamné à mort.
JULES RENARD, *Journal*

On aime d'abord la nature. Ce n'est bien plus tard qu'on arrive à l'homme.
JULES RENARD, *Journal*

Les hommes sont faux, ambitieux, vaniteux, égoïstes, et le meilleur ne vaut pas le diable, c'est bien triste.
GEORGE SAND, *Correspondance*.

C'est à choisir : de connaître l'homme et de ne l'aimer pas ; ou de l'aimer sans le connaître.
PAUL-JEAN TOULET

HOMME PUBLIC

Tout homme que la fortune seule a fait homme public devient presque toujours, avec un peu de temps, un particulier ridicule. L'on ne revient plus de cet état.
PAUL DE GONDI, CARDINAL DE RETZ, *Mémoires*.

HONNÊTE HOMME

L'honnête homme est un homme poli et qui sait vivre.
BUSSY-RABUTIN

Il y a dans le monde bien peu de choses sur lesquelles un honnête homme puisse reposer agréablement son âme ou sa pensée.
CHAMFORT, *Maximes et Pensées*.

Il n'y a personne qui ait plus d'ennemis dans le monde qu'un homme droit, fier et sensible, disposé à laisser les personnes et les choses pour ce qu'elles sont, plutôt qu'à les prendre pour ce qu'elles ne sont pas.
CHAMFORT, *Maximes et Pensées*.

Un honnête homme peut être amoureux comme un fou, mais pas comme un sot.
LA ROCHEFOUCAULD, *Maximes*.

Le vrai honnête homme est celui qui ne se pique de rien.
LA ROCHEFOUCAULD, *Maximes*.

Le plus honnête homme fait peu de bien, et beaucoup de mal.
JULES RENARD, *Journal*

HONNÊTETÉ

L'honnêteté est la plus grande de toutes les malices, parce que c'est la seule que les malins ne prévoient pas.
ALEXANDRE DUMAS FILS

Les bourgeois honnêtes ne comprennent pas qu'on puisse être honnête autrement qu'eux.
ANDRÉ GIDE

On ne doit pas mettre sa faux dans le blé d'autrui.

HONNEUR

L'homme vit souvent avec lui-même, et il a besoin de vertu ; il vit avec les autres, et il a besoin d'honneur.
CHAMFORT, *Maximes et Pensées*.

L'honneur c'est comme la virginité, ça ne sert qu'une fois.
GEORGES CLEMENCEAU

Qui aura le profit aura l'honneur.
PHILIPPE DE COMMYNES

L'amour n'est qu'un plaisir, l'honneur est un devoir.
PIERRE CORNEILLE, *Le Cid*.

Tout est perdu, fors l'honneur.
FRANÇOIS Ier (après la défaite de Pavie 25 février 1525).

Il y a des gens qui observent les règles de l'honneur, comme on observe les étoiles, de très loin.
VICTOR HUGO

Tant de gens échangent volontiers l'honneur contre les honneurs.
ALPHONSE KARR

L'honneur, c'est comme les allumettes : ça ne sert qu'une fois.
MARCEL PAGNOL, *Marius*.

Le trafic de l'honneur n'enrichit pas.
VAUVENARGUES, *Réflexions et Maximes*.

Ceux qui nous vendent leur probité, ne nous vendent ordinairement que leur honneur.
VAUVENARGUES, *Réflexions et Maximes*.

L'honneur est le loyer de la vertu.

L'honneur fleurit sur la fosse.
C'est souvent après sa mort que le mérite du défunt est reconnu.

Les honneurs changent les mœurs
Plutarque rapporte que ce proverbe fut fait pour Sylla qui, dans sa jeunesse, s'étant montré d'un caractère jovial, doux, compatissant, devint pendant sa dictature sévère, cruel, implacable.

HONTE

Il y a une espèce de honte d'être heureux à la vue de certaines misères.
LA BRUYÈRE, *Les Caractères*.

Honteux comme un renard qu'une poule aurait pris.
JEAN DE LA FONTAINE

Nous aurions souvent honte de nos plus belles actions si le monde voyait tous les motifs qui les produisent.
LA ROCHEFOUCAULD, *Maximes*.

Tout se paie, et la honte quelquefois aussi cher que la gloire.
PAUL-JEAN TOULET

Il n'y a que les honteux qui perdent.

Honte fait dommage.

Qui croit venger sa honte l'accroît.

Jamais honteux n'eut belle amie.

HORLOGE

Il est plus difficile d'accorder les philosophes que les horloges.

HÔTE

L'hôte et la pluie après trois jours ennuient.

Qui compte sans son hôte compte deux fois.
Les voyageurs, avec leurs hôteliers, avaient de fréquents démêlés au moment des comptes, d'où ce proverbe.

HUMANITÉ

Chaque homme est une humanité, une histoire universelle.
JULES MICHELET

HUMEUR

Les fous et les sottes gens ne voient que par leur humeur.
LA ROCHEFOUCAULD, *Maximes.*

La fortune et l'humeur gouvernent le monde.

HUMILIATIONS

Nous nous consolons rarement des grandes humiliations ; nous les oublions.
VAUVENARGUES, *Réflexions et Maximes.*

HUMILITÉ

L'humilité n'est souvent qu'une feinte soumission, dont on se sert pour soumettre les autres.
LA ROCHEFOUCAULD, *Maximes.*

Force gens veulent être dévots, mais personne ne veut être humble.
LA ROCHEFOUCAULD, *Maximes.*

L'humilité est l'autel sur lequel Dieu veut qu'on lui offre des sacrifices.
LA ROCHEFOUCAULD, *Maximes.*

La grandeur de l'homme est grande en ce qu'il se connaît misérable. Un arbre ne se connaît pas misérable. C'est donc être misérable que de se connaître misérable ; mais c'est être grand que de connaître qu'on est misérable.
PASCAL

HUMOUR

Humour : pudeur, jeu d'esprit. C'est la propreté morale et quotidienne de l'esprit.
JULES RENARD, *Journal*

L'humoriste, c'est un homme de bonne mauvaise humeur.
JULES RENARD, *Journal*

HYPOCRISIE

Quand on veut plaire dans le monde, il faut se résoudre à apprendre beaucoup de choses qu'on sait par des gens qui les ignorent.
CHAMFORT, *Maximes et Pensées.*

Un homme qui ne montre aucun défaut est un sot ou un hypocrite dont il faut se méfier.
JOSEPH JOUBERT, *Pensées.*

Le crime prend souvent l'accent de la vertu.
JEAN-BAPTISTE GRESSET

L'hypocrisie est un hommage que le vice rend à la vertu.
LA ROCHEFOUCAULD, *Maximes.*

Il est plus difficile de dissimuler les sentiments que l'on a que de feindre ceux que l'on n'a pas.
LA ROCHEFOUCAULD, *Maximes.*

On ne blâme le vice et on ne loue la vertu que par intérêt.
LA ROCHEFOUCAULD, *Maximes.*

J'embrasse mon rival, mais c'est pour l'étouffer.
RACINE, *Britannicus.*

Savoir dissimuler est le savoir des rois.
CARDINAL DE RICHELIEU

L'art de plaire est l'art de tromper.
VAUVENARGUES, *Réflexions et Maximes.*

Les habiles ne rebutent personne.
VAUVENARGUES, *Réflexions et Maximes.*

Il n'y a guère de gens plus aigres que ceux qui sont doux par intérêt.
VAUVENARGUES, *Réflexions et Maximes*.

Quand le diable dit ses patenôtres, il veut te tromper.

Il n'est pire eau que l'eau qui dort.

Le diable est derrière la croix.

Par les pans de la robe du vicaire, le diable monte au clocher.

Il n'y a point d'église où le diable n'ait sa chapelle.

Couvrir son diable du plus bel ange.

Le diable n'est pas toujours à la porte d'un pauvre homme.

Qui veut noyer son chien l'accuse de la rage.

Qui ne sait dissimuler ne peut régner.

Qui peint la fleur n'en peut peindre l'odeur.

Le renard change de poil, mais non de naturel.

I

IDÉAL

Un rêve précis.
JULES RENARD, *Journal*

IDÉE

On ne tire pas des coups de fusil aux idées.
RIVAROL

Les idées sont des fonds qui ne portent intérêt qu'entre les mains du talent.
RIVAROL

N'attaquez jamais un homme pour les idées qu'il n'a pas ; vous les lui donneriez.
PIERRE-PAUL ROYER-COLLARD

IDIOT

Passer pour un idiot aux yeux d'un imbécile est une volupté de fin gourmet.
GEORGES COURTELINE

IDOLE

Il ne faut pas toucher aux idoles, la dorure en reste aux mains.
GUSTAVE FLAUBERT

IGNORANCE

L'ignorance vaut mieux qu'un savoir affecté.
Nicolas Boileau

L'ignorance est toujours prête à s'admirer.
Nicolas Boileau

C'est la profonde ignorance qui inspire le ton dogmatique.
La Bruyère, *Les Caractères*.

Ni l'ignorance n'est défaut d'esprit, ni le savoir n'est preuve de génie.
Vauvenargues, *Réflexions et Maximes*.

On tue l'ignorance comme l'appétit : on mange, on étudie, et c'est ainsi qu'on avance vers cet état qui rend la mort si nécessaire.
Rivarol

On ne saurait faire d'une buse un épervier.

L'ignorance fait beaucoup de mal.

Ignorance est mère de tous les vices.

Qui ne sait rien ne doute de rien.

ILLUSIONS

La nature a voulu que les illusions fussent pour les sages comme pour les fous, afin que les premiers ne fussent pas trop malheureux par leur propre sagesse.
Chamfort, *Maximes et Pensées*.

Tant d'hommes qu'on croit heureux parce qu'on ne les voit que passer.
Astolphe de Custine

La vérité est une illusion et l'illusion est une vérité.
Rémy de Gourmont

En ce monde l'on n'est sûr de rien, puisque la lumière est une illusion, puisque le bruit est une illusion.
Guy de Maupassant

Pour faire illusion aux autres, il faut être capable de se faire illusion à soi-même, et c'est un privilège qui n'est donné qu'au fanatisme et au génie, aux fous et aux poètes.
Charles Nodier

ILOTE

Traiter quelqu'un comme un ilote

Le traiter durement. Les ilotes étaient les esclaves des Spartiates.

IMAGE

Si Dieu nous a fait à son image, nous le lui avons bien rendu.

VOLTAIRE

IMAGINATION

L'imagination est l'œil de l'âme.

JOSEPH JOUBERT, *Pensées*.

C'est l'imagination qui perd les batailles.

JOSEPH DE MAISTRE

L'imagination est la folle du logis.

NICOLAS DE MALEBRANCHE

IMBÉCILE

Passer pour un idiot aux yeux d'un imbécile est une volupté de fin gourmet.

GEORGES COURTELINE

L'homme heureux et optimiste est un imbécile.

JULES RENARD, *Journal*

Quatre sortes de personnes dans le monde : les amoureux, les ambitieux, les observateurs et les imbéciles. Les plus heureux sont les imbéciles.

HIPPOLYTE TAINE

IMPERTINENCE

Il faut que les jeunes gens qui entrent dans le monde soient honteux ou étourdis : un air capable et composé se tourne d'ordinaire en impertinence

LA ROCHEFOUCAULD, *Maximes*.

Un chien regarde bien un évêque.

IMMORTALITÉ

L'homme, ici-bas, n'a pas reçu de provisions pour l'immortalité : c'est un voyageur qui finit sa route.
RIVAROL

IMPOSSIBLE

Si c'est possible, c'est fait ; si c'est impossible, cela se fera.
CHARLES ALEXANDRE DE CALONNE (à la reine Marie-Antoinette).

Impossible n'est pas français.
NAPOLÉON Ier

On n'a pas le droit d'une chose impossible.
RIVAROL

À cœur vaillant rien d'impossible.

À l'impossible nul n'est tenu.

Rompre l'anguille au genou (*Voir "Anguille"*).

L'impossible a plus de force que le serment.

IMPÔT ET TAXES

Qui presse trop la mamelle pour en tirer du lait, en l'échauffant et en la tourmentant, tire du beurre ; qui se mouche trop fortement fait venir le sang ; qui presse trop les hommes excite des révoltes et des séditions. C'est la règle que donne Salomon.
BOSSUET

La France est un pays extrêmement fertile : on y plante des fonctionnaires et il y pousse des impôts.
GEORGES CLEMENCEAU

Qu'ils chantent, pourvu qu'ils payent.
CARDINAL MAZARIN (commentant les moqueries et les mazarinades dont il faisait l'objet).

Il faut tondre les brebis et non pas les écorcher.

On ne peut dépouiller l'homme nu.

Quand le fisc s'enrichit le peuple s'appauvrit

Selon le bras la saignée.

IMPRÉVOYANCE

En fuyant le tonnerre on tombe sous la foudre.

Aller aux congres sans crochet.
Le congre se pêchait au moyen de longues perches terminées par des crochets, glissés sous les rochers.

IMPRÉVU

L'artiste ne compte que sur l'imprévu.
JULES RENARD, *Journal*

Il arrive bien des choses entre la bouche et le verre.

De la coupe à la bouche il y a souvent bien du vin perdu.

IMPRIMERIE

L'imprimerie est l'artillerie de la pensée.
RIVAROL

IMPUISSANCE

Ce sont nos impuissances qui nous irritent.
JOSEPH JOUBERT, *Pensées*.

Contre cognée serrure ne peut.

Contre Dieu nul ne peut.

Aboyer à la lune.

Plus la lune brille, plus le mâtin aboie.

La lune n'a rien à craindre des loups.

INCERTITUDE

Il n'est pas certain que tout soit certain.
PASCAL, *Pensées*.

INCOMMUNICABILITÉ

Nul n'est prophète en son pays.

Deux hommes peuvent se rencontrer, mais deux montagnes jamais.

INCOMPATIBILITÉ

L'amour et l'amitié s'excluent l'un l'autre.
LA BRUYÈRE, *Les Caractères*.

Âne avec le cheval n'attelle.
Jamais ne fut ni sera qu'une souris fasse son nid en l'oreille d'un chat.

Jouer aux barres (*Voir ce mot*).

INCOMPÉTENCE

Écorcher l'anguille par la queue (*Voir "Anguille"*).

Être comme un apothicaire sans sucre

Nous verrons, dit l'aveugle (*Voir ce mot*).

S'y entendre comme à ramer des choux (*Voir ce mot*).

On ne saurait faire d'une buse un épervier.

Faire comme saint Jean, qui donnait le baptême sans l'avoir reçu (*Voir "Jean"*).

À mal enfourner on fait les pains cornus.

Tomber sur le dos et se casser le nez.

Faire faire naufrage à une barque chargée de crucifix.

Se noyer dans un verre d'eau.

On ne peut faire une bourse de soie avec l'oreille d'un cochon.

INCOMPRÉHENSION

Si les hommes n'entendent rien au cœur des femmes, les femmes n'entendent rien à l'honneur des hommes.
ALEXANDRE DUMAS FILS

Il y a trois choses que j'ai beaucoup aimées sans rien y comprendre : la musique, la peinture et les femmes.
FONTENELLE

INCONSTANCE

Une femme oublie d'un homme qu'elle n'aime plus jusques aux faveurs qu'il a reçues d'elle.
LA BRUYÈRE, *Les Caractères*.

Souvent femme varie bien fol est qui s'y fie.

Amitié de grands, serments de femmes et soleil d'hiver ne durent guère.

Foi de femme est plume sur l'eau.

Temps pommelé et femme fardée ne sont pas de longue durée.

INCORRIGIBLE

Quand le camelot a pris son pli, c'est pour toujours (*Voir "Camelot"*).

INCRÉDULITÉ

Une société d'athées inventerait aussitôt une religion.
BALZAC, *Le Catéchisme social*.

C'est une méchante manière de raisonner que de rejeter ce qu'on ne peut comprendre.
CHATEAUBRIAND, *Génie du christianisme*.

L'incrédulité est quelquefois le vice d'un sot, et la crédulité le défaut d'un homme d'esprit.
DIDEROT, *Pensées philosophiques*.

Ce n'est pas la science qui est irréligieuse ; ce sont les savants.
PAUL-JEAN TOULET

L'impie dit à Dieu : pourquoi as-tu fait des misérables ?
VAUVENARGUES, *Réflexions et Maximes*.

Vous êtes confrères de saint Thomas, et ne voulez croire les choses si vous ne les voyez.

INDÉCISION

Demeurer entre deux selles le cul à terre.

Être à cul (*Voir ce mot*).

Ne savoir où donner de la tête (*Voir "Tête"*).

Ne plus savoir à quel saint se vouer.

Lâcher la proie pour l'ombre.

Pour l'eau du ciel abandonner l'arrosoir.

INDÉPENDANCE

Chacun est roi en sa maison.

Charbonnier est maître chez soi.

Chacun se fait fouetter à sa guise.

INDIFFÉRENCE

L'indifférence fait les sages et l'insensibilité les monstres.
DIDEROT

Le pire de tous les états de l'âme est l'indifférence.
LAMMENAIS

Nous avons de l'amour pour une ou eux femmes, de l'amitié pour deux ou trois amis, de la haine pour un seul ennemi, de la pitié pour quelques pauvres ; et le reste des hommes nous est indifférent.
JULES RENARD, *Journal*

L'homme est indifférent comme une montre.
JULES RENARD, *Journal*

Quand on veut rester pur, il ne faut point se mêler d'agir sur les hommes.
ALFRED DE VIGNY, *Cinq-Mars*.

S'en moquer comme de l'an quarante (*Voir "An quarante"*).

S'en laver les mains.
Allusion à Ponce-Pilate livrant le Christ à la justice juive.

INDIGENCE

Qui chante ses maux épouvante.

Plus on se découvre plus on a froid.

Plus on se dit malheureux, plus on est privé du secours d'autrui.

INÉGALITÉ

Souvent, c'est par petitesse qu'on hait l'inégalité des conditions.
CHAMFORT, *Maximes et Pensées*.

Hélas ! on voit que de tout temps
Les petits ont pâti des sottises des grands.
JEAN DE LA FONTAINE

Il n'y a que la religion qui puisse faire supporter aux hommes les inégalités de rang, parce qu'elle console de tout.
NAPOLÉON Ier

Par petits chiens le lièvre est trouvé, et par les grands est happé.

Il ne faut pas manger de cerises avec les grands seigneurs, ils vous jettent les noyaux à la figure.

L'âne de la montagne porte le vin et boit de l'eau.

INFAMIE (MARQUE D')

Faire une croix à la porte de quelqu'un (*Voir "Croix"*).

INFIDÉLITÉ

Pour les hommes, l'infidélité n'est pas l'inconstance.
CHODERLOS DE LACLOS

Vide chambre fait folle dame.

Pour l'alouette le chien perd son maître.

INFORTUNE

Le cœur grossier de la prospérité ne peut comprendre les sentiments délicats de l'infortune.
CHATEAUBRIAND

La fièvre, à ce que l'on dit, nous délivre des puces, et l'infortune de nos amis.
PAUL-JEAN TOULET, *Les Trois Impostures*.

À barque désespérée Dieu fait trouver le port.

Plus l'infortune est grande, plus Dieu est près.

INGRATITUDE

Le sentiment qu'on a pour la plupart des bienfaiteurs ressemble à la reconnaissance qu'on a pour les arracheurs de dents. On se dit qu'ils vous ont fait du bien, qu'ils vous ont délivré d'un mal, mais on se rappelle la douleur qu'ils vous ont causée, et on ne les aime guère avec tendresse.
CHAMFORT, *Maximes et Pensées*.

Si j'avais fait pour Dieu ce que j'ai fait pour cet homme, je serais sauvé dix fois.
COLBERT (à l'agonie, sur Louis XIV, qui l'a remplacé par Louvois).

On n'aime point à voir ceux à qui l'on doit tout.
PIERRE CORNEILLE, *Nicomède*.

Les malheureux sont ingrats ; cela fait partie de leur malheur.
VICTOR HUGO

S'il fallait condamner
Tous les ingrats qui sont au monde
À qui pourrait-on pardonner ?
JEAN DE LA FONTAINE

On ne trouve guère d'ingrats tant qu'on est en mesure de faire du bien.
LA ROCHEFOUCAULD, *Maximes*.

Nous aimons mieux voir ceux à qui nous faisons du bien que ceux qui nous en font.
LA ROCHEFOUCAULD, *Maximes*.

Dieu a donc oublié tout ce que j'ai fait pour lui ?
LOUIS XIV (après la défaite de Malplaquet).

L'ingratitude la plus odieuse, mais la plus commune et la plus ancienne, est celle des enfants envers leurs pères.
VAUVENARGUES, *Réflexions et Maximes*.

Obliger un ingrat, c'est acheter la haine.

Qui oblige fait des ingrats.

L'amour des parents descend et ne remonte pas.

Il y en a qui, étant montés, tireraient bien l'échelle après eux.

N'élève pas des corbeaux, ils te crèveront les yeux.

Bon temps et bonne vie, père et mère oublie.

Chante à ton baudet, il te fera un pet.

Dieu a commandé le pardon des injures, et non pas celui des bienfaits.

Ne fais point de bien, et tu n'auras point de mal.

Qui s'attend à l'écuelle d'autrui, dîne souvent par cœur.

INJURE

Les injures suivent la loi de la pesanteur. Elles n'ont de poids que si elles tombent de haut.
FRANÇOIS GUIZOT

Qui supporte une injure s'en attire une nouvelle.

Le meilleur remède des injures, c'est de les mépriser.

INJUSTICE

Il y a deux choses auxquelles il faut se faire, sous peine de trouver la vie insupportable : ce sont les injures du temps et les injustices des hommes.
CHAMFORT, *Maximes et Pensées*.

L'injustice appelle l'injustice ; la violence engendre la violence.
LACORDAIRE, *Pensées*.

Selon que vous serez puissant ou misérable
Les jugements de cour vous feront blanc ou noir.
JEAN DE LA FONTAINE

On blâme l'injustice, non pas par l'aversion que l'on a pour elle, mais pour le préjudice que l'on en reçoit.
LA ROCHEFOUCAULD, *Maximes*.

L'univers est une énorme injustice. Le bonheur a toujours été une injustice.
JULES ROMAINS

Le plus mauvais pourceau mange le meilleur gland.

Les voleurs privés sont aux galères, les voleurs publics dans les palais.

INNOCENCE

Nous sommes dans un siècle où l'obscurité protège mieux que la loi et rassure plus que l'innocence.
RIVAROL

Il vaut mieux hasarder de sauver un coupable que de condamner un innocent.
VOLTAIRE, *Zadig*.

Aux innocents les mains pleines.

INSATISFACTION

Les délicats sont malheureux,
Rien ne saurait les satisfaire.
JEAN DE LA FONTAINE, *Contre ceux qui ont un goût difficile*.

Il n'y a pas de maladie plus cruelle que ne d'être pas content de son sort.

INSENSIBILITÉ

L'indifférence fait les sages et l'insensibilité les monstres.
DIDEROT

INSINUATION

Si je n'affirme pas davantage, c'est que je crois l'insinuation plus efficace.
ANDRÉ GIDE

INSOLVABILITÉ

Jeter ses dettes derrière l'épaule (*Voir ce mot*).

INSOUCIANCE

L'insouciance est l'art de se balancer dans la vie comme sur une escarpolette, sans s'inquiéter du moment où la corde cassera.
BALZAC, *Pensées*.

INSTANT

Chaque instant de la vie est un pas vers la mort.
PIERRE CORNEILLE

INSTINCT

En art comme en amour, l'instinct suffit.
ANATOLE FRANCE

INTELLIGENCE

Trop d'intelligence dégoûte d'elle.
JULES RENARD, *Journal*

INTENTION

C'est l'intention qui fait l'action.

L'intention vaut le fait.

INTERDICTION

Chose défendue, chose désirée.

INTÉRÊT

Ce que l'intérêt a uni, l'intérêt peut le désunir.
CARDINAL MAZARIN

INTERROGATOIRE

Tirer les vers du nez à quelqu'un.

Attirer le chien de derrière le poêle.

INTUITION

On aime à deviner les autres ; mais l'on n'aime pas à être deviné.
LA ROCHEFOUCAULD, *Maximes*.

Un homme d'esprit sent ce que d'autres ne font que savoir.
MONTESQUIEU

Il n'est pas nécessaire de montrer le méchant au chien.

Avoir le nez fin.

INUTILITÉ

S'en aller en eau de boudin (*Voir ce mot*).

Se battre les flancs (*Voir ce mot*).

IRASCIBLE

Ne frottez pas une allumette contre l'irascible. C'est lui qui prendrait feu.
ERNEST JAUBERT

IRONIE

Sans l'ironie, le monde serait comme une forêt sans oiseaux.
ANATOLE FRANCE

L'ironie est une clairvoyance.
RÉMY DE GOURMONT

Tout homme qui raille peut avoir de l'esprit ; il veut même en avoir plus que celui qu'il plaisante. La preuve en est que, si ce dernier répond, il est déconcerté.
MONTESQUIEU

L'ironie est la pudeur de l'humanité.
JULES RENARD, *Journal*

L'ironie est un élément du bonheur.
JULES RENARD, *Journal*

IRRÉSOLUTION

Les esprits irrésolus ne suivent presque jamais ni leur vue ni leur sentiment, tant qu'il leur reste une excuse pour ne pas se déterminer.
PAUL DE GONDI, CARDINAL DE RETZ, *Mémoires*.

IVRESSE

Qu'importe le flacon, pourvu qu'on ait l'ivresse.

Dieu aide à trois sortes de personnes : aux fous, aux enfants et aux ivrognes.

Vie brutale plaît au coquin rural, grandir à la taverne et mourir à l'hôpital.

Trop boire noie la mémoire.

Le vin entre et la raison sort.

Qui de friand vin est ami, est de soi-même un grand ennemi.

C'est folie de faire boire un âne s'il n'a pas soif.

L'homme qui beaucoup boit tard paye ce qu'il doit.

Conseil en vin n'a bonne fin.

Qui est ivre est déclaré prophète.

IVROGNERIE

Faire le métier de la grenouille.
C'est boire et bavarder, double occupation des ivrognes.

Saoul comme une grive.
Les grives sauvages s'enivrent fortement à manger du raisin mûr qu'elles aiment beaucoup, et les grives apprivoisées s'enivrent plus fortement encore à boire du vin pur, pour lequel elles ont un goût particulier.

Un verre de vin est la chemise d'un capucin (*Voir ce mot*).

J

JALOUSIE

La jalousie est un doute, la crainte est une petitesse.
HONORÉ DE BALZAC, *Le Contrat de mariage*.

La jalousie se nourrit dans les doutes, et elle devient fureur, ou elle finit, sitôt qu'on passe du doute à la certitude.
LA ROCHEFOUCAULD, *Maximes*.

La jalousie est en quelque manière juste et raisonnable, puisqu'elle ne tend qu'à conserver un bien qui nous appartient, ou que nous croyons nous appartenir ; au lieu que l'envie est une fureur qui ne peut souffrir le bien des autres.
LA ROCHEFOUCAULD, *Maximes*.

La jalousie est le plus grand de tous les maux, et celui qui fait le moins de pitié aux personnes qui le causent.
LA ROCHEFOUCAULD, *Maximes*.

Les coquettes se font honneur d'être jalouses de leurs amants, pour cacher qu'elles sont envieuses des autres femmes.
LA ROCHEFOUCAULD, *Maximes*.

La jalousie naît toujours avec l'amour, mais elle ne meurt pas toujours avec lui.
LA ROCHEFOUCAULD, *Maximes*.

Il y a dans la jalousie plus d'amour-propre que d'amour.
LA ROCHEFOUCAULD, *Maximes*.

Il n'y a que d'un fils qu'on ne soit point jaloux.
JULES RENARD, *Journal*

La jalousie est une preuve de cœur, comme la goutte de jambes.
PAUL-JEAN TOULET, *Monsieur du Paur, homme public*.

La femme nous pardonne rarement d'être jaloux, jamais de ne l'être pas.
PAUL-JEAN TOULET, *Monsieur du Paur, homme public*.

Il n'y a point d'amour sans jalousie.

La jalousie est la sœur de l'amour.

La vraie jalousie fait toujours croître l'amour.

JAMBE

Les jambes permettent aux hommes de marcher et aux femmes de faire leur chemin.
ALPHONSE ALLAIS

Toute femme a sa fortune entre ses jambes.
HONORÉ DE BALZAC

JANVIER

Janvier sec et sage est d'un bon présage.

Tonnerre en janvier, récolte en quantité.

JAR

Entendre le jar.
Être rusé. Jar est l'abrégé de jargon ; l'entendre, c'est entendre un langage auquel les autres ne comprennent rien.

JARDIN

Jeter des pierres dans le jardin de quelqu'un.
Allusion au scopélisme, crime de ceux qui jetaient des pierres dans la terre d'autrui, pour empêcher de la cultiver. Le scopélisme, né de la haine des pasteurs contre les agriculteurs, était fréquent dans l'Antiquité et au Moyen Âge, malgré la sévérité des lois qui en condamnaient les fauteurs à la peine capitale.

JASMIN

Le jasmin donne de l'amour à qui ne l'a et fait reverdir à qui l'a.

Le jour de la Saint-Maximin s'embaume de jasmin (20 mai).

JEAN

Faire comme saint Jean, qui donnait le baptême sans l'avoir reçu.
Se mêler d'enseigner ce qu'on ne sait pas. Jean était, dans les vaudevilles, un prénom de benêt, ou de cocu (Jean-Farine...)

JEU

De deux regardeurs il y en a toujours un qui devient joueur.

Jeu de main jeu de vilain.

À mauvais jeu bonne mine.

Bourse de joueur n'a pas de serrure.

On verra beau jeu si la corde ne rompt.
"Slogan" des funambules qui alléchaient ainsi les populations. Signifie qu'une entreprise aura des effets surprenants, si on lui en donne les moyens.

JEÛNE

C'est le jeûne qui fait le saint, et la sobriété, l'homme de bon sens.
JULES RENARD, *Journal*

Du jeûne à qui n'a pas de quoi, la pratique n'est pas dure loi.

JEUNESSE

On se couche enfant ; on se réveille homme.
CHATEAUBRIAND, *Mémoires d'outre-tombe.*

Il vaut mieux gâcher sa jeunesse que de n'en rien faire du tout.
GEORGES COURTELINE

Si jeunesse savait, si vieillesse pouvait.
HENRI ESTIENNE

Les passions des jeunes gens sont des vices dans la vieillesse.
JOSEPH JOUBERT, *Pensées.*

La jeunesse est une ivresse continuelle : c'est la fièvre de la raison.
LA ROCHEFOUCAULD, *Maximes*.

Très jeune, on a de l'originalité, mais pas de talent.
JULES RENARD, *Journal*

Les orages de la jeunesse sont environnés de jours brillants.
VAUVENARGUES, *Réflexions et Maximes*.

Les jeunes gens connaissent plutôt l'amour que la beauté.
VAUVENARGUES, *Réflexions et Maximes*.

Il faut bien que jeunesse se passe.

Ceux à qui Dieu veut du bien meurent jeunes.

Si jeune savait et vieux pouvait, jamais disette n'y aurait.
Proverbe favori de LOUIS VI, *qui le répétait souvent, selon Suger.*

JOIE

La joie ne peut éclater que parmi des gens qui se sentent égaux.
HONORÉ DE BALZAC

Souvent une fausse joie vaut mieux qu'une tristesse dont la cause est vraie.
DESCARTES

Dans nos joies les plus expansives, gardons toujours au fond de l'âme un coin triste. C'est notre refuge, en cas d'alarme subite.
JULES RENARD, *Journal*

S'il est vrai que nos joies sont courtes, la plupart de nos afflictions ne sont pas longues.
VAUVENARGUES, *Réflexions et Maximes*.

Si tu pleures de joie, ne sèche pas tes larmes ; tu les voles à la douleur.
PAUL-JEAN TOULET, *Les Trois Impostures*.

Des choses tristes il faut se taire en temps de joie.

Finit la joie en tristesse.

La pauvreté que la joie accompagne est un trésor.

JOUET

Bénie soit la Providence qui a donné à chacun un joujou : la poupée à l'enfant, l'enfant à la femme, la femme à l'homme, et l'homme au diable.
VICTOR HUGO

JOUISSANCE

Jouis et fais jouir, sans faire de mal ni à toi ni à personne, voilà, je crois, toute la morale.
CHAMFORT, *Maximes et Pensées*.

L'homme jouit du bonheur qu'il ressent, et la femme de celui qu'elle procure.
CHODERLOS DE LACLOS

Il faut avoir l'appétit du pauvre pour jouir de la fortune du riche, et l'esprit d'un particulier pour jouir comme un roi.
RIVAROL

Jouis, il n'est pas d'autre sagesse ; fais jouir ton semblable, il n'est pas d'autre vertu.
ÉTIENNE DE SENANCOUR

JOUR

Les jours sont des fruits et notre rôle est de les manger.
JEAN GIONO, *Rondeur des jours*.

À chaque jour suffit sa peine.

Hier, aujourd'hui, demain, sont les trois jours de l'homme.

Pour du jour savoir le bien il faut attendre sa fin.

La journée bien commencée semble toujours bientôt passée.

Demain il fera jour.

Il n'y a de si long jour qui ne vienne à la nuit.

Les jours se suivent pas à pas, mais ils ne se ressemblent pas.

Ce qui se fait de nuit paraît au grand jour.
Il n'y a rien de caché qui ne vienne à être découvert, ni rien de secret qui ne vienne à être connu.

JUGEMENT

C'est entreprendre sur la clémence de Dieu, de punir sans nécessité.
VAUVENARGUES, *Réflexions et Maximes*.

Il ne faut pas condamner sans entendre.

Juge hâtif est périlleux.

Il ne faut pas juger l'arbre sur son écorce.

Pour juger, il faut écouter.

JUILLET

Juillet sans orage, famine au village.

Juillet doit rôtir ce que septembre mûrira.

Juillet ensoleillé remplit cave et grenier.

JUIN

Juin froid et pluvieux tout l'an sera grincheux.

Mai froid et chaud juin donnent pain et blé.

Trop de pluie en juin rend le paysan chagrin.

JUMENT

Jamais coup de pied de jument ne fit mal à un cheval.

Qui que saille notre jument, le poulain est nôtre.

Ruades de jument sont amours pour le roussin.

JUSTICE

Les royaumes sans la justice ne sont que des entreprises de brigandage.
SAINT AUGUSTIN

La justice est établie pour maintenir la société parmi les hommes.
BOSSUET

Il faut être juste avant d'être généreux, comme on a des chemises avant d'avoir des dentelles.
CHAMFORT, *Maximes et Pensées*.

On court les risques du dégoût en voyant comment l'administration, la justice et la cuisine se préparent.
CHAMFORT, *Maximes et Pensées*.

À force d'être juste, on est souvent coupable.
CORNEILLE, *La Mort de Pompée*.

Les balances de la justice trébuchent ; et pourtant l'on dit : raide comme la justice. La justice serait-elle ivre ?
ALFRED JARRY

La justice est le droit du plus faible.
JOSEPH JOUBERT, *Pensées*.

La justice est la vérité en action.
JOSEPH JOUBERT, *Pensées*.

L'amour de la justice n'est en la plupart des hommes que la crainte de souffrir l'injustice.
LA ROCHEFOUCAULD, *Maximes*.

Le glaive de la justice n'a pas de fourreau.
JOSEPH DE MAISTRE

La justice consiste à mesurer la peine et la faute, et l'extrême justice est une injure.
MONTESQUIEU

Ne pouvant fortifier la justice, on a justifié la force.
PASCAL, *Pensées*.

Une extrême justice est souvent une injure.
JEAN RACINE, *La Thébaïde*.

Plaisante justice, qu'une rivière ou une montagne borne ! Vérité au-deçà des Pyrénées, erreur au-delà.
PASCAL, *Pensées*.

La justice est humaine, tout humaine, rien qu'humaine ; c'est lui faire tort que de la rapporter, de près ou de loin, directement ou indirectement, à un principe supérieur ou antérieur à l'humanité.
PROUDHON

Si tu crains la solitude, n'essaie pas d'être juste.
JULES RENARD, *Journal*

La liberté a les limites que lui impose la justice.
JULES RENARD, *Journal*

Ce qui n'offense pas la société n'est pas du ressort de la justice.
VAUVENARGUES, *Réflexions et Maximes*.

On ne peut être juste, si on n'est humain.
VAUVENARGUES, *Réflexions et Maximes*.

Pour se soustraire à la force, on a été obligé de se soumettre à la justice.
VAUVENARGUES, *Réflexions et Maximes*.

Il y a plus de sévérité que de justice.
VAUVENARGUES, *Réflexions et Maximes*.

Il vaut mieux hasarder de sauver un coupable que de condamner un innocent.
VOLTAIRE, *Zadig*.

On aime la justice dans la maison d'autrui.

Toute justice émane du roi.

Bon droit à besoin d'aide.

L

LABOUREUR

À faible champ fort laboureur.

Au paresseux laboureur les rats mangent le meilleur.

LÂCHETÉ

Avoir un cœur de citrouille.

LAIDEUR

Si une laide se fait aimer, ce ne peut être qu'éperdument.
LA BRUYÈRE, *Les Caractères*.

Faire d'une rose un artichaut.

Sa bouche dit à ses oreilles que son menton touche à son nez.

LAME

La lame use le fourreau.
La vivacité de l'esprit use le corps.

LANCE

Baisser la lance devant quelqu'un.
C'est lui céder, reconnaître sa supériorité, car le chevalier baissait sa lance en présence d'un autre chevalier à qui il voulait rendre hommage ou contre qui il n'osait se mesurer.

LANGUE

Toutes les langues roulent de l'or.
JOSEPH JOUBERT, *Pensées*.

Le sage se repose sur la racine de sa langue, et le fou voltige sur le bout de la sienne.

Ce que le sobre tient au cœur est sur la langue du buveur.

Il vaut mieux se mordre la langue avant de parler qu'après avoir parlé.

Il vaut mieux glisser du pied que de la langue.

La langue est l'ouvrière du cœur.

La langue est le témoin le plus faux du cœur.

La langue va où la dent fait mal.
Signifie qu'on parle volontiers de ses peines.

C'est une langue de la Pentecôte.
Une langue qui n'épargne personne, comme une langue de feu. Allusion au Saint-Esprit descendu en langues de feu sur les apôtres de Jésus-Christ, le jour de la Pentecôte. On le dit aussi de quelqu'un qui exprime sa façon de penser avec une rude franchise.

LANGUEYER

Pour savoir le secret d'un maître, il faut langueyer les valets.
Il faut faire parler les valets. Quand les croisés voulurent élire le roi de Jérusalem, ils langueyèrent les valets de chaque prétendant, et nommèrent Godefroy de Bouillon que le témoignage de ses serviteurs leur fit regarder comme le plus digne de la couronne.

LARMES

Si tu pleures de joie, ne sèche pas tes larmes : tu les voles à la douleur.
PAUL-JEAN TOULET, *Les Trois Impostures*.

Rien ne sèche plus vite que les larmes.

Les larmes ne sont d'aucun secours.

LARRON

S'entendre comme larron en foire.

Le larron connaît le larron, comme le loup connaît le loup.

LEÇON

Le silence des peuples est la leçon des rois.
MIRABEAU

LECTURE

Toutes les grandes lectures sont une date dans l'existence.
LAMARTINE

Je n'ai jamais eu de chagrin qu'une heure de lecture n'ait dissipé.
MONTESQUIEU

Chacune de nos lectures laisse une graine qui germe.
JULES RENARD, *Journal*

LETTRE

La lettre tue, et l'esprit vivifie.

LEVER

Qui tard se lève perd sa journée.

Lever à six, manger à dix, souper à six, coucher à dix font vivre l'homme dix fois dix.

Coucher de poule et lever de corbeau écartent l'homme du tombeau.

LIAISON

Pour qu'une liaison d'homme à femme soit vraiment intéressante, il faut qu'il y ait entre eux jouissance, mémoire ou désir.
CHAMFORT, *Maximes et Pensées*.

L'homme commence par aimer l'amour et finit par aimer une femme. La femme commence par aimer un homme et finit par aimer l'amour.
RÉMY DE GOURMONT, *Physique de l'amour.*

LIBERTÉ

Le despotisme fait illégalement de grandes choses, la liberté ne se donne même pas la peine d'en faire légalement de très petites.
HONORÉ DE BALZAC

Ne tenir dans la main de personne, être l'homme de son cœur, de ses principes, de ses sentiments, c'est ce que j'ai vu de plus rare.
CHAMFORT, *Maximes et Pensées*.

Dieu fit la liberté, l'homme a fait l'esclavage.
MARIE-JOSEPH CHÉNIER

Les hommes naissent et demeurent libres et égaux en droits.
Déclaration des droits de l'homme et du citoyen, 1789.

La liberté doit être comme dans une urne, et l'urne dans les mains du prince, pour la déverser à propos.
JOSEPH JOUBERT, *Pensées*.

La liberté est un tyran gouverné par ses caprices.
JOSEPH JOUBERT, *Pensées*.

La liberté n'est pas un échange, c'est la liberté.
ANDRÉ MALRAUX, *La Condition humaine*.

C'est par la violence que l'on doit établir la liberté.
JEAN-PAUL MARAT

C'est des feux de la sédition que naît la liberté.
JEAN-PAUL MARAT

La liberté a les limites que lui impose la justice.
JULES RENARD, *Journal*

La liberté est le droit de faire tout ce que les lois permettent ; et si un citoyen pouvait faire ce qu'elles défendent, il n'aurait plus de liberté, parce que les autres auraient tout de même ce pouvoir.
MONTESQUIEU, *De l'esprit des lois*.

Ô liberté, que de crimes on commet en ton nom !
MADAME ROLAND (dernières paroles sur l'échafaud).

La raison et la liberté sont incompatibles avec la faiblesse.
VAUVENARGUES, *Réflexions et Maximes*.

Quand tous les hommes seront libres, ils seront égaux ; quand ils seront égaux, ils seront justes.
SAINT-JUST

Les Français ne sont pas faits pour la liberté. Ils en abuseraient.
VOLTAIRE

LIBERTIN

Le cœur d'un libertin est fait comme une auberge, on y trouve à toute heure un grand feu bien nourri.
ALFRED DE MUSSET

LIÈVRE

La mémoire du lièvre se perd en courant.

Il ne faut pas courir deux lièvres à la fois.

Si les lièvres avaient des fusils, on en tuerait moins.

Le lièvre revient toujours à son gîte.

Par petits chiens le lièvre est trouvé, et par les grands est happé.

LILAS

Quand lilas il y a, blé il y a.

LION

Un lion mort ne vaut pas un moucheron qui respire.
VOLTAIRE

À l'ongle on connaît le lion.

Il faut pour triompher la force du lion et la ruse du renard.

LIT

Le lit est tout le mariage.
HONORÉ DE BALZAC, *Physiologie du mariage*.

Comme on fait son lit on se couche.

Lit dur fait taille droite.

LITTÉRATURE

En littérature, le plus sûr moyen d'avoir raison, c'est d'être mort.
VICTOR HUGO

Un des maux de notre littérature, c'est que nos savants ont peu d'esprit, et que nos hommes d'esprit ne sont pas savants.
JOSEPH JOUBERT, *Pensées*.

LIVRE

Certains livres ressemblent à la cuisine italienne : ils bourrent, mais ne remplissent pas.
JULES ET EDMOND DE GONCOURT

Il faut que la fin d'un ouvrage fasse toujours souvenir du commencement.
JOSEPH JOUBERT, *Pensées*.

Il n'est rien de plus beau qu'un beau livre.
JOSEPH JOUBERT, *Pensées*.

C'est un métier de faire un livre, comme de faire une pendule.
LA BRUYÈRE, *Les Caractères*.

J'ai la maladie de faire des livres, et d'en être honteux quand je les ai faits.
MONTESQUIEU

La fureur de la plupart des Français, c'est d'avoir de l'esprit, et la fureur de ceux qui veulent avoir de l'esprit, c'est de faire des livres.
MONTESQUIEU

Il faut feuilleter tous les livres et n'en lire qu'un ou deux.
JULES RENARD, *Journal*

Un bon mot vaut mieux qu'un mauvais livre.
JULES RENARD, *Journal*

Un petit livre vaut mieux qu'un gros, parce qu'il contient moins de sottises.

Les bons livres font les bons clercs.

Il faut craindre l'homme d'un seul livre.

Les ans ont beaucoup plus vu que les livres n'en ont connu.

LOI

Les lois sont des toiles d'araignées à travers lesquelles passent les grosses mouches et où restent les petites.
HONORÉ DE BALZAC

Il est plus facile de légaliser certaines choses que de les légitimer.
CHAMFORT, *Maximes et Pensées.*

Les meilleures lois naissent des usages.
JOSEPH JOUBERT, *Pensées.*

La loi juste n'est point celle qui a son effet sur tous, mais celle qui est faite pour tous.
JOSEPH DE MAISTRE

Les lois se maintiennent en crédit non parce qu'elles sont justes, mais parce qu'elles sont lois.
MONTAIGNE, *Essais.*

Nul n'est censé ignorer la Loi. Il y a plus de deux cent mille lois.
JULES RENARD, *Journal*

Nous sommes dans un siècle où l'obscurité protège mieux que la loi et rassure plus que l'innocence.
RIVAROL

Les lois de la nature sont admirables, mais elles écrasent beaucoup d'insectes dans leurs rouages, comme les gouvernements beaucoup d'hommes.
RIVAROL

Les lois sont toujours utiles à ceux qui possèdent et nuisibles à ceux qui n'ont rien.
JEAN-JACQUES ROUSSEAU

Les faibles veulent dépendre, afin d'être protégés. Ceux qui craignent les hommes aiment les lois.
VAUVENARGUES, *Réflexions et Maximes.*

Les lois, qui sont la plus belle invention de la raison, n'ont pu assurer le repos des peuples sans diminuer leur liberté.
VAUVENARGUES, *Réflexions et Maximes.*

LOISIR

Le loisir, voilà la plus grande joie et la plus belle conquête de l'homme.
RÉMY DE GOURMONT

Les gens du monde emploient mieux leurs loisirs que leur temps ; les pauvres n'ont pas de loisirs.
RIVAROL

LOUANGES

Aimez qu'on vous conseille, et non pas qu'on vous loue.
NICOLAS BOILEAU, *L'Art poétique*.

Le refus des louanges est un désir d'être loué deux fois.
LA ROCHEFOUCAULD, *Maximes*.

On ne loue d'ordinaire que pour être loué.
LA ROCHEFOUCAULD, *Maximes*.

Il y a des reproches qui louent et des louanges qui médisent.
LA ROCHEFOUCAULD, *Maximes*.

Peu de gens sont assez sages pour préférer le blâme qui leur est utile à la louange qui les trahit.
LA ROCHEFOUCAULD, *Maximes*.

Louer les princes des vertus qu'ils n'ont pas, c'est leur dire impunément des injures.
LA ROCHEFOUCAULD, *Maximes*.

On ne donne des louanges que pour en profiter.
LA ROCHEFOUCAULD, *Maximes*.

Nous ne louons d'ordinaire de bon cœur que ceux qui nous admirent.
LA ROCHEFOUCAULD, *Maximes*.

Il faut louer tout bas ses amis.

Il ne faut pas louer un homme avant sa mort.

Qui se loue s'emboue.

Qui je loue me loue.

La propre louange pue.

LOUP

Avec les loups on apprend à hurler.
JEAN RACINE, *Les Plaideurs*.

Mieux vaut, - si tu hurles - avec les loups qu'avec les chiens.
PAUL-JEAN TOULET, *Les Trois Impostures*.

À chair de loup dent de chien.

Qui se fait bête le loup le mange.

Loup ne mange chair de loup.

Enfant de loup, qui n'a jamais vu son père
Lorsque les louves sont en chaleur, plusieurs mâles suivent la même femelle et il arrive qu'ils mettent en pièces celui qu'elle a préféré. D'où cette expression proverbiale par laquelle on désigne un bâtard

Quand on parle du loup on en voit la queue.
Proverbe dont on fait l'application, lorsque survient une personne au moment où l'on parle d'elle. Le terme queue du loup est utilisé plutôt que celui de tête de loup, car cet animal qui aperçoit l'homme avant d'en être aperçu, se détourne rapidement pour s'enfuir, et ne se laisse voir que par derrière.

LUMIÈRE

La lumière est l'ombre de Dieu; la clarté, l'ombre de la lumière.
JOSEPH JOUBERT, *Pensées*.

LUNE

La lune annonce par sa pâleur la pluie, par sa rougeur le vent, et par sa blancheur la sérénité.

Quand la lune se fait dans l'eau, deux jours après il fait beau.

Lune d'argent c'est le beau temps. Lune blanche, journée franche. Lune pâle l'eau dévale. Lune rouge, le vent bouge.

Aboyer à la lune.

Plus la lune brille, plus le mâtin aboie.

La lune n'a rien à craindre des loups.

Faire un trou dans la lune
C'est manquer à ses engagements, faire faillite. Jusqu'au règne de Charles IX, le terme des contrats et des paiements était ordinairement fixé à la lune qui précède et détermine la fête de Pâques, avec laquelle commençait l'année. C'est pourquoi les débiteurs qui ne payaient pas à l'échéance de la pleine lune, ou qui déclinaient cette échéance par une banqueroute, étaient supposés faire une brèche à la lune.

LUNETTES

Bonjour lunettes ; adieu fillette.

Les lunettes sont des quittances d'amour.

LUXE

Tout luxe corrompt ou les mœurs ou le goût.
JOSEPH JOUBERT, *Pensées*.

Crosse d'or, évêque de bois (*Voir "Crosse"*).

LUXURE

Toute belle femme s'estant une fois essayée au jeu d'amour ne le désapprend jamais.
BRANTÔME

Il n'y a point de passion plus égoïste que celle de la luxure.
MARQUIS DE SADE, *Juliette*.

M

MAI

Petite pluie de mai rend tout le monde gai.

Il est mauvais de se marier au mois de mai.

Au mois de mai, fais ce qu'il te plaît.

Noces de mai, noces mortelles.

En avril nuée, en mai rosée.

Gelée d'avril ou de mai misère nous prédit au vrai.

Brouillards en mars, gelées en mai.

Mars venteux et avril pluvieux font le mai gai et gracieux.

Mai froid et chaud juin donnent pain et blé.

Pluie de mai fait pousser les enfants.

MAGNANIMITÉ

La magnanimité méprise tout pour avoir tout.
LA ROCHEFOUCAULD, *Maximes*.

MAILLE

N'avoir ni sou ni maille.
C'est être extrêmement pauvre. La maille était une petite pièce de monnaie qui ne valait que la moitié d'un denier.

MAIN

Joindre les mains, c'est bien ; mais les ouvrir, c'est mieux.
Louis Ratisbonne

De mains vides prières vaines.

Mains travailleuses sont heureuses.

Jeux de mains jeux de vilains.

La main gauche doit ignorer ce que fait la main droite.

MAISON

Maison sans flamme est comme corps sans âme.

Fumée, pluie et femme sans raison chassent l'homme de sa maison.

Pour qui craint la ruine mieux vaut bâtir salon après cuisine.

MAÎTRE

Aux vertus qu'on exige d'un domestique, Votre Excellence connaît-elle beaucoup de maîtres qui fussent dignes d'être valets ?
Beaumarchais, *Le Barbier de Séville*.

Il n'est pour voir que l'œil du maître.
Jean de La Fontaine, *L'Œil du maître*.

Qui sait mourir n'a plus de maître.
Sully Prud'homme, *Poésies*.

Les bons maîtres font les bons valets.

Si les valets ont la peine, le maître a les soucis.

Apprenti n'est pas maître.

Nul ne peut servir deux maîtres à la fois.

MAÎTRESSE

Ce qui fait que les amants et les maîtresses ne s'ennuient pas d'être ensemble, c'est qu'ils parlent toujours d'eux-mêmes.
La Rochefoucauld, *Maximes*.

Plus on aime une maîtresse, et plus on est près de la haïr.
La Rochefoucauld, *Maximes*.

Les amants ne voient les défauts de leurs maîtresses que lorsque leur enchantement est fini.
LA ROCHEFOUCAULD, *Maximes*.

MAL

Quand on cède à la peur du mal, on ressent déjà le mal de la peur.
BEAUMARCHAIS, *Le Barbier de Séville*.

Le mal qu'on dit d'autrui ne produit que du mal.
NICOLAS BOILEAU, *Satires*.

En apprenant à connaître les maux de la nature, on méprise la mort; en apprenant à connaître ceux de la société, on méprise la vie.
CHAMFORT, *Maximes et Pensées*.

Il m'a fait trop de bien pour en dire du mal,
Il m'a fait trop de mal pour en dire du bien.
CORNEILLE, *Poésies*.

Le mal que nous faisons ne nous attire pas tant de persécution et de haine que nos bonnes qualités.
LA ROCHEFOUCAULD, *Maximes*.

Il n'y a guère d'homme assez habile pour connaître tout le mal qu'il fait.
LA ROCHEFOUCAULD, *Maximes*.

L'affliction ne guérit pas le mal.

On trouve plutôt le mal que le bien.

Le mal retourne à celui qui le fait.

Ne nous plaignons pas du mal, il vient de Dieu.

MALADIE

La maladie qui nous frappe n'est jamais celle de tout le monde.
FRANÇOIS DROZ

Nous avons tous assez de force pour supporter les maux d'autrui.
LA ROCHEFOUCAULD, *Maximes*.

Les maladies suspendent nos vertus et nos vices.
VAUVENARGUES, *Réflexions et Maximes*.

La maladie éteint dans quelques hommes le courage, dans quelques autres la peur, et jusqu'à l'amour de la vie.
VAUVENARGUES, *Réflexions et Maximes*.

Le mort n'a point d'ami, le malade n'en a qu'à demi.

Un malade peut tout dire.

Employer toutes les herbes de la Saint-Jean (*Voir "Herbe"*).

Heurter à la boutique de saint Cosme : avoir besoin d'un médecin.
Être dans les prisons de saint Crépin : être chaussé à l'étroit.
Mal de saint Fiacre : hémorroïdes.
Mal de saint Genou : goutte.
Mal de saint Gilles : cancer.
Mal de saint Martin : ivresse.
Colique de saint Mathurin : folie.
Mal de saint Maur : goutte.
Rire de saint Médard : mauvaise mine.
Mal de saint Médard ou mal de saint Quentin : emprisonnement.
Mal de saint Zacharie : mutisme.
Mal de saint Tranquillin : paresse.

MALADRESSE

Celui se montre être bien veau, qui par la pointe rend le couteau.

Les mauvais couteaux coupent les doigts et laissent le bois.

MALCHANCE

La guigne ne s'acharne que sur la bêtise.
JULES RENARD, *Journal*

Le cœur grossier de la prospérité ne peut comprendre les sentiments délicats de l'infortune.
CHATEAUBRIAND, *Essai sur les révolutions*.

Les chanceux sont ceux qui arrivent à tout ; les malchanceux, ceux à qui tout arrive.
EUGÈNE LABICHE

Au cheval maigre va la mouche.

Qui se soucie, malencontre lui vient.

Tomber sur le dos et se casser le nez.

Faire faire naufrage à une barque chargée de crucifix.

Se noyer dans un verre d'eau.

MAL D'AMOUR

L'amour est comme les maladies épidémiques. Plus on les craint, plus on y est exposé.
CHAMFORT, *Maximes et Pensées*.

L'amour qui naît subitement est le plus long à guérir.
LA BRUYÈRE, *Les Caractères*.

En amour celui qui est guéri le premier est toujours le mieux guéri.
LA ROCHEFOUCAULD, *Maximes*.

Il y a plusieurs remèdes qui guérissent de l'amour, mais il n'y en a point d'infaillibles.
LA ROCHEFOUCAULD, *Maximes*.

En amour comme en maladie les rechutes sont graves.
PAUL-JEAN TOULET

L'amour fait perdre le repas et le repos.

L'amour le plus parfait est le plus malheureux.

Trop aimer est amer.

MALHEUR

On est heureux ou malheureux par une foule de choses qui ne paraissent pas, qu'on ne dit point et qu'on ne peut dire.
CHAMFORT, *Maximes et Pensées*.

Ô malheur ! je te rends grâce, si tu es seul.
CHAMFORT, *Maximes et Pensées*.

Si le ciel t'éprouve aujourd'hui, c'est pour te rendre plus compatissant aux maux des autres.
CHATEAUBRIAND

C'est au malheur à juger du malheur.
CHATEAUBRIAND

Les malheureux sont ingrats ; cela fait partie de leur malheur.
VICTOR HUGO

Dieu a ordonné au temps de consoler les malheureux.
JOSEPH JOUBERT, *Pensées*.

On n'est jamais si heureux ni si malheureux qu'on s'imagine.
LA ROCHEFOUCAULD, *Maximes*.

On se console souvent d'être malheureux par un certain plaisir qu'on trouve à le paraître.
LA ROCHEFOUCAULD, *Maximes*.

C'est une espèce de bonheur, de connaître jusques à quel point on peut être malheureux.
LA ROCHEFOUCAULD, *Maximes*.

Il y a deux manières d'être malheureux : ou désirer ce que l'on n'a pas, ou posséder ce que l'on désirait.
PIERRE LOUŸS

Gardez-vous de demander du temps : le malheur n'en accorde jamais.
MIRABEAU

On devient moral dès qu'on est malheureux.
MARCEL PROUST, *À la recherche du temps perdu*.

On n'est pas heureux : notre bonheur, c'est le silence du malheur.
JULES RENARD, *Journal*

Les malheurs des autres nous sont indifférents, à moins qu'ils nous fassent plaisir.
JULES RENARD, *Journal*

Nous querellons les malheureux pour nous dispenser de les plaindre.
VAUVENARGUES, *Réflexions et Maximes*.

Ce qu'on peut éviter à force d'argent n'est point un malheur ; le vrai malheur est d'avoir dans sa poche une bourse vide.

Le malheur des uns fait le bonheur des autres.

À quelque chose malheur est bon.

La vertu s'affirme sous les coups du malheur.

Un malheur n'arrive jamais seul.

Le malheur se plaît à la surprise.

Porter guignon (*Voir ce mot*).

Celui qui n'a pas été malheureux, que sait-il ?

Plus le safran est foulé, mieux il fleurit.

MALHONNÊTETÉ

Bien mal acquis ne profite jamais.

De bien mal acquis courte joie.

Ce qui vient du diable retourne au diable.

MANIPULATION

On fait dire aux cloches tout ce qu'on veut.

MANSUÉTUDE

Il faut faire un pont d'or à l'ennemi qui fuit.
Il faut laisser fuir l'ennemi plutôt que de le pousser à un désespoir héroïque. Napoléon Ier employa ce proverbe dans un bulletin de la Grande Armée.

MANGER

Mange pour vivre, et ne vis pas pour manger.

L'estomac est le gouffre de la vie

On creuse sa fosse avec les dents.

MARI

Amants agneaux deviennent maris loups.
ISAAC DE BENSERADE

Tous les maris sont laids.
MONTESQUIEU

Aimer son mari, c'est payer un fournisseur. Aimer un amant, c'est donner aux pauvres.
PAUL-JEAN TOULET

Un mari qu'on aime d'amour, ce n'est pas un mari, c'est un amant.
PAUL-JEAN TOULET

L'homme marié est un oiseau en cage.

Un homme marié ne doit servir qu'à sa femme.

Du côté de la barbe est la toute-puissance.

Aujourd'hui marié, demain marri.

MARIAGE

Le mariage est, tel qu'il est une singulière chose, mais après tout, on n'a encore pas trouvé mieux.
HENRI-FRÉDÉRIC AMIEL

Ne commencez jamais un mariage par un viol.
HONORÉ DE BALZAC, *Physiologie du mariage*.

L'amour, dans le mariage, est une chimère.
HONORÉ DE BALZAC

L'homme sans la femme et la femme sans l'homme, sont des êtres imparfaits dans l'ordre naturel. Mais plus il y a de contraste dans leurs caractères, plus il y a d'union dans leurs harmonies.
BERNARDIN DE SAINT-PIERRE

Le mariage et le célibat ont tous deux des inconvénients; il faut préférer celui dont les inconvénients ne sont pas sans remède.
CHAMFORT, *Maximes et Pensées*.

Les chaînes du mariage sont si lourdes qu'il faut être deux pour les porter. Quelquefois trois.
ALEXANDRE DUMAS FILS

Quand nous nous marions, c'est pour trouver dans notre femme ce que nous avons inutilement demandé aux femmes des autres.
ALEXANDRE DUMAS FILS

Le mariage est une greffe : ça prend bien ou mal.
VICTOR HUGO

Il y a de bons mariages, mais il n'y en a point de délicieux.
LA ROCHEFOUCAULD, *Maximes*.

Il ne faut choisir pour épouse que la femme qu'on choisirait pour ami, si elle était homme.
JOSEPH JOUBERT, *Pensées*.

Nous marier ? Des gens qui s'aiment !
MARIVAUX

Il vaut mieux encore être marié que mort.
MOLIÈRE, *Les fourberies de Scapin*.

Un bon mariage serait celui d'une femme aveugle avec un mari sourd.
MONTAIGNE, *Essais*

Le mariage est le sacrement de la Justice, le mystère vivant de l'harmonie universelle, la forme donnée par la nature même à la religion du genre humain.
PROUDHON

On s'étudie trois semaines, on s'aime trois mois, on se dispute trois ans, on se tolère trente ans et les enfants recommencent.
HIPPOLYTE TAINE

Les femmes ressemblent aux girouettes : elles se fixent quand elles se rouillent.
VOLTAIRE

Qui se marie par amour a bonnes nuits et mauvais jours.

Un bon mariage est difficile à faire même en peinture.

Les mariages sont écrits dans le ciel.

Qui se marie à la hâte se repent à loisir.

Nul ne se marie qui ne s'en repente.

Deux bons jours à l'homme sur terre, quand il prend femme et quand il l'enterre.

Le jour où l'on se marie est le lendemain du bon temps.

Les mariages se font au ciel et se consomment en la terre.

À chaque pot son couvercle.

Ceux qui se ressemblent s'assemblent.

En mariage trompe qui peut.

Ma mère, qu'est-ce que se marier ? Ma fille, c'est filer, enfanter et pleurer.

Il faut chercher une femme avec les oreilles plutôt qu'avec les yeux.
Il faut considérer la bonne réputation plutôt que la beauté de celle qu'on veut prendre pour épouse.

MARIAGE FORCÉ

Les bourgeois, par une vanité ridicule, font de leurs filles un fumier pour les terres des gens de qualité.
CHAMFORT, *Maximes et Pensées.*

La pire de toutes les mésalliances est celle du cœur.
CHAMFORT, *Maximes et Pensées.*

Prendre la vache et le veau.
Se dit quand quand la mariée est enceinte.

La belle amitié quand un pourceau baise une truie.

MARS

Quand pour mars il tonne, l'année sera bonne.

Neige de mars brûle le bourgeon.

Le beau temps de mars se paie en avril.

Mars venteux et avril pluvieux font le mai gai et gracieux.

Brouillards en mars, gelées en mai.

MASSACRE

Tuez-les tous, pour qu'il n'en reste pas un pour me le reprocher !
CHARLES IX (lors de la Saint-Barthélémy, 1572).

Tuez-les tous, Dieu reconnaîtra les siens !
L'ABBÉ DE CÎTEAUX (à Béziers, croisade contre les cathares, 1209).

Par saint Georges, enfants, vous avez fait une belle boucherie.
CHARLES LE TÉMÉRAIRE (à ses troupes, qui ont massacré la population de Nesles, 1472).

MASSE

La masse est lourde, grossière, dominée par la vue la plus superficielle de l'intérêt.
ERNEST RENAN, *La Réforme intellectuelle et morale*.

MATURITÉ

Entre deux fruits verts le troisième est mûr.

En conseil écoute l'homme âgé.

MAXIMES

Les maximes des hommes décèlent leur cœur.
VAUVENARGUES, *Réflexions et Maximes*.

Les esprits faux changent souvent de maximes.
VAUVENARGUES, *Réflexions et Maximes*.

Peu de maximes sont vraies à tous égards.
VAUVENARGUES, *Réflexions et Maximes*.

MÉCHANCETÉ

On souhaite la paresse d'un méchant et le silence d'un sot.
CHAMFORT, *Maximes et Pensées*.

Les méchants font quelquefois de bonnes actions. On dirait qu'ils veulent voir s'il est vrai que cela fasse autant de plaisir que le prétendent les honnêtes gens.
CHAMFORT, *Maximes et Pensées*.

J'aime mieux les méchants que les imbéciles, parce qu'ils se reposent.
ALEXANDRE DUMAS

Il y a des méchants qui seraient moins dangereux s'ils n'avaient aucune bonté.
LA ROCHEFOUCAULD, *Maximes*.

Notre bonté, c'est notre méchanceté qui dort.
JULES RENARD, *Journal*

Toute méchanceté vient de faiblesse.
JEAN-JACQUES ROUSSEAU, *Émile*.

Être méchant, c'est se venger d'avance.
PAUL-JEAN TOULET, *Les Trois Impostures*.

Les méchants sont buveurs d'eau.

Il n'est pas nécessaire de montrer le méchant au chien.

À méchant, méchant et demi.

L'âme n'habite pas le sec.

Méchanceté porte sa peine.

À faire le mal il n'y a point d'honneur.

Le méchant est comme le charbon, s'il ne vous brûle, il vous noircit.

La méchanceté boit elle-même la plus grande partie de son poison.

MÉCONTENTEMENT

La France contient trente-six millions de sujets, sans compter les sujets de mécontentement.
HENRI ROCHEFORT

MÉDECIN

Il faut qu'il ait tué bien des gens pour s'être fait si riche.
MOLIÈRE

Tant que les hommes pourront mourir et qu'ils aimeront à vivre, le médecin sera raillé et bien payé.
LA BRUYÈRE, *Les Caractères*.

Les médecins sont les notaires des apothicaires.

Les médecins et les maréchaux tuent les gens et les chevaux.

MÉDECINE

La philosophie, ainsi que la médecine, a beaucoup de drogues, très peu de bons remèdes, et presque point de spécifiques.
CHAMFORT, *Maximes et Pensées*.

Je le soignai, Dieu le guérit.
AMBROISE PARÉ

La médecine n'a de certain que les espoirs trompeurs qu'elle nous donne.
JULES RENARD, *Journal*

Rien ne dégoûte de la vie comme de feuilleter un dictionnaire de médecine.
JULES RENARD, *Journal*

Argent comptant porte médecine.

MÉDIOCRITÉ

La médiocrité est un garde-fou.
MONTESQUIEU

Ceux qui s'appliquent trop aux petites choses deviennent ordinairement incapables des grandes.
LA ROCHEFOUCAULD, *Maximes*.

Au royaume des aveugles les borgnes sont rois.

MÉDISANCE

Le mal qu'on dit d'autrui ne produit que du mal.
NICOLAS BOILEAU, *Satires*.

Si ceux qui disent du mal de moi savaient exactement ce que je pense d'eux, ils en diraient bien davantage.
SACHA GUITRY

La médisance est le soulagement de la malignité.
JOSEPH JOUBERT, *Pensées*.

On est d'ordinaire plus médisant par vanité que par malice.
LA ROCHEFOUCAULD, *Maximes*.

Sur vingt personnes qui parlent de nous, dix-neuf en disent du mal, et le vingtième, qui en dit du bien, le dit mal.
RIVAROL

L'écoutant fait le médisant.

La moitié du monde s'applique à médire, et l'autre moitié à écouter les médisances.

Bon mot n'épargne personne.

Tel croit frapper qui tue.

Passer par l'étamine (*Voir ce mot*).

C'est une langue de la Pentecôte (*Voir "Langue"*).

Le premier a le diable sur la langue et le second l'a dans l'oreille

Mettre quelqu'un dans de beaux draps blancs.
C'est médire de quelqu'un : en le mettant en de beaux draps blancs, il apparaît ainsi plus noir.

Avoir les oreilles qui tintent.
Cette expression est fondée sur la croyance superstitieuse que les absents, sur lesquels on tient des discours, en sont avertis par le tintement de leurs oreilles. Ces discours sont supposés favorables, si c'est l'oreille droite qui tinte, et défavorable si c'est la gauche.

MÉDITATION

Le sage trouve mieux son compte à ne point s'engager qu'à vaincre.
La Rochefoucauld, *Maximes*.

L'homme n'est point fait pour méditer, mais pour agir.
Jean-Jacques Rousseau

À qui veille tout se révèle.

MÉFIANCE

Méfiez-vous de tout le monde, et en particulier de ceux qui conseillent de vous méfier.
La Robertie

Souviens-toi de te méfier.
Prosper Mérimée (maxime gravée dans sa bague).

Il faut dormir comme un lion, sans fermer les yeux.
Cardinal de Richelieu

Les sots devraient avoir pour les gens d'esprit une méfiance égale au mépris que ceux-ci ont pour eux.
Rivarol

Chat échaudé craint l'eau froide.

Celui qui a failli faire naufrage redoute jusqu'aux eaux tranquilles.

Méfiance est mère de sûreté.

Les murs ont des oreilles.

Il y a anguille sous roche (*Voir "Anguille"*).

Le scorpion dort sous la pierre.

MÉLANCOLIE

La mélancolie, c'est le bonheur d'être triste.
VICTOR HUGO

Cœur qui soupire n'a pas ce qu'il désire.

Cœur pensif ne sait où il va.

MÉMOIRE

La mémoire est souvent la qualité de la sottise.
CHATEAUBRIAND

Savoir par cœur n'est pas savoir : c'est tenir ce qu'on a donné en garde à sa mémoire.
MONTAIGNE, *Essais*.

La mémoire est toujours aux ordres du cœur.
RIVAROL

Le sot qui a beaucoup de mémoire est plein de pensées et de faits ; mais il ne sait pas en conclure : tout tient à cela.
VAUVENARGUES, *Réflexions et Maximes*.

Il faut qu'un menteur ait bonne mémoire.

MENACE

Tant tonne qu'il pleut (*Voir "Tonnerre"*).

MÉNAGE

La plus utile et honorable science et occupation à une femme, c'est la science du ménage.
MONTAIGNE, *Essais*.

On s'étudie trois semaines, on s'aime trois mois, on se dispute trois ans, on se tolère trente ans et les enfants recommencent.
HIPPOLYTE TAINE

C'est chose qui moult déplaît quand poule chante et coq se tait.

Où la chèvre est attachée il faut qu'elle broute.

MENSONGE

On ne ment jamais autant qu'avant les élections, pendant la guerre et après la chasse.
GEORGES CLEMENCEAU

Les femmes et les médecins savent seuls combien le mensonge est nécessaire et bienfaisant aux hommes.
ANATOLE FRANCE

Sans le mensonge, la vérité périrait de désespoir et d'ennui.
ANATOLE FRANCE

Un menteur est un homme qui ne sait pas tromper ; un flatteur, celui qui ne trompe ordinairement que les sots. Celui qui sait se servir avec adresse de la vérité, et qui en connaît l'éloquence, peut seul se piquer d'être habile.
VAUVENARGUES, *Réflexions et Maximes*.

Il faut bien mentir quelquefois quand on est évêque.
JEAN-JACQUES ROUSSEAU, *Les Confessions*.

D'un bout du monde à l'autre on ment et l'on mentit.
Nos neveux mentiront, comme ont fait leurs ancêtres.
VOLTAIRE, *Contes*.

Les menteurs sont les enfants du diable.

Un menteur n'est point écouté, même en disant la vérité.

À menteur, menteur et demi.

Il faut qu'un menteur ait bonne mémoire.

MÉPRIS

Le mépris, le plus grand sentiment et le seul que valent réellement les hommes !
BARBEY D'AUREVILLY

Il est des temps où l'on ne doit dépenser le mépris qu'avec économie, à cause du grand nombre de nécessiteux.
CHATEAUBRIAND

Ce qui est même méprisable n'est pas toujours à mépriser.
PAUL DE GONDI, CARDINAL DE RETZ, *Mémoires*.

Génies gras, ne méprisez pas les maigres !
JOSEPH JOUBERT, *Pensées*.

Le mépris est une pilule qu'on peut avaler mais qu'on ne peut mâcher.
MOLIÈRE

La plupart des mépris ne valent que des mépris.
MONTESQUIEU

J'ai eu, d'abord, en voyant la plupart des grands, une crainte puérile. Dès que j'ai eu fait connaissance, j'ai passé, presque sans milieu, jusqu'au mépris.
MONTESQUIEU

On finit toujours par mépriser ceux qui sont trop facilement de notre avis.
JULES RENARD, *Journal*

On ne méprise bien que ce qu'on aime secrètement.
JULES RENARD, *Journal*

Les sots devraient avoir pour les gens d'esprit une méfiance égale au mépris que ceux-ci ont pour eux.
RIVAROL

Le mépris doit être le plus mystérieux de nos sentiments.
RIVAROL

Je le haïrais davantage si je le méprisais moins.
JEAN-JACQUES ROUSSEAU (à propos de Voltaire).

Ceux qui méprisent l'homme ne sont pas de grands hommes.
VAUVENARGUES, *Réflexions et Maximes*.

Ce n'est pas mépriser assez certaines gens que de dire tout haut qu'on les méprise. Le silence seul est le souverain mépris.
SAINTE-BEUVE

Il ne faut pas mépriser l'homme si l'on veut obtenir des autres et de soi de grands efforts.
TOCQUEVILLE

Nous méprisons beaucoup de choses pour ne pas nous mépriser nous-mêmes.
VAUVENARGUES, *Réflexions et Maximes*.

Les réputations mal acquises se changent en mépris.
VAUVENARGUES, *Réflexions et Maximes*.

Il ne faut pas mépriser les petites choses.

Familiarité engendre mépris.

Parler du haut de son cheval.

MÉPRISE

Ce qui est vrai à la lampe n'est pas toujours vrai au soleil.
JOSEPH JOUBERT, *Pensées*.

Prendre son cul pour ses chausses.

La nuit tous chats sont gris.

Il ne faut pas faire passer tous les chats pour des sorciers.

À la chandelle la chèvre semble demoiselle.

MER

Les rivières retournent à la mer.

Ce que la mer apporte en montant, le remporte en descendant.

MÈRE

L'asile le plus sûr est le sein d'une mère.
FLORIAN, *Fables*.

Ce qu'il y a de plus dur à regarder en face, c'est le visage d'une mère qu'on n'aime pas et qui fait pitié.
JULES RENARD, *Journal*

Mère piteuse fait fille teigneuse.

Tendresse maternelle toujours se renouvelle.

Le cœur d'une mère est le chef-d'œuvre de l'amour.

MÉRITE

Le mérite est un sot, si l'argent ne l'escorte.
MONTFLEURY

Le bonheur en général fait plus de flatteurs et d'envieux que le mérite ; parce qu'il éblouit et irrite plus de monde.
RIVAROL

Le mérite peut être malheureux et l'est souvent ; ce qui réconcilie avec lui.
RIVAROL

Mérite suscite envie.

Il faut d'abord mériter, ensuite demander.

Gagner ses éperons.

Chacun est le fils de ses œuvres.

MERLE

Quand siffle le merle, l'hiver est fini.

Faute de grives, on mange des merles.

Fin comme un merle.
Le merle, malin, se tient en sentinelle pour avertir sa femelle et ses petits de l'approche de l'oiseau de proie.

MESSE

La couronne vaut bien une messe
SULLY. *Le mot, légèrement modifié, a été attribué aussi à* HENRI IV *:* Paris vaut bien une messe.

MÉTAPHYSIQUE

La métaphysique est une espèce de poésie ; la dévotion en est l'ode.
JOSEPH JOUBERT, *Pensées*.

La religion est la seule métaphysique que le vulgaire soit capable d'entendre et d'adopter.
JOSEPH JOUBERT, *Pensées*.

Si cette parole d'un sage : Quand tu doutes, abstiens-toi, est la plus belle maxime de la morale, elle est aussi la première en métaphysique.
RIVAROL

Quand un homme parle à un autre qui ne le comprend pas et que celui qui parle ne comprend pas, c'est de la métaphysique.
VOLTAIRE

MÉTIER

Chacun son métier, les vaches seront bien gardées.
FLORIAN, *Fables*.

La chose la plus importante à toute la vie est le choix du métier : le hasard en dispose.
PASCAL, *Pensées*.

Qui a métier a rente.

Il n'est de si petit métier qui ne nourrisse son maître.

Bon est le métier dont on peut vivre.

Il n'y a point de sots métiers, il n'y a que de sottes gens.

Chaque métier a son fonds d'or.

Tout homme qui ne donne pas un métier à ses enfants, les prépare à une mauvaise vie.

MIEL

Le miel est fait pour qu'on le lèche.

On prend plus de mouches avec du miel qu'avec du vinaigre.

Si tu aimes le miel, ne crains pas les abeilles.

MIEUX

Le mieux est l'ennemi du bien.

L'homme s'ennuie du bien, cherche le mieux, trouve le mal, et s'y soumet crainte de pire.

En toute chose le mieux est au juste milieu.

MILITAIRE

Il suffit d'ajouter "militaire" à un mot pour lui faire perdre sa signification. Ainsi la justice militaire n'est pas la justice, la musique militaire n'est pas la musique.
GEORGES CLEMENCEAU

Quand les talons claquent, l'esprit se vide.
MARÉCHAL LYAUTEY

Parfois les militaires, s'exagérant l'impuissance relative de l'intelligence, négligent de s'en servir.
CHARLES DE GAULLE, *Le Fil de l'épée*.

La France se perdra par les gens de guerre.
MONTESQUIEU

Un empire fondé par les armes a besoin de se soutenir par les armes.
MONTESQUIEU

Quand l'armée dépend du peuple, il se trouve à la fin que le gouvernement dépend de l'armée.
RIVAROL

MINISTÈRE

Un escalier de ministère est un endroit où des gens qui arrivent en retard, croisent des gens qui partent en avance.
GEORGES CLEMENCEAU

Un ministère qu'on soutient est un ministère qui tombe.
TALLEYRAND

MINISTRE

Le public est gouverné comme il raisonne. Son droit est de dire des sottises, comme celui des ministres est d'en faire.
CHAMFORT, *Maximes et Pensées*.

Il n'y a rien de si fâcheux que d'être le ministre d'un prince dont l'on n'est pas le favori.
PAUL DE GONDI, CARDINAL DE RETZ, *Mémoires*.

Les rois sont avec leurs ministres comme les cocus avec leurs femmes : ils ne savent jamais ce qui se passe.
VOLTAIRE

Il faut tenir le pot de chambre aux ministres quand ils sont en place, et le leur verser sur la tête quand ils n'y sont plus.
FRANÇOIS DE VILLEROI

MIROIR

Les miroirs feraient bien de réfléchir un peu avant de renvoyer les images.
JEAN COCTEAU

MISANTHROPIE

La misanthropie est presque toujours une grande vanité cachée sous une peau de hérisson.
Honoré de Balzac, Pensées.

En renonçant au monde et à la fortune, j'ai trouvé le bonheur, le calme, la santé, même la richesse ; et en dépit du proverbe, je m'aperçois que qui quitte la partie la gagne.
CHAMFORT, *Maximes et Pensées*.

Il est impossible qu'un philosophe, qu'un poète ne soient pas misanthropes.
CHAMFORT, *Maximes et Pensées*.

Tout homme qui, à quarante ans, n'est pas misanthrope, n'a jamais aimé les hommes.
CHAMFORT, *Maximes et Pensées*.

La neurasthénie, c'est la misanthropie. Nous n'osons même

plus nous servir de mots qui nous fassent honneur.
JULES RENARD, *Journal*

Les moutons s'attroupent, et les lions s'isolent.
RIVAROL

Quand on veut rester pur, il ne faut point se mêler d'agir sur les hommes.
ALFRED DE VIGNY, *Cinq-Mars*.

MISÈRE

La misère a cela de bon qu'elle supprime la crainte des voleurs.
ALPHONSE ALLAIS

Qui chante ses maux épouvante.

La misère tombe toujours sur les pauvres.

Être réduit au bâton blanc (*Voir ce mot*).

Tirer le diable par la queue (*Voir "Diable"*).

N'avoir ni sou ni maille (*Voir ce mot*).

MODE

La mode est pour la France ce que les mines du Pérou sont pour l'Espagne.
COLBERT

La philosophie a ses modes comme les habits, la musique et l'architecture…
VAUVENARGUES, *Réflexions et Maximes*.

Les fous inventent les modes et les sages les suivent.

Tout nouveau tout beau.

Ce qui croît soudain périt le lendemain.

MODÈLE

Les grands noms sont toujours de grandes raisons aux petits génies.
PAUL DE GONDI, CARDINAL DE RETZ, *Mémoires*.

MODÉRATION

Pour jouir de ce bonheur qu'on cherche tant et qu'on trouve si peu, la sagesse vaut mieux que le génie, l'estime que l'admiration, et les douceurs du sentiment que le bruit de la renommée.
D'ALEMBERT

Se contenter de peu d'argent, c'est aussi du talent.
JULES RENARD, *Journal*

Gagnez votre vie, mais ne la gagnez pas trop.
JULES RENARD, *Journal*

Qui veut voyager loin ménage sa monture.

Mettre de l'eau dans son vin.

Pas à pas on va bien loin.

Qui va doucement, va sainement ; qui va sainement, va bien ; qui va bien, va loin.

MODESTIE

Il vaut mieux être moins et être ce qu'on est.
CHAMFORT, *Maximes et Pensées*.

Dans l'ordre naturel comme dans l'ordre social, il ne faut pas vouloir être plus qu'on ne peut.
CHAMFORT, *Maximes et Pensées*.

La fausse modestie est le plus décent de tous les mensonges.
CHAMFORT, *Maximes et Pensées*.

La modestie est au mérite ce que les ombres sont aux figures dans un tableau : elle lui donne de la force et du relief.
LA ROCHEFOUCAULD, *Maximes*.

Le difficile n'est pas de monter, mais, en montant, de rester soi.
MICHELET, *Le Peuple*.

Je rends grâce au Ciel de ce qu'ayant mis en moi de la médiocrité en tout, il a bien voulu en mettre un peu moins dans mon âme.
MONTESQUIEU

Sois modeste ! C'est le genre d'orgueil qui déplaît le moins !
JULES RENARD, *Journal*

La fausse modestie consiste à se mettre sur le même rang que les autres pour mieux montrer qu'on les dépasse.
SULLY PRUD'HOMME, *Pensées*.

Il faut être honnête et modeste, mais il faut dire qu'on l'est.
JULES RENARD, *Journal*

La modestie va bien aux grands hommes. C'est de n'être rien et d'être quand même modeste qui est difficile.
JULES RENARD, *Journal*

Les meilleurs d'entre nous ne font voir que leurs défauts.
JULES RENARD, *Journal*

La modestie est toujours de la fausse modestie.
JULES RENARD, *Journal*

L'homme modeste a tout à gagner, et l'orgueilleux a tout à perdre : car la modestie a toujours affaire à la générosité, et l'orgueil à l'envie.
RIVAROL

À pauvre cœur petit souhait.

Le monde est bien bossu quand il se baisse.

Il ne faut pas péter plus haut que son cul.

La foudre épargne ceux qui dorment.

À petite fontaine boit-on à son aise.

Il n'y a si petit buisson qui n'ait son ombre.

Bure vaut bien écarlate (*Voir "Bure"*).

Les petits ont autant de mérite que les grands.

Sous le chapeau d'un paysan est le conseil d'un prince.

Il ne faut pas mépriser les petites choses.

Celui qui méprise les petites choses, n'en aura jamais de grandes.

L'attention aux petites choses est l'économie de la vertu.

MOELLE

Rompre l'os et sucer la substantifique moelle.
RABELAIS, *Gargantua*.

MŒURS

Chez les peuples qui ont des mœurs, les filles sont faciles et les femmes sévères. C'est le contraire chez ceux qui n'en ont pas.
HONORÉ DE BALZAC, *Physiologie du mariage*.

Bonnes mœurs portent bons fruits.

MOI

Le moi est haïssable.
PASCAL, *Pensées*.

Si le moi est haïssable, aimer son prochain comme soi-même devient une atroce ironie.
PAUL VALÉRY, *Mélanges*.

MOINE

Mieux vaut jouir de son patrimoine que le laisser à ribaud moine.

Se faire moine après sa mort.
Croyant échapper à l'enfer, des laïcs se faisaient enterrer avec un habit de moine…

MOIS

Janvier sec et sage est d'un bon présage.
Février trop doux, printemps en courroux.
Quand pour mars il tonne, l'année sera bonne.
Lune d'avril ne passe pas sans gelée.
Petite pluie de mai rend tout le monde gai.
Juin froid et pluvieux, tout l'an sera grincheux.
Juillet sans orage, famine au village.
Temps trop beau en août, annonce hiver en courroux.
Septembre se nomme le mai de l'automne.
Octobre en bruine, hiver en ruine.
En novembre s'il tonne l'année sera bonne.
Décembre de froid trop chiche, ne fait pas le paysan riche.
Il n'est de mois qui ne revienne.

MONDE

Mon Dieu ! qu'est-ce que ce monde ?
CINQ-MARS (sur l'échafaud).

La fortune et l'humeur gouvernent le monde
LA ROCHEFOUCAULD, *Maximes*.

Le monde ressemble à une vieille coquette qui déguise son âge.
VOLTAIRE

MONUMENT

Quand l'homme a passé, les monuments de sa vie sont encore plus vains que ceux de sa mort : son mausolée est au moins utile à ses cendres ; mais ses palais gardent-ils quelque chose de ses plaisirs ?
CHATEAUBRIAND, *Itinéraire de Paris à Jérusalem*.

MOQUERIE

La moquerie est souvent indigence d'esprit.
LA BRUYÈRE, *Les Caractères*.

Faire une gorge chaude de quelque chose (*Voir ce mot*).

MORALE

Jouis et fais jouir, sans faire de mal ni à toi ni à personne, voilà, je crois, toute la morale.
CHAMFORT, *Maximes et Pensées*.

Notre morale ? Une houpette pour nous-mêmes, une étrille pour les autres.
ERNEST JAUBERT, *Menuailles*.

La vraie morale se moque de la morale.
PASCAL

La morale est dans les faits, pas dans les sentiments.
JULES RENARD, *Journal*

Si cette parole d'un sage : Quand tu doutes, abstiens-toi, est la plus belle maxime de la morale, elle est aussi la première en métaphysique.
RIVAROL

MORT

Vivre est une maladie dont le sommeil nous soulage toutes les seize heures. C'est un palliatif. La mort est le remède.
CHAMFORT, *Maximes et Pensées*.

Tout nous ramène à quelque idée de la mort, parce que cette idée est au fond de la vie.
CHATEAUBRIAND, *Voyage en Amérique*.

Ma mort était ma gloire, et le destin m'en prive…
PIERRE CORNEILLE, *Pompée*.

L'homme naît sans dents, sans cheveux et sans illusions, et il meurt de même, sans cheveux, sans dents et sans illusions.
ALEXANDRE DUMAS

La mort est un sommeil éternel.
JOSEPH FOUCHÉ

Ne dites pas mourir, dites naître.
VICTOR HUGO

La mort ne surprend point le sage :
Il est toujours prêt à partir.
JEAN DE LA FONTAINE, *La Mort et le Mourant*.

Le soleil ni la mort ne peuvent se regarder fixement.
LA ROCHEFOUCAULD, *Maximes*.

On ne meurt qu'une fois et c'est pour si longtemps !
MOLIÈRE, *Le Dépit amoureux*.

Que ce mot, si court, est insondable et terrible !
MAUPASSANT, *Correspondance*.

Tous les jours vont à la mort, le dernier y arrive.
MONTAIGNE, *Essais*.

La mort des autres nous aide à vivre.
JULES RENARD, *Journal*

Rien ne sert de mourir : il faut mourir à point.
JULES RENARD, *Journal*

La mort est douce : elle nous délivre de la pensée de la mort.
JULES RENARD, *Journal*

Le goût de la mort ne peut aller sans le dégoût du reste.
JULES RENARD, *Journal*

Mourir, c'est éteindre le monde.
JULES RENARD, *Journal*

La mort nous égale tous ; c'est où nous attendons les gens heureux : elle rabat leur joie et leur orgueil, et console par là ceux qui ne sont pas fortunés.
MME DE SÉVIGNÉ, *Lettres*.

Peut-être qu'il est doux d'être mort. Il ne l'est pas assurément de mourir.
PAUL-JEAN TOULET

Si tu as peur de la mort, n'écoute pas ton cœur battre la nuit.
PAUL-JEAN TOULET

La fermeté ou la faiblesse de la mort dépend de la dernière maladie.
VAUVENARGUES, *Réflexions et Maximes*.

La nature, épuisée par la douleur, assoupit quelquefois le sentiment dans les malades, et arrête la volubilité de leur esprit ; et ceux qui redoutaient la mort sans péril, la souffrent sans crainte.
VAUVENARGUES, *Réflexions et Maximes*.

On ne peut juger de la vie par une plus fausse règle que la mort.
VAUVENARGUES, *Réflexions et Maximes*.

La pensée de la mort nous trompe, car elle nous fait oublier de vivre.
VAUVENARGUES, *Réflexions et Maximes*.

Si on aime la vie, on craint la mort.
VAUVENARGUES, *Réflexions et Maximes*.

Le genre de mort, pas plus que le genre de vie, ne doivent être considérés comme punition ou récompense. La rémunération ne peut être de ce monde.
ALFRED DE VIGNY

Il y a un remède à tout, hors la mort.

La mort assise à la porte des vieux guette les jeunes.

Rien n'est plus certain que la mort, rien n'est plus incertain que l'heure de la mort.

Fou est celui qui croit toujours vivre.

Le plus riche en mourant n'emporte qu'un linceul.

Dérobe et amasse, tout faut laisser lorsque l'on trépasse.

De mauvaise vie mauvaise fin.

À bien mourir chacun doit tendre.

À toute heure la mort est prête.

On n'a point pour la mort de dispense de Rome.

MORTS

Il y a plus de morts que de vivants et ce sont les morts qui dirigent les vivants.
Auguste Comte

Les morts, se sont les cœurs qui t'aimaient autrefois.
Victor Hugo

Un homme mort n'a ni parents ni amis.

Les morts ont tort.

MOT

Un bon mot vaut mieux qu'un mauvais livre.
Jules Renard, *Journal*

Les mots nous trompent comme des filles.
Romain Rolland

L'enfant cherche ses mots, le vieillard ne les trouve pas.
Marie Valyère

MOUCHE

Une mouche ne doit pas tenir, dans la tête d'un naturaliste, plus de place qu'elle n'en tient dans la nature.
BUFFON, *Histoire naturelle*.

On prend plus de mouches avec du miel qu'avec du vinaigre.

Ni été sans mouches ni hiver sans gel.

Si les mouches dansent en janvier, ménage ton foin et ton grenier.

Les mouches et les taons piquent avant le mauvais temps.

Aux chevaux maigres vont les mouches.

Une fine mouche.
C'est une personne fine et rusée.

MULE

Il faut se garder du devant d'une femme, du derrière d'une mule, et d'un moine de tous côtés.

Une bonne femme, une bonne mule, une bonne chèvre sont trois méchantes bêtes.

Ferrer la mule.
C'est acheter une chose pour quelqu'un et la lui compter plus cher qu'elle n'a coûté ; l'expression serait venue de ce que, dans le temps où les magistrats allaient au palais montés sur des mules, les laquais, qui gardaient les bêtes pendant l'audience, buvaient ou jouaient pour se désennuyer, et puis cherchaient à s'indemniser de leur dépense ou de leur perte en faisant payer à leurs maîtres des frais pour le ferrement des mules.

MÛRIER

Il vaut mieux être mûrier qu'amandier. (*Voir "Amandier"*)

Avec temps et patience, feuilles de mûrier deviennent soie.

MUSÉE

Je suis las des musées, cimetières des arts.
LAMARTINE

MUSIQUE

Le plus coûteux de tous les bruits.
Théophile Gautier

La musique, c'est du bruit qui pense.
Victor Hugo

La musique, dans les dangers, élève plus haut les pensées.
Joseph Joubert, *Pensées*.

La musique seule peut parler de la mort.
André Malraux

MYSTÈRE

Puisque ces mystères nous dépassent, feignons d'en être l'organisateur.
Jean Cocteau

N

NAISSANCE

De quelque superbe distinction que se flattent les hommes, ils ont tous une même origine, et cette origine est petite.
BOSSUET, *Oraison funèbre de la duchesse d'Orléans*.

Nous ne faisons qu'une imprudence dans notre vie, mais elle est de taille : c'est de naître.
GEORGES CLEMENCEAU

On peut naître vieux, comme on peut mourir jeune.
JEAN COCTEAU

L'homme naît sans dents, sans cheveux et sans illusions, et il meurt de même, sans cheveux, sans dents et sans illusions.
ALEXANDRE DUMAS

Naître, c'est seulement commencer à mourir.
THÉOPHILE GAUTIER

Il faut pleurer les hommes à leur naissance et non pas à leur mort.
MONTESQUIEU

Je suis venu trop tard dans un monde trop vieux.
ALFRED DE MUSSET

NAÏVETÉ

Qui se fait brebis, le loup le mange.

Folle et simple est la brebis qui au loup se confesse.

On prend les oiseaux par le bec et les hommes par la parole.

Faites-vous miel, et les mouches vous mangeront.

Qui se fait brebis le loup le mange.

NATION

Toute nation a le gouvernement qu'elle mérite.
JOSEPH DE MAISTRE

Une nation n'a de caractère que lorsqu'elle est libre.
MME DE STAËL

Vive la Nation !
Cri de ralliement des soldats de l'an II.

NATURE

Tout livre est l'art d'un homme, mais la nature est l'art de Dieu.
BERNARDIN DE SAINT-PIERRE, *La Chaumière indienne.*

En apprenant à connaître les maux de la nature, on méprise la mort ; en apprenant à connaître ceux de la société, on méprise la vie.
CHAMFORT, *Maximes et Pensées.*

Chaque matin, boire une tasse de soleil et manger un épi de blé.
JULES RENARD, *Journal.*

On aime d'abord la nature. Ce n'est bien plus tard qu'on arrive à l'homme.
JULES RENARD, *Journal.*

La nature a horreur des bavards.
JULES RENARD, *Journal.*

La nature a mis l'homme sur la terre avec des pouvoirs limités et des désirs sans bornes.
RIVAROL

La nature possède le secret du bonheur, et nul n'a su le lui ravir.
GEORGE SAND

Les lois de la nature sont admirables, mais elles écrasent beaucoup d'insectes dans leurs rouages, comme les gouvernements beaucoup d'hommes.
RIVAROL

La nature est une œuvre d'art, mais Dieu est le seul artiste qui existe, et l'homme n'est qu'un arrangeur de mauvais goût.
GEORGE SAND, *François le Champi*.

Entre rois, entre peuples, entre particuliers, le plus fort se donne des droits sur le plus faible, et la même règle est suivie par les animaux et les êtres inanimés ; de sorte que tout s'exécute dans l'univers par la violence : et cet ordre que nous blâmons avec quelque apparence de justice, est la loi la plus générale, la plus immuable, et la plus importante de la nature.
VAUVENARGUES, *Réflexions et Maximes*.

Il n'y a point de contradictions dans la nature.
VAUVENARGUES, *Réflexions et Maximes*.

À toute bête la nature a donné son ennemi.

NATUREL

Chassez le naturel, il revient au galop.
DESTOUCHES

Rien n'empêche tant d'être naturel que l'envie de paraître.
LA ROCHEFOUCAULD, *Maximes*.

NÉCESSITÉ

Tout ce qui est nécessaire n'est jamais hasardeux.
PAUL DE GONDI, CARDINAL DE RETZ, *Mémoires*.

Ce qui est nécessaire n'est jamais ridicule.
PAUL DE GONDI, CARDINAL DE RETZ, *Mémoires*.

Il faut le strict nécessaire, et il faut ne s'en écarter ni en dedans, ni en dehors : en dehors, c'est de la sottise, en dedans, c'est de l'orgueil.
JULES RENARD, *Journal*.

La nécessité est plus humaine que la philosophie : car c'est la nature qui fait la nécessité, et c'est nous qui faisons la philosophie.
RIVAROL

La nécessité empoisonne les maux qu'elle ne peut guérir.
VAUVENARGUES, *Réflexions et Maximes*.

La nécessité nous délivre de l'embarras du choix.
VAUVENARGUES, *Réflexions et Maximes*.

Nécessité n'a point de loi ni de roi.

Nécessité fait trouver.

Nécessité fait loi.

Nécessité contraint la loi.

Faire de nécessité vertu.

Agir à contrecœur, mais de son plein gré.

NÉGLIGENCE

Il ne faut pas négliger les petites choses.

Parfois petite négligence accouche d'un grand mal.
Faute d'un clou, le fer du cheval se perd, et le cavalier lui-même est perdu, parce que l'ennemi l'atteint et le tue : le tout pour n'avoir pas fait attention à un clou de fer de cheval.!

NEIGE

La neige qui tombe engraisse la terre.

Quand la neige tombe sur les monts, il fait froid dans les vallées.

NETTETÉ

La netteté est le vernis des maîtres.
VAUVENARGUES, *Réflexions et Maximes*.

NEUTRALITÉ

Le sage trouve mieux son compte à ne point s'engager qu'à vaincre.
LA ROCHEFOUCAULD, *Maximes*.

NEZ

Le nez de Cléopâtre : s'il eût été plus court, toute la face de la terre aurait changé.
PASCAL, *Pensées*.

Un grand nez ne gâte jamais un beau visage.

Il vaut mieux laisser son enfant morveux que de lui arracher le nez.

Mener quelqu'un par le bout du nez.
C'est lui faire faire tout ce qu'on veut. Allusion aux bœufs que l'on conduit au moyen d'un anneau de fer passé dans leurs narines.

NOBLESSE

La plupart des nobles rappellent leurs ancêtres, à peu près comme un cicérone d'Italie rappelle Cicéron.
CHAMFORT, *Maximes et Pensées*.

Les nobles sont comme les livres : il en est beaucoup qui ne brillent que par leurs titres.
CHAUVOT DE BEAUCHÊNE

Si la noblesse est vertu, elle se perd par tout ce qui n'est pas vertueux ; et si elle n'est pas vertu, c'est peu de chose.
LA BRUYÈRE, *Les Caractères*.

C'est une grande preuve de noblesse que l'admiration survive à l'amitié.
JULES RENARD, *Journal*.

Se glorifier de ses ancêtres, c'est chercher, dans les racines, des fruits que l'on devrait trouver dans les branches.
MANON ROLLAND

Il vaut mieux être le premier de sa race que le dernier.

Le titre ne fait pas le maître.

Les plus vieux titres ne sont pas les meilleurs.

Noblesse vient de vertu.

Noblesse oblige.

Bon sang ne saurait mentir.

NOCES

Noces de mai, noces mortelles.

Il est mauvais de se marier au mois de mai.

NŒUD

Trancher le nœud Gordien
Se tirer par une mesure vigoureuse d'une difficulté embarrassante. Gordius, père du roi Midas, avait un chariot dont le joug était attaché au timon par un lien fait d'écorce de cornouiller, et tellement entrelacé qu'on ne pouvait en découvrir ni le commencement ni la fin. Un oracle promettait l'empire de l'Asie à celui qui en viendrait à bout. Alexandre le Grand fit plusieurs tentatives pour délier le nœud mystérieux ; mais, n'y parvenant pas, et craignant que ses soldats y voient un mauvais présage, il le trancha avec son épée et, par ce moyen, accomplit l'oracle.

NOISETTES

Bonnes noisettes, mauvais hiver.

Année de noisettes, année de disette (ou année de fillettes).

NOIX

S'il y a des noix, l'hiver est froid.

NOM

En donnant le nom à un enfant, il faut penser à la femme qui aura un jour à le prononcer.
BARBEY D'AUREVILLY, *Les Diaboliques*.

De bien des gens, il n'y a que le nom qui vaille quelque chose. Quand vous les voyez de fort près, c'est moins que rien ; de loin, ils imposent.
LA BRUYÈRE, *Les Caractères*.

Mon nom, je le commence, et vous finissez le vôtre !
VOLTAIRE (au duc de Rohan).

C'est un poids bien pesant qu'un nom trop fameux.
VOLTAIRE

NON

"Oui" et "non" sont les mots les plus courts et les plus faciles à prononcer et ceux qui demandent le plus d'examen.
TALLEYRAND

NORMAND

Répondre en normand

Un Normand a son dit et son dédit
D'après l'ancienne coutume de Normandie, les contrats ne commençaient à être valables que vingt-quatre heures après la signature et il était permis aux parties de se rétracter avant l'expiration de ce délai.

NOURRITURE

Dis-moi ce que tu manges, je te dirai ce que tu es.
BRILLAT-SAVARIN, *Physiologie du goût.*

Les animaux se repaissent ; l'homme mange ; l'homme d'esprit seul sait manger.
BRILLAT-SAVARIN, *Physiologie du goût.*

Le dîner tue la moitié de Paris et le souper tue l'autre.
MONTESQUIEU

Tout ce qui rentre fait ventre.

NOUVEAUTÉ

De nouvelle parole nouveau conseil.

Tout beau tout nouveau.

Changement de prairie donne appétit aux veaux.

NOVEMBRE

Novembre chaud au début, froid à la fin.

En novembre s'il tonne l'année sera bonne.

NOYÉ

Un noyé s'accroche à un brin de paille.

NOVICE

Ferveur de novice ne dure pas longtemps.

Passer une nuit blanche.
Le guerrier digne d'être reçu chevalier passait la nuit qui précédait sa réception dans un lieu consacré où il veillait auprès de ses armes ; il était revêtu d'un costume blanc, comme les néophytes de l'Église, et de là vint que cette nuit, qu'on nommait veillée des armes, fut ainsi nommée nuit blanche, expression que l'usage a retenue pour signifier une nuit sans sommeil.

NUAGE

Les nuages qui volent me donnent envie de fuir.
CHATEAUBRIAND, *Mémoires d'outre-tombe*.

NUIT

Ma nuit à moi, ce cercueil.
LOUIS-FERDINAND CÉLINE, *Voyage au bout de la nuit*.

C'est la nuit qu'il est beau de croire à la lumière.
EDMOND ROSTAND, *Chantecler*.

La nuit porte conseil.

La nuit tous les chats sont gris.

Conseil de nuit ne fait ennui, conseil en vin n'a bonne fin.

NUIT DE NOCE

Ne commencez jamais un mariage par un viol.
HONORÉ DE BALZAC, *Physiologie du mariage*.

Le sort d'un ménage dépend de la première nuit.
HONORÉ DE BALZAC, *Physiologie du mariage*.

O

OBÉISSANCE

Celui qui obéit est presque toujours meilleur que celui qui commande.
ERNEST RENAN

L'autorité contraint à l'obéissance, mais la raison y persuade.
CARDINAL DE RICHELIEU

Celui qui est né pour obéir obéirait jusque sur le trône.
VAUVENARGUES, *Réflexions et Maximes*.

Il faut apprendre à obéir pour savoir commander.

Qui ne sait obéir ne sait commander.

Le moine répond quand l'abbé chante.

Jurer sur la parole du maître.

OBÉSITÉ

Avoir l'esprit enfoncé dans la matière.
L'obésité était regardée comme l'indice de la stupidité.

OBSÉQUIOSITÉ

Louer les princes des vertus qu'ils n'ont pas, c'est leur dire impunément des injures.
LA ROCHEFOUCAULD, *Maximes*.

Le chien se frotte à la charogne.

Qui avec son seigneur mange des poires ne choisit pas les meilleures.

Caresses de chien donnent des puces.

OBSTINATION

La force de cervelle fait les entêtés, et la force d'esprit les caractères fermes.
JOSEPH JOUBERT, *Pensées*.

On est ferme par principes et têtu par tempérament.
JOSEPH JOUBERT, *Pensées*.

La petitesse de l'esprit fait l'opiniâtreté.
LA ROCHEFOUCAULD, *Maximes*.

À laver la tête d'un âne, on perd sa lessive.

Fou est celui qui cherche ce qui ne peut se trouver.

Il n'y a de damnés que les obstinés.

Tenir pied à boule (*Voir ce mot*).

On ne va jamais si loin que lorsqu'on ne sait pas où l'on va.

OCCASION

La balle cherche le joueur (*Voir "Balle"*).

Prendre la balle au bond.

L'occasion fait le larron.

OCTOBRE

Octobre en bruine hiver en ruine.

Beaucoup de pluie en octobre, beaucoup de vent en décembre.

ODEUR

Le corps d'un ennemi mort sent toujours bon.
CHARLES IX (après la Saint-Barthélemy)

ŒIL

S'en battre l'œil.

C'est abaisser et relever alternativement la paupière, en signe de dérision et de mépris.

OFFENSE

Je connais trop les hommes pour ignorer que souvent l'offensé pardonne mais que l'offenseur ne pardonne jamais.

JEAN-JACQUES ROUSSEAU

OFFENSEUR

L'offenseur ne pardonne jamais.

C'est le propre de la nature humaine de haïr celui qu'on a offensé.

OFFENSIVE

C'est un grand avantage dans les affaires de la vie que de savoir prendre l'offensive : l'homme attaqué transige toujours.

BENJAMIN CONSTANT

OIGNONS

Oignons à trois pelures signe de froidure.

Les oignons deviennent gros s'il neige sur leur dos.

Oignons bien habillés annoncent fortes gelées.

OISEAU

La belle cage ne nourrit pas l'oiseau.

De méchant œuf méchant oiseau.

Juge l'oiseau à la plume et au chant, et au parler l'homme bon ou méchant.

Les plus belles plumes font les beaux oiseaux.

Petit à petit l'oiseau fait son nid.

OISIVETÉ (*cf. PARESSE*)

Le pénible fardeau de n'avoir rien à faire.
NICOLAS BOILEAU, *Épîtres*.

C'est un terrible avantage que de n'avoir rien fait, mais il ne faut pas en abuser.
RIVAROL

L'oisiveté nous lasse plus promptement que le travail, et nous rend à l'action, détrompés du néant de ses promesses.
VAUVENARGUES, *Réflexions et Maximes*.

L'oisiveté est la mère de tous les vices.

L'oisiveté a toujours enseigné beaucoup de mal.

Oisiveté de jeunesse prépare les tourments de la vieillesse.

ONGLES

Il ne faut pas manger tes ongles parce qu'ils sont à toi. Si tu aimes les ongles, mange ceux des autres.
GEORGES DARIEN, *Le Voleur*.

ONGUENT

Dans les petites boites sont les bons onguents.
Expression employée pour flatter les gens de petite taille.

OPINION

L'opinion dispose de tout ; elle fait la beauté, la justice et le bonheur, qui est le tout du monde.
BOSSUET

L'opinion est la reine du monde parce que la sottise est la reine des sots.
CHAMFORT, *Maximes et Pensées*.

La vérité ressemble au ciel, et l'opinion à des nuages.
JOSEPH JOUBERT, *Pensées*.

C'est mon opinion, et je la partage.
HENRI MONNIER

Il faut attaquer l'opinion avec ses armes : on ne tire pas des coups de fusil aux idées.
RIVAROL

Un homme doit savoir braver l'opinion ; une femme s'y soumettre.
MME DE STAËL

Il faudrait considérer ses opinions comme des costumes, et en changer selon la saison, l'heure et le milieu.
PAUL-JEAN TOULET

L'opinion est si bien la reine du monde que quand la raison veut la combattre, la raison est condamnée à mort.
VOLTAIRE

Qui n'entend qu'une cloche n'entend qu'un son.

On fait dire aux cloches ce qu'on veut.

OPPORTUNISME

Il change à tous moments d'esprit comme de mode ;
Il tourne au moindre vent, il tombe au moindre choc :
Aujourd'hui dans un casque et demain dans un froc.
BOILEAU, *Satires*.

Ce n'est pas la girouette qui tourne, c'est le vent.
EDGAR FAURE

Les gens faibles ne plient jamais quand ils doivent.
PAUL DE GONDI, CARDINAL DE RETZ, *Mémoires*.

Je plie et ne romps pas.
JEAN DE LA FONTAINE, *Le Chêne et le Roseau*.

Je sais, quand il le faut, quitter la peau du lion pour prendre celle du renard.
NAPOLÉON Ier

Il est bon d'être ferme par tempérament, et flexible par réflexion.
VAUVENARGUES, *Réflexions et Maximes*.

Selon le bras on fait la saignée.

Il faut tendre voile selon le vent.

Souffre quand tu es enclume, et frappe quand tu es marteau.

L'occasion fait le larron.

Il faut saisir l'occasion aux cheveux.

Battre le fer il faut tandis qu'il est bien chaud.

À chaque saint sa chandelle.

Donner une chandelle à Dieu et une au diable.

On n'a jamais vu chèvre morte de faim.

Ne remets pas à demain ce que tu peux faire aujourd'hui.

OPTIMISME

Défiez-vous de votre optimisme, et figurez-vous bien que nous sommes dans ce monde pour nous battre envers et contre tous.
PROSPER MÉRIMÉE

Les gens heureux n'ont pas le droit d'être optimistes : c'est une insulte au malheur.
JULES RENARD, *Journal*

L'homme heureux et optimiste est un imbécile.
JULES RENARD, *Journal*

Dans la tempête adore l'écho.

Après la douleur vient la joie.

Toutes les fois qu'il tonne, la foudre ne tombe pas.

À quelque chose malheur est bon.

À force de mal tout ira bien.

Le mal est la veille du bien.

C'est au plus étroit du défilé que la vallée commence.

OR

L'or, même en sa laideur, donne un teint de beauté.
NICOLAS BOILEAU, *Satires*.

L'or est le soleil des métaux.
JOSEPH JOUBERT, *Pensées*.

Or dure sans ordure.

Or qui a, or vaut.

En la balance, l'or et le fer sont un.

Tout ce qui brille n'est pas or.

Ce n'est pas tout or ce qui reluit, ni farine ce qui blanchit.

ORAGE

Orage de nuit fait peu de mal, et beaucoup de bruit.

Orage du matin ruine le vilain.

ORATEUR

Ce qui manque aux orateurs en profondeur, ils vous le donnent en longueur.
MONTESQUIEU

ORDRE

Celui qui obéit est presque toujours meilleur que celui qui commande.
ERNEST RENAN

ORDURES

Chaque civilisation a les ordures qu'elle mérite.
GEORGES DUHAMEL

OREILLE

L'oreille est le chemin du cœur.
VOLTAIRE

Il vaut mieux se fier à ses yeux qu'à ses oreilles.

Se faire tirer l'oreille.
Chez les Romains, quand il survenait un différend qui ne pouvait se terminer à l'amiable, l'offensé citait devant le prêteur celui dont il avait à se plaindre ; quand ce dernier ne comparaissait point dans les délais fixés, le plaignant sommait les témoins, s'il en avait, de venir déposer. Si ceux-ci refusaient, ce qui arrivait souvent pour une cause ou pour une autre, il était autorisé à les amener par l'oreille, et à la leur pincer, dans le cas où ils feraient résistance.

ORGUEIL

Le comble de l'orgueil, c'est de se mépriser soi-même.
GUSTAVE FLAUBERT

Orgueil ! ton goût d'absinthe remonte donc dans toutes les bouches et tous les cœurs te ruminent !
GUSTAVE FLAUBERT, *Par les champs et par les grèves*.

La vanité, c'est l'orgueil des autres.
SACHA GUITRY

L'orgueil est égal dans tous les hommes, et il n'y a de différence qu'aux moyens et à la manière de le mettre au jour.
LA ROCHEFOUCAULD, *Maximes*.

L'orgueil ne veut pas devoir, et l'amour-propre ne veut pas payer.
LA ROCHEFOUCAULD, *Maximes*.

Lorsque l'orgueil va devant, honte et dommage le suivent.
LOUIS XI

J'avoue très humblement mon orgueil.
JULES RENARD, *Journal*

Il faut le strict nécessaire, et il faut ne s'en écarter ni en dedans, ni en dehors : en dehors, c'est de la sottise, en dedans, c'est de l'orgueil.
JULES RENARD, *Journal*

Sans l'orgueil, la vie serait lamentable.
JULES RENARD, *Journal*

L'homme modeste a tout à gagner, et l'orgueilleux a tout à perdre : car la modestie a toujours affaire à la générosité, et l'orgueil à l'envie.
RIVAROL

L'estime de soi-même est le plus grand mobile des âmes fières.
JEAN-JACQUES ROUSSEAU

L'orgueil est le consolateur des faibles.
VAUVENARGUES, *Réflexions et Maximes*.

L'orgueil précède les chutes.

Deux orgueilleux ne peuvent être portés sur un âne.

Un boiteux ne veut aller avec plus boiteux que lui.

Il n'y a de pire orgueilleux que le pauvre enrichi.

Il vaut mieux être riche qu'orgueilleux.

L'aigle ne chasse point aux mouches.

ORIGINALITÉ

L'écrivain original n'est pas celui qui n'imite personne, mais celui que personne ne peut imiter.
CHATEAUBRIAND, *Le Génie du christianisme*.

ORIGINE

De quelque superbe distinction que se flattent les hommes, ils ont tous une même origine, et cette origine est petite.
BOSSUET

OUBLI

Oublier est le grand secret des existences fortes et créatrices.
BALZAC, *César Birotteau*.

On n'oublie jamais mieux les choses que quand on s'est lassé d'en parler.
LA ROCHEFOUCAULD, *Maximes*.

C'est une bonne manière de donner en garde et d'empreindre en notre âme quelque chose que de la solliciter de la perdre.
MONTAIGNE, *Essais*.

À défaut du pardon, laisse venir l'oubli.
ALFRED DE MUSSET, *Poésies*.

On oublie plutôt le bien que le mal.

Qui cherche à oublier se souvient.

OUI

"Oui" et "non" sont les mots les plus courts et les plus faciles à prononcer et ceux qui demandent le plus d'examen.
TALLEYRAND

OUÏE

Il n'y a pire sourd qui ne veut pas entendre.

Le sourd frappe fort pour entendre ses coups.

OURS

Il ne faut pas vendre la peau de l'ours avant de l'avoir tué.

C'est un ours mal léché.
On a cru longtemps, sur la foi d'Aristote et de Pline le Naturaliste, que les oursons naissaient informes, et que leur mère corrigeait ce défaut à force de les lécher. On désigne ainsi un homme mal fait et grossier.

Il faut le faire monter sur l'ours.
Ce dicton s'applique à un homme qui a peur, à un poltron.

OUVRIER

À l'œuvre on connaît l'ouvrier.

P

PAIEMENT

Cracher au bassinet (*Voir ce mot*).

Se faire payer en bourreau (*Voir ce mot*).

PAILLE

Pour expliquer un brin de paille, il faut démonter tout l'univers.
RÉMY DE GOURMONT

Il y a plus de paille que de grains. Et plus met-on de paille en l'étable et plus il y a de fumier.

Rompre la paille avec quelqu'un.
Autrefois, quand on voulait signifier à quelqu'un qu'on n'aurait plus aucune relation avec lui, on brisait une paille en sa présence, ou on lui envoyait une paille rompue. Dans une assemblée tenue à Soissons, Robert, comte de Paris, s'adressant à Charles le Simple, lui reprocha son aveuglement pour son ministre Haganon, son injustice et la pusillanimité de son caractère. En même temps, lui et ses amis rompirent et jetèrent à terre des pailles qu'ils tenaient à la main, déclarant qu'ils renonçaient à l'obéissance à ce roi.

PAIN

En ce monde chétif et mesquin quand il y a du pain il manque le vin.

PAIX

Paix est trésor qu'on ne peut trop louer.
Je hais guerre, point ne la dois priser.
CHARLES D'ORLÉANS

Repos aux bons ! Paix aux tranquilles.
JOSEPH JOUBERT, *Pensées*.

La paix rend les peuples plus heureux et les hommes plus faibles.
VAUVENARGUES, *Réflexions et Maximes*.

Paix engendre prospérité, de prospérité vient richesse, de richesse orgueil et volupté, d'orgueil contention sans cesse, contention la guerre adresse. La guerre engendre pauvreté, pauvreté humilité, d'humilité revient la paix, ainsi retournent les humains.

PAON

Il est comme le paon qui crie en voyant ses pieds.
Ce qu'on dit de qui se fâche quand on lui montre ses défauts. On prétend que le paon se met à crier d'horreur à la vue de ses pieds.

PAPE

Le pape est une idole à qui on lie les mains et dont on baise les pieds.
VOLTAIRE, *Le Sottisier*.

PARADIS

Le ciel est pour ceux qui y pensent.
JOSEPH JOUBERT, *Pensées*.

Les vrais paradis sont les paradis qu'on a perdus.
MARCEL PROUST

Le paradis terrestre est où je suis.
VOLTAIRE, *Satires*.

PARDON

L'âme supérieure n'est pas celle qui pardonne, c'est celle qui n'a pas besoin de pardon.
CHATEAUBRIAND, *Mémoires d'outre-tombe*.

Qui pardonne aisément invite à l'offense.
PIERRE CORNEILLE, *Cinna*.

Dans le pardon d'une femme, il y a de la vertu ; mais dans celui de l'homme, il y a du vice.
ALFRED CAPUS

Le pardon, vous savez ce que c'est ? C'est l'indifférence pour ce qui ne touche pas.
ALEXANDRE DUMAS FILS

Les hommes seuls ont la force de ne pas pardonner.
ALEXANDRE DUMAS FILS

On pardonne tant que l'on aime.
LA ROCHEFOUCAULD, *Maximes*.

La magnanimité méprise tout pour avoir tout.
LA ROCHEFOUCAULD, *Maximes*.

Je pardonne aisément par la raison que je ne sais pas haïr. Il me semble que la haine est douloureuse.
MONTESQUIEU

À défaut du pardon, laisse venir l'oubli.
ALFRED DE MUSSET, *Poésies*.

Comprendre, c'est pardonner.
MME DE STAËL

Le pardon n'est peut-être que la forme la plus raffinée de la vengeance.
PAUL-JEAN TOULET

La magnanimité ne doit pas compte à la prudence de ses motifs.
VAUVENARGUES, *Réflexions et Maximes*.

PARENTS

Le père et la mère doivent tout à l'enfant. L'enfant ne leur doit rien.
JULES RENARD, *Journal*

L'ingratitude la plus odieuse, mais la plus commune et la plus ancienne, est celle des enfants envers leurs pères.
VAUVENARGUES, *Réflexions et Maximes*.

L'amour des parents descend et ne remonte pas.

PARESSE ET OISIVETÉ

Le pénible fardeau de n'avoir rien à faire.
NICOLAS BOILEAU

On souhaite la paresse d'un méchant et le silence d'un sot.
CHAMFORT, *Maximes et Pensées*.

Nous avons plus de paresse dans l'esprit que dans le corps.
LA ROCHEFOUCAULD, *Maximes*.

Le travail pense, la paresse songe.
JULES RENARD, *Journal*

La paresse a cela de mortel que, dès qu'on en triomphe, on la sent déjà qui renaît.
JULES RENARD, *Journal*

La paresse n'est, dans certains esprits, que le dégoût de la vie ; dans d'autres, c'en est le mépris.
RIVAROL

Tout le monde s'agite pour trouver enfin le repos ; mais il y a des hommes si paresseux qu'ils mettent le but au début.
RIVAROL

C'est un terrible avantage que de n'avoir rien fait, mais il ne faut pas en abuser.
RIVAROL

L'activité naît d'une force inquiète ; la paresse d'une impuissance paisible.
VAUVENARGUES, *Réflexions et Maximes*.

La mollesse est une paresse voluptueuse.
VAUVENARGUES, *Réflexions et Maximes*.

Les paresseux ont toujours envie de faire quelque chose.
VAUVENARGUES, *Réflexions et Maximes*.

Les paresseux ne sont jamais riches.

À goupil endormi, rien ne lui tombe en gueule.

Renard qui dort la matinée n'a pas la langue emplumée.

Le paresseux est frère du mendiant.

Le champ du paresseux est plein de mauvaises herbes.

De paresse nulle noblesse ni prouesse.

Attendre que les alouettes tombent toutes rôties dans le bec.

Bayer aux corneilles.

Dormir la grasse matinée.

La paresse ne nourrit pas.

Faire honneur au soleil.
"Honneur" qui consiste à le laisser se lever le premier.

PAROLE

Il est bon de parler et meilleur de se taire;
Mais tous deux sont mauvais alors qu'ils sont outrés.
JEAN DE LA FONTAINE, *L'Ours et l'Amateur des jardins*.

L'harmonie la plus douce est le son de la voix de celle que l'on aime.
LA BRUYÈRE, *Les Caractères*.

Les gens qui ont peu d'affaires sont de très grands parleurs : moins on pense, plus on parle.
MONTESQUIEU

La parole est la pensée extérieure, et la pensée est la parole intérieure.
RIVAROL

La parole nous a été donnée pour déguiser notre pensée.
TALLEYRAND

Douce parole n'écorche langue.

Le sage se repose sur la racine de sa langue, et le fou voltige sur le bout de la sienne.

Trop gratter cuit, trop parler nuit.

Le peu parler est or, et le trop est boue.

Qui parle sème, et qui se tait recueille.

Qui parle beaucoup dit beaucoup de sottises.

PARTI

Ceux qui sont à la tête des grandes affaires ne trouvent pas moins d'embarras dans leur propre parti, que dans celui de leurs ennemis.
PAUL DE GONDI, CARDINAL DE RETZ, *Mémoires*.

PAS

Pas à pas on va bien loin.

Il n'y a que le premier pas qui coûte.

PASSÉ

Il faut laisser le passé dans l'oubli et l'avenir à la Providence.
BOSSUET

PASSION

Notre raison nous rend quelquefois aussi malheureux que nos passions ; et on peut dire de l'homme, quand il est dans ce cas, que c'est un malade empoisonné par son médecin.
CHAMFORT, *Maximes et Pensées*.

Le philosophe qui veut éteindre ses passions ressemble au chimiste qui voudrait éteindre son feu.
CHAMFORT, *Maximes et Pensées*.

Les passions des jeunes gens sont des vices dans la vieillesse.
JOSEPH JOUBERT, *Pensées*.

Toutes les passions sont exagératrices, et elles ne sont des passions que parce qu'elles exagèrent.
CHAMFORT, *Maximes et Pensées*.

Décrire les passions n'est rien ; il suffit de naître un peu chacal, un peu vautour, un peu panthère.
LAUTRÉAMONT, *Poésies*.

Les passions sont les seuls orateurs qui persuadent toujours.
LA ROCHEFOUCAULD, *Maximes*.

La durée de nos passions ne dépend pas plus de nous que la durée de notre vie.
LA ROCHEFOUCAULD, *Maximes*.

La passion fait souvent un fou du plus habile homme, et rend souvent les plus sots habiles.
LA ROCHEFOUCAULD, *Maximes*.

Si nous résistons à nos passions, c'est plus par leur faiblesse que par notre force.
LA ROCHEFOUCAULD, *Maximes*.

Les passions sont les orateurs des grandes assemblées.
RIVAROL

La raison est historienne, mais les passions sont actrices.
RIVAROL

La conscience est la voix de l'âme, les passions sont la voix du corps.
JEAN-JACQUES ROUSSEAU

Il est difficile de vaincre ses passions, et impossible de les satisfaire.
MME DE LA SABLIÈRE

Aurions-nous cultivé les arts, sans les passions ? Et la réflexion toute seule nous aurait-elle fait connaître nos ressources, nos besoins et notre industrie ?
VAUVENARGUES, *Réflexions et Maximes*.

Les passions ont appris aux hommes la raison.
VAUVENARGUES, *Réflexions et Maximes*.

Si la passion conseille quelquefois plus hardiment que la réflexion, c'est qu'elle donne plus de force pour exécuter.
VAUVENARGUES, *Réflexions et Maximes*.

Il y a peu de passions constantes ; il y en a beaucoup de sincères : cela a toujours été ainsi. Mais les hommes se piquent d'être constants ou indifférents, selon la mode, qui excède toujours la nature.
VAUVENARGUES, *Réflexions et Maximes*.

PASSION AMOUREUSE

Quand on n'aime pas trop, on n'aime pas assez.
BUSSY-RABUTIN, *Les Maximes d'amour pour les femmes*.

Il arrive quelquefois qu'une femme cache à un homme toute la passion qu'elle sent pour lui, pendant que de son côté il feint pour elle toute celle qu'il ne sent pas.
LA BRUYÈRE, *Les Caractères*.

L'absence diminue les médiocres passions, et augmente les grandes, comme le vent éteint les bougies et allume le feu.
LA ROCHEFOUCAULD, *Maximes*.

Dans les premières passions les femmes aiment l'amant, et dans les autres elles aiment l'amour.
LA ROCHEFOUCAULD, *Maximes*.

Toutes les passions nous font faire des fautes, mais l'amour nous en fait faire de plus ridicules.
LA ROCHEFOUCAULD, *Maximes*.

De toutes les passions violentes, celle qui sied le moins mal aux femmes, c'est l'amour.
LA ROCHEFOUCAULD, *Maximes*.

Le plaisir d'amour est d'aimer ; et l'on est plus heureux par la passion que l'on a que par celle que l'on donne.
LA ROCHEFOUCAULD, *Maximes*.

L'amour, qui vit dans les orages, et croît souvent au sein des perfidies, ne résiste pas toujours au calme de la fidélité.
RIVAROL

Le désir est à la passion ce que le plaisir est au bonheur : mais le désir devient souvent passion, et nul plaisir n'est encore devenu bonheur.
RIVAROL

L'homme est feu et la femme étoupe, le diable vient qui souffle.

Aime comme si tu devais un jour haïr.

Amour et mort, rien n'est plus fort.

Le cœur a ses raisons que la raison ignore.

C'est trop aimer que d'en mourir.

PATIENCE

La patience est le courage de la vertu.
BERNARDIN DE SAINT-PIERRE

Patience et longueur de temps
Font plus que force ni que rage.
JEAN DE LA FONTAINE, *Le Lion et le Rat*.

Tout vient à point à qui sait attendre.
CLÉMENT MAROT

La patience est l'art d'espérer.
VAUVENARGUES, *Réflexions et Maximes*.

La patience est amère, mais son fruit est doux.

Avec du temps et de la paille, les nèfles mûrissent.

La sagesse d'un homme se connaît par sa patience.

Goutte à goutte on emplit la cuve.

Grand bien ne vient pas en peu d'heures.

Avec temps et patience, feuilles de mûrier deviennent soie.

La patience vient à bout de tout.

La sagesse d'un homme se connaît par sa patience.

PATRIE

On croit mourir pour la patrie ; on meurt pour des industriels.
ANATOLE FRANCE

C'est lorsque nous sommes éloignés de notre pays que nous sentons surtout l'instinct qui nous y attache.
CHATEAUBRIAND, *Le Génie du christianisme*.

La patrie d'un cochon se trouve partout où il y a du gland.
FÉNELON

J'ai naturellement eu de l'amour pour le bien et l'honneur de ma patrie, et peu pour ce qu'on en appelle la gloire.
MONTESQUIEU

La première des vertus est le dévouement à la patrie.
NAPOLÉON Ier

Périsse la patrie, et que l'humanité soit sauvée.
PROUDHON

Les patries sont toujours défendues par les gueux, livrées par les riches.
CHARLES PÉGUY

Une patrie se compose de morts qui l'ont fondée aussi bien que des vivants qui la continuent.
ERNEST RENAN

PAUVRE

Il n'y a que les pauvres de généreux.
HONORÉ DE BALZAC

Le sang du pauvre, c'est l'argent.
LÉON BLOY

Qui donne au pauvre prête à Dieu.
VICTOR HUGO, *Les voix intérieures*.

Le cri du pauvre monte jusqu'à Dieu mais il n'arrive pas à l'oreille de l'homme.
LAMENNAIS

PAUVRETÉ

La pauvreté met le crime au rabais.
CHAMFORT, *Maximes et Pensées*.

On veut que le pauvre soit sans défauts ; c'est que peut-être il lui serait facile d'être parfait. La misère éteint les passions, et l'abondance les nourrit. Les petits n'ont guère que des besoins.
JOSEPH JOUBERT, *Pensées*.

Faute d'argent, c'est douleur non pareille.
FRANÇOIS RABELAIS, *Pantagruel*.

Il faut avoir l'appétit du pauvre pour jouir de la fortune du riche.
RIVAROL

Les gens du monde emploient mieux leurs loisirs que leur temps ; les pauvres n'ont pas de loisirs.
RIVAROL

En grande pauvreté ne gît pas grande loyauté.
François Villon

Vilain affamé est à demi enragé.

Enfants sont richesses de pauvres gens.

En ce monde chétif et mesquin, quand il y a du pain, il manque le vin.

Vilain enrichi ne compte plus d'amis.

Ce qu'on peut éviter à force d'argent n'est point malheur ; le vrai malheur est d'avoir dans sa poche une bourse vide.

Vilain ne sait ce que valent éperons.

Qui n'a point argent en bourse ait miel en bouche.

N'est pas pauvre qui a peu, mais qui désire beaucoup.

Donner au pauvre n'appauvrit pas.

Si l'habit du pauvre a des trous, celui du riche a des taches.

Tout le monde tombe sur le pauvre.

Pauvreté n'est pas vice.

Qui va sans barbe et tout nu au vent de bise est morfondu.

Au pauvre un œuf vaut un bœuf.

On ne peut dépouiller l'homme nu.

L'homme pauvre n'a point d'amis.

Il n'y a pire orgueilleux que le pauvre enrichi.

Celui qui en misère vit se sent offensé quand on rit.

La pauvreté que la joie accompagne est un trésor.

Chacun veut essuyer ses pieds sur la pauvreté.

Qui donne au pauvre, prête à Dieu.

PÉCHÉ

Qui a péché sans fin souffre sans fin aussi.
AGRIPPA D'AUBIGNÉ

Péché caché est à demi-pardonné.

Un grand péché ne peut demeurer caché.

Celui qui pèche publiquement est deux fois coupable : il fait le mal et enseigne à le faire.

PÉDANTISME

C'est la profonde ignorance qui inspire le ton dogmatique.
LA BRUYÈRE, *Les Caractères*.

Un pédant est un homme qui digère mal intellectuellement.
JULES RENARD, *Journal*

On dit peu de choses solides, lorsqu'on cherche à en dire d'extraordinaires.
VAUVENARGUES, *Réflexions et Maximes*.

Qui n'a suffisance n'a rien.

PEINE

À chaque jour suffit sa peine.

Nul mal et nul bien sans peine ne vient.

La peine et le plaisir se suivent.

PEINTURE

Les peintres ne doivent méditer que les brosses à la main.
HONORÉ DE BALZAC

L'exécution, dans la peinture, doit toujours tenir de l'improvisation.
EUGÈNE DELACROIX

Le meilleur moyen de posséder une femme, c'est encore de la peindre.
INGRES

La peinture, c'est comme la merde, ça se sent mais ça ne s'explique pas.
TOULOUSE-LAUTREC

PENDU

Il ne faut pas parler de corde dans la maison d'un pendu.

Qui doit être pendu n'est jamais noyé.

Avoir de la corde de pendu.
C'est avoir un bonheur constant, particulièrement au jeu. À Rome, on croyait que la corde qui avait serré le cou d'un pendu possédait des vertus merveilleuses, entre autres celle d'apaiser la migraine lorsqu'on se l'appliquait sur les tempes. Au Moyen Âge, on pensait que la fièvre quarte, la colique, la sciatique, le mal de dents et d'autres maux cédaient devant un tel remède.

L'espoir du pendu, que la corde casse.
Autrefois on faisait grâce à un condamné, si la corde rompait pendant l'exécution.

PÉNITENCE

Qui fait la faute la boit.

PENSÉE

La pensée console de tout et remédie à tout. Si quelquefois elle vous fait du mal, demandez-lui le remède du mal qu'elle vous fait, et elle vous le donnera.
CHAMFORT, *Maximes et Pensées*.

Je pense donc je suis.
DESCARTES

L'homme digne d'être écouté est celui qui ne se sert de la parole que pour la pensée, et de la pensée que pour dire la vérité et la vertu.
FÉNELON

La liberté de la pensée est la première conquête du siècle.
NAPOLÉON Ier

Penser ne suffit pas : il faut penser à quelque chose.
JULES RENARD, *Journal*

Une pensée écrite est morte.
JULES RENARD, *Journal*

Penser, c'est chercher des clairières dans une forêt.
JULES RENARD, *Journal*

La pensée n'est qu'un éclair dans la nuit. Mais c'est cet éclair qui est tout.
HENRI POINCARÉ

La parole est la pensée extérieure, et la pensée est la parole intérieure.
RIVAROL

L'estomac est le sol où germe la pensée.
RIVAROL

Les grandes pensées viennent du cœur.
VAUVENARGUES, *Réflexions et Maximes*.

Ce que nous appelons une pensée brillante n'est ordinairement qu'une expression captieuse, qui, à l'aide d'un peu de vérité, nous impose une erreur qui nous étonne.
VAUVENARGUES, *Réflexions et Maximes*.

Si les grandes pensées nous trompent, elles nous amusent.
VAUVENARGUES, *Réflexions et Maximes*.

Lorsqu'une pensée est trop faible pour porter une expression simple, c'est la marque qu'il faut la rejeter.
VAUVENARGUES, *Réflexions et Maximes*.

La clarté orne les pensées profondes.
VAUVENARGUES, *Réflexions et Maximes*.

Les pensées ne payent point de péage.

PERCEPTEUR

Bon berger tond, n'écorche pas.

Bon écorcheur choisit la peau.

PÈRE

À qui venge son père, il n'est rien d'impossible.
CORNEILLE, *Le Cid*.

On ne peut contenter tout le monde et son père.

PERFECTION

La perfection d'une pendule n'est pas d'aller vite, mais d'être réglée.
VAUVENARGUES, *Réflexions et Maximes*.

PERFECTIONNISME

Le mieux est l'ennemi du bien.

PÉRIL

Plus le péril est grand, plus doux en est le fruit.
PIERRE CORNEILLE, *Cinna*.

En fuyant le tonnerre on tombe sous la foudre.

Tomber de Charybde en Scylla (*Voir "Charybde"*).

PERLE

Les perles, quoique mal enfilées, ne laissent pas d'être précieuses.

PERRUQUE

Donner une perruque à quelqu'un.
C'est lui infliger une punition. Dans les couvents, la règle obligeait d'avoir la tête rasée. Lorsque des moines renvoyaient un novice indigne, ils lui remettaient une perruque, afin qu'il pût reparaître dans le monde sans scandale.

PERSÉVÉRANCE

Vingt fois sur le métier remettez votre ouvrage ;
Polissez-le sans cesse et le repolissez.
BOILEAU, *Satires*.

Il n'est pas nécessaire d'espérer pour entreprendre, ni de réussir pour persévérer.
Devise de GUILLAUME D'ORANGE.

La persévérance vient à bout de tout.

La goutte d'eau finit par creuser le roc.

On a tant crié Noël qu'à la fin il est venu.

Il faut casser le noyau pour en avoir l'amande.

Pas à pas on va très loin.

La continuelle gouttière rompt la pierre.

Petit à petit l'oiseau fait son nid.

PESANT

Valoir son pesant d'or.
Cette expression, dont on se sert en parlant d'une personne recommandable, fait allusion à une loi franque. En cas de meurtre, l'assassin devait donner son poids d'or pour celui qu'il avait tué ; et, quand ce poids ne suffisait point pour apaiser les parents de la victime, il était obligé de l'augmenter selon leur exigence.

PESSIMISME

Il n'y a pour l'homme que trois événements : naître, vivre et mourir. Il ne se sent pas naître, il souffre à mourir, et il oublie de vivre.
LA BRUYÈRE, *Les Caractères*.

Tous les espoirs sont permis à l'homme, même celui de disparaître.
JEAN ROSTAND

Tel qui rit vendredi dimanche pleurera.

Qui rit le matin le soir pleure.

PETIT

Celui qui veut être heureux se réduit et se resserre autant qu'il est possible. Il a ces deux caractères : il change peu de place et en tient peu.
FONTENELLE

Les petites choses sont souvent de meilleures marques que les grandes.
PAUL DE GONDI, CARDINAL DE RETZ, *Mémoires*.

En petite tête gît grand sens.

Dans les petites boites sont les bons onguents.

Il n'y a si petit buisson qui n'ait son ombre.

Aux petits des oiseaux Dieu donne leur pâture.

En petit champ croît bien blé.

Petite étincelle luit dans la nuit.

Petit homme abat grand chêne.

À petit trou petite cheville.

De petite chose vient souvent grande noise.

En petite cheminée on fait bien grand feu.

PEUPLE

Le public est gouverné comme il raisonne. Son droit est de dire des sottises, comme celui des ministres est d'en faire.
CHAMFORT, *Maximes et Pensées*.

Le peuple est un éternel mineur.
GUSTAVE FLAUBERT

Les exigences d'un grand peuple sont à l'échelle de ses malheurs.
CHARLES DE GAULLE, *Mémoires de guerre*.

Un peuple, c'est une bête qui se laisse mener par le nez, principalement les Parisiens.
HENRI IV

Le peuple ? Un âne qui se cabre !
VICTOR HUGO, *Les Châtiments*.

La voix du peuple n'a d'autorité que lorsqu'elle est celle d'un peuple contenu.
JOSEPH JOUBERT, *Pensées*.

Le peuple n'a guère d'esprit, et les Grands n'ont point d'âme.
LA BRUYÈRE, *Les Caractères*.

J'aime mieux être ridicule aux courtisans que lourd au peuple.
LOUIS XII

La bourgeoisie sans le peuple, c'est la tête sans les bras. Le peuple sans la bourgeoisie, c'est la force sans la lumière.
EDGAR QUINET

Le peuple, c'est l'enfant bien sage qui fait la grimace dès qu'on a le dos tourné.
JULES RENARD, *Journal*

Le peuple donne sa faveur, jamais sa confiance.
RIVAROL

Les peuples, comme les métaux, n'ont de brillant que les surfaces.
RIVAROL

Quand on succède au peuple, on est despote.

RIVAROL

Il est à propos que le peuple soit guidé et non pas qu'il soit instruit.
VOLTAIRE

La voix du peuple est la voix de Dieu.

PEUR

La peur n'applique jamais un remède à propos.
PAUL DE GONDI, CARDINAL DE RETZ, *Mémoires*.

Il est bien plus naturel à la peur de consulter que de décider.
PAUL DE GONDI, CARDINAL DE RETZ, *Mémoires*.

La peur est la plus terrible des passions parce qu'elle fait ses premiers effets contre la raison; elle paralyse le cœur et l'esprit.
RIVAROL

C'est une poule mouillée (*Voir "Poule"*).

PHILOSOPHE

Qu'est-ce qu'un philosophe ? C'est un homme qui oppose la nature à la loi, la raison à l'usage, sa conscience à l'opinion, et son jugement à l'erreur.
CHAMFORT, *Maximes et Pensées*.

Le philosophe qui veut éteindre ses passions ressemble au chimiste qui voudrait éteindre son feu.
CHAMFORT, *Maximes et Pensées*.

Peu de personnes peuvent aimer un philosophe.
CHAMFORT, *Maximes et Pensées*.

Il est dangereux pour un philosophe attaché à un grand (si jamais les grands ont eu auprès d'eux un philosophe) de montrer tout son désintéressement : on le prendrait au mot.
CHAMFORT, *Maximes et Pensées*.

Le poète s'interroge ; le philosophe se regarde.
JOSEPH JOUBERT, *Pensées*.

Le sophiste se contente des apparences ; le dialecticien de la preuve ; le philosophe veut connaître par inspection et par évidence.
JOSEPH JOUBERT, *Pensées*.

Le dévot croit aux visions d'autrui : le philosophe ne croit qu'aux siennes.
RIVAROL

Le vrai philosophe est celui qui se place, par le seul effort de sa raison, au point où le commun des hommes n'arrive que par le bienfait du temps.
RIVAROL

Les philosophes sont plus anatomistes que médecins : ils dissèquent et ne guérissent pas.
RIVAROL

La clarté est la bonne foi des philosophes.
VAUVENARGUES, *Réflexions et Maximes*.

Les grands philosophes sont les génies de la raison.
VAUVENARGUES, *Réflexions et Maximes*.

Le vrai philosophe (...) n'attend rien des hommes, et il leur fait tout le bien dont il est capable.
VOLTAIRE, *Correspondance*.

Il est plus difficile d'accorder les philosophes que les horloges.

PHILOSOPHIE

Toute la philosophie est comme un arbre, dont les racines sont la métaphysique ; le tronc est la physique, et les branches qui sortent de ce tronc sont toutes les autres sciences, qui se réduisent à trois principales, à savoir la médecine, la mécanique et la morale ; j'entends la plus haute et la plus parfaite morale, qui, présupposant une entière connaissance des autres sciences, est le dernier degré de la sagesse.
DESCARTES

Peu de philosophie mène à mépriser l'érudition ; beaucoup de philosophie mène à l'estimer.
CHAMFORT, *Maximes et Pensées*.

À mesure que la philosophie fait des progrès, la sottise redouble ses efforts pour établir l'empire des préjugés.
CHAMFORT, *Maximes et Pensées*.

La philosophie, ainsi que la médecine, a beaucoup de drogues, très peu de bons remèdes, et presque point de spécifiques.
CHAMFORT, *Maximes et Pensées*.

Toute la philosophie n'est fondée que sur deux choses : sur ce qu'on a l'esprit curieux et les yeux mauvais.
FONTENELLE

Si les systèmes sont des toiles d'araignée, qu'au moins elles soient faites avec des fils de soie.
JOSEPH JOUBERT, *Pensées*.

Il est plus nécessaire d'étudier les hommes que les livres.
LA ROCHEFOUCAULD, *Maximes*.

La philosophie triomphe aisément des maux passés et des maux à venir. Mais les maux présents triomphent d'elle.
LA ROCHEFOUCAULD, *Maximes*.

Philosopher, c'est apprendre à mourir.
MONTAIGNE, *Essais*.

C'est une chose extraordinaire que toute la philosophie consiste dans ces trois mots : “Je m'en fous.”
MONTESQUIEU

Se moquer de la philosophie, c'est philosopher.
PASCAL, *Pensées*.

La nécessité est plus humaine que la philosophie : car c'est la nature qui fait la nécessité, et c'est nous qui faisons la philosophie.
RIVAROL

La plus fausse de toutes les philosophies est celle qui, sous prétexte d'affranchir les hommes des embarras de la passion, leur conseille l'oisiveté, l'abandon et l'oubli d'eux-mêmes.
VAUVENARGUES, *Réflexions et Maximes*.

PIE

Être au nid de la pie.
C'est-à-dire au plus haut degré de fortune, parce que la pie fait toujours son nid à la cime de l'arbre le plus élevé.

PIÉTÉ

La piété est le tout de l'homme.
BOSSUET, *Oraison funèbre du prince de Condé*.

PILLAGE

Mieux vaut pays pillé que terre perdue.
BERTRAND DU GUESCLIN, connétable de France.

PILULE

Le mépris est une pilule qu'on peut avaler, mais qu'on ne peut pas mâcher.
MOLIÈRE

Dorer la pilule à quelqu'un.

Si la pilule avait bon goût, on ne la dorerait pas.

PITIÉ

Le sentiment que l'homme supporte le plus difficilement est la pitié, surtout quand il la mérite. La haine est un tonique, elle fait vivre, elle inspire la vengeance ; mais la pitié tue, elle affaiblit encore notre faiblesse.
HONORÉ DE BALZAC

Mais quand un scélérat marche à l'échafaud, la pitié compte alors les souffrances, et non les crimes du coupable.
CHATEAUBRIAND, *Essai sur les révolutions*.

La générosité n'est que la pitié des âmes nobles.
CHAMFORT, *Maximes et Pensées*.

La pitié est une loi contre la justice, la bonté est un devoir comme la probité.
VICTOR HUGO

Nous avons de l'amour pour une ou deux femmes, de l'amitié pour deux ou trois amis, de la haine pour un seul ennemi, de la pitié pour quelques pauvres ; et le reste des hommes nous est indifférent.
JULES RENARD, *Journal*

En général, l'indulgence pour ceux qu'on connaît est bien plus rare que la pitié pour ceux qu'on ne connaît pas.
RIVAROL

La pitié est moins tendre que l'amour.
VAUVENARGUES, *Réflexions et Maximes*.

PLACEMENT

Il faut perdre un vairon pour pêcher un saumon.

Il ne faut pas mettre tous ses œufs dans le même panier.

PLAIDEUR

Les querelles ne dureraient pas longtemps, si le tort n'était que d'un côté.
LA ROCHEFOUCAULD, *Maximes*.

Les gens fatigués sont querelleurs.

L'homme qui plaide et replaide ne dort pas quand il veut.

Chacun est éloquent pour défendre son différent.

Homme plaideur homme menteur.

Chiche plaideur perdra sa cause.

Grand plaideur ne fut jamais riche.

Qui prouve trop ne prouve rien.

PLAINDRE (SE)

Ne jamais se plaindre et toujours consoler.
JULES RENARD, *Journal*

PLAIRE

Quand on veut plaire dans le monde, il faut se résoudre à apprendre beaucoup de choses qu'on sait par des gens qui les ignorent.
CHAMFORT, *Maximes et Pensées*.

Ou vous avez un rival, ou vous n'en avez pas. Si vous en avez un, il faut plaire pour lui être préféré ; si vous n'en avez pas, il faut encore plaire pour éviter d'en avoir.
CHODERLOS DE LACLOS

Le désir de plaire naît chez les femmes avant le besoin d'aimer.
NINON DE LENCLOS

Si vous voulez plaire aux femmes, dites-leur ce que vous ne voudriez pas qu'on dît à la vôtre.
JULES RENARD, *Journal*

L'art de plaire est l'art de tromper.
VAUVENARGUES, *Réflexions et Maximes*.

PLAISIR

Le plaisir est le bonheur des fous. Le bonheur est le plaisir des sages.
BARBEY D'AUREVILLY

Nos plaisirs les plus doux ne vont pas sans tristesse.
PIERRE CORNEILLE

Le plaisir le plus délicat est de faire celui d'autrui.
LA BRUYÈRE, *Les Caractères*.

Les plaisirs de l'amour sont, selon moi, les seuls vrais plaisirs de la vie corporelle.
MONTAIGNE, *Essais*.

Chacun trouve son plaisir où il le prend.
JULES RENARD, *Journal*

L'homme est né pour le plaisir : il le sent, il n'en faut point d'autre preuve. Il suit donc sa raison en se donnant au plaisir.
PASCAL

On est impuissant à trouver du plaisir quand on se contente de le chercher.
MARCEL PROUST, *À la recherche du temps perdu*.

Le désir est à la passion ce que le plaisir est au bonheur : mais le désir devient souvent passion, et nul plaisir n'est encore devenu bonheur.
RIVAROL

Lorsque les plaisirs nous ont épuisés, nous croyons avoir épuisé les plaisirs ; et nous disons que rien ne peut remplir le cœur de l'homme.
VAUVENARGUES, *Réflexions et Maximes*.

Le secret des moindres plaisirs de la nature passe par la raison.
VAUVENARGUES, *Réflexions et Maximes*.

PLAISIRS (DÉFENDUS)

Pain dérobé réveille l'appétit.

Le fruit est doux en l'absence du gardien.

PLEURER

Je cherche le silence et la nuit pour pleurer.
PIERRE CORNEILLE, *Le Cid*.

Si tu pleures de joie, ne sèche pas tes larmes : tu les voles à la douleur.
PAUL-JEAN TOULET, *Les Trois Impostures*.

On pleure pour avoir la réputation d'être tendre, on pleure pour être plaint, on pleure pour être pleuré ; enfin on pleure pour éviter la honte de ne pleurer pas.
LA ROCHEFOUCAULD, *Maximes*.

La honte de pleurer donne l'effronterie de rire.
JULES RENARD, *Journal*

À toute heure chien pisse et femme pleure.

Femme rit quand elle peut, et pleure quand elle veut.

Te voilà donc redevenu homme, puisque tu pleures.
JULES VERNE, *L'Île mystérieuse*.

PLUIE

Petite pluie abat grand vent.

Canard qui crie et c'est la pluie.

Chat se chauffant est signe de mauvais temps.

Si les poissons sautent dans l'eau la pluie est pour bientôt.

Blanche gelée est de pluie messagère.

Lorsque le ver de terre perce le chemin, la pluie n'est pas loin.

POÉSIE

Il suffit de penser pour être homme d'esprit ; mais il faut imaginer pour être poète.
CARDINAL DE BERNIS

L'art ne fait que des vers, le cœur seul est poète.
ANDRÉ CHÉNIER

Les poètes trouvent d'abord et ne cherchent qu'après.
JEAN COCTEAU

Les poètes nous aident à aimer.
ANATOLE FRANCE, *Le Jardin d'Épicure*.

Le poète s'interroge ; le philosophe se regarde.
JOSEPH JOUBERT, *Pensées*.

La poésie n'est utile qu'aux plaisirs de notre âme.
JOSEPH JOUBERT, *Pensées*.

Les beaux vers sont ceux qui s'exhalent comme des sons ou des parfums.
JOSEPH JOUBERT, *Pensées*.

On ne peut trouver de poésie nulle part, quand on n'en porte pas en soi.
JOSEPH JOUBERT, *Pensées*.

Un poème est un mystère dont le lecteur doit chercher la clef.
STÉPHANE MALLARMÉ

La poésie ne permet guère que l'on se partage, et un art si sublime et si pénible se peut rarement allier avec l'embarras des affaires, et les occupations tumultueuses de la vie.
VAUVENARGUES, *Réflexions et Maximes*.

Un autre défaut de la mauvaise poésie est d'allonger la prose, comme le caractère de la bonne est de l'abréger.
VAUVENARGUES, *Réflexions et Maximes*.

POIRE

Il faut toujours garder une poire pour la soif.

Pêches et poires au mois d'août, de bons raisins on fait le moût.

Vin, fille, faveur et poirier, sont difficiles à conserver.

POISSONS

Les gros poissons mangent les petits.

Si les poissons sautent dans l'eau, la pluie est pour bientôt.

De petite rivière, grand poisson n'espère.

En grand torrent, grand poisson se prend.

POITRINE

On est plus près du cœur quand la poitrine est plate.
LOUIS BOUILHET, *Poésies*.

Une femme sans poitrine, c'est un lit sans oreillers.
ANATOLE FRANCE

POLICE

Où manque la police abonde la malice.

POLITESSE

Être poli avec un sot, c'est s'en isoler.
JULES BARBEY D'AUREVILLY

La politesse est la fleur de l'humanité. Qui n'est pas assez poli, n'est pas assez humain.
JOSEPH JOUBERT, *Pensées*.

La politesse aplanit les rides.
JOSEPH JOUBERT, *Pensées*.

La politesse n'inspire pas toujours la bonté, l'équité, la complaisance, la gratitude; elle en donne du moins les apparences, et fait paraître l'homme au dehors comme il devrait être intérieurement.
LA BRUYÈRE, *Les Caractères*.

POLITIQUE

La politique est l'art du possible.
LÉON GAMBETTA

Il faut s'attendre à tout en politique, où tout est permis, sauf de se laisser surprendre.
CHARLES MAURRAS

La politique est la science de la liberté.
PROUDHON

La politique est comme le sphinx de la fable : elle dévore tous ceux qui n'expliquent pas ses énigmes.
RIVAROL

Les corps politiques recommencent sans cesse; ils ne vivent que de remèdes.
RIVAROL

La politique fait entre les princes ce que les tribunaux de la justice font entre les particuliers. Plusieurs faibles, ligués contre un puissant, lui imposent la nécessité de modérer son ambition et ses violences.
VAUVENARGUES, *Réflexions et Maximes*.

PORTE

Il faut qu'une porte soit ouverte ou fermée.
ALFRED DE MUSSET

POSITIVISME

L'Amour pour principe, l'Ordre pour base, et le Progrès pour but.
AUGUSTE COMTE

POSSESSION

Le désir fleurit, la possession flétrit toutes choses.
MARCEL PROUST, *Les Plaisirs et les Jours*.

POT

C'est dans les vieux pots que l'on fait les meilleures soupes.

Les pots fêlés sont ceux qui durent le plus.

Les personnes malades résistent ordinairement plus longtemps que les autres parce qu'elles se ménagent.

POUDRE

Jeter de la poudre aux yeux.
Autrefois à l'armée, on jugeait de loin, au tourbillon de poudre qu'élevait un groupe de cavaliers, du grade de l'officier que ce groupe accompagnait sur la ligne.

POULAIN

De nature va le poulain l'amble dont la mère fut haquenée.

Qui que saille notre jument, le poulain est nôtre.

POULE

Je veux que chaque laboureur de mon royaume puisse mettre la poule au pot le dimanche.
HENRI IV

Quand la poule veut chanter comme le coq, il faut lui couper la gorge.

C'est chose qui moult déplaît quand poule chante et coq se tait.

Qui naît poule aime à gratter.

D'un œuf blanc on voit souvent un poulet bien noir éclore.

Les poules pondent par le bec.
C'est-à-dire que les poules font une plus grande quantité d'œufs, quand elles sont bien nourries.

C'est une poule mouillée.
Ce dit d'une personne timide, faible, peureuse, incapable de montrer la moindre énergie, parce qu'une poule, lorsqu'elle a été surprise par la pluie, se tient à l'écart, sans remuer. Il en est de même de la plupart des oiseaux, car ils ne peuvent guère voler dès que les barbes de leurs pennes ont été mouillées.

POURCEAU

C'est folie semer les roses aux pourceaux.

La belle amitié quand un pourceau baise une truie.

POUVOIR

La puissance ne consiste pas à frapper fort ou souvent, mais à frapper juste.
HONORÉ DE BALZAC, *Physiologie du mariage*.

Tout pouvoir humain est un composé de patience et de temps. Les gens puissants veulent et veillent.
HONORÉ DE BALZAC, *Eugénie Grandet*.

On supporte aisément une puissance qu'on espère exercer un jour.
JOSEPH JOUBERT, *Pensées*.

Le pouvoir est une beauté ; il fait aimer aux femmes la vieillesse même.
JOSEPH JOUBERT, *Pensées*.

La confiance doit venir d'en bas et le pouvoir d'en haut.
SIEYÈS

On peut dominer par la force, mais jamais par la seule adresse.
VAUVENARGUES, *Réflexions et Maximes*.

Les peuples démocratiques haïssent souvent les dépositaires du pouvoir central ; mais ils aiment toujours ce pouvoir lui-même.
ALEXIS DE TOCQUEVILLE

Ceux qui ne savent pas tirer parti des autres hommes sont ordinairement peu accessibles.
VAUVENARGUES, *Réflexions et Maximes*.

Le terme de l'habileté est de gouverner sans la force.
VAUVENARGUES, *Réflexions et Maximes*.

Il vaut mieux avoir affaire à Dieu qu'à ses saints.

Au faible le fort fait souvent tort.

L'argent fait tout.

POUX

Il ne faut pas semer les poux en une vieille pelisse.

Il n'y a pas de vieux vêtements sans poux.

PRÉCAUTION

Deux sûretés valent mieux qu'une.
JEAN DE LA FONTAINE, *Le Loup, la Chèvre et le Chevreuil*.

PRÉCIPITATION

Il ne faut pas mettre la charrue devant les bœufs.

Il ne faut pas se faire attendre ni arriver trop tôt.

Il ne faut pas vendre la peau de l'ours avant de l'avoir tué.

Il ne faut pas confondre vitesse et précipitation.

Qui trop se hâte reste en chemin.

Assez tôt, si assez bien.

Hâte-toi lentement.

PRÉDESTINATION

Qui est destiné à être pendu n'est jamais noyé.

PRÉFACE

Ce sont les ouvrages médiocres qu'il faut abréger. Je n'ai jamais vu de préface ennuyeuse à la tête d'un bon livre.
VAUVENARGUES, *Réflexions et Maximes*.

PRÉJUGÉS

À mesure que la philosophie fait des progrès, la sottise redouble ses efforts pour établir l'empire des préjugés.
CHAMFORT, *Maximes et Pensées*.

Les passions détruisent plus de préjugés que la philosophie.
DIDEROT

PRÉSÉANCE

Qui premier vient au moulin qui premier doit moudre.

À tout seigneur tout honneur.

PRÉSENT

Le présent touche toujours, sans comparaison, davantage les âmes faibles que l'avenir même le plus proche.
PAUL DE GONDI, CARDINAL DE RETZ, *Mémoires*.

Les petits présents entretiennent l'amitié.

PRÊT

Il se faut prêter à autrui et ne se donner qu'à soi-même.
MONTAIGNE, *Essais*.

Les bons comptes font les bons amis.

Il ne faut pas compter avec ses amis.

Ami au prêter, ennemi au rendre.

L'argent prêté veut être racheté.

Au prêter Dieu, au rendre Diable.

Ne prêtez point votre argent à un grand seigneur.

Ne prête pas ton argent à celui à qui tu serais obligé de le redemander le chapeau à la main.

Qui prête ne recouvre, s'il recouvre, non tout ; si tout, non tel ; si tel, ennemi mortel.

Si vous voulez savoir le prix de l'argent, essayez d'en emprunter.

On ne donne rien pour rien.

Qui apporte, emporte.

Donner un œuf pour avoir un bœuf.

Avec une sardine pêcher une truite.

Ne donne jamais tout ce que tu as.

PRÉTENTIEUX

Qui se loue s'emboue.

Prendre son cul pour ses chausses.

Ressemble aux grands chiens qui veut pisser contre les murailles.

On lui boucherait le cul d'un grain de millet.

Qui trop embrasse mal étreint.

Qui veut trop prouver ne prouve rien.

PRÉVOYANCE

S'il fait beau, prends ton manteau ; s'il pleut, prends-le si tu veux.

Il faut toujours garder une poire pour la soif.

Il faut semer qui veut moissonner.

Un moineau dans la main vaut mieux qu'une grue qui vole.

PRIÈRE

La prière est la sœur tremblante de l'amour.
VICTOR HUGO

Courtes prières pénètrent les cieux.

PRINCIPES

Je ne sais ce que c'est que des principes, sinon des règles qu'on prescrit aux autres pour soi.
DIDEROT

PRINTEMPS

Amour et les fleurs ne durent qu'un printemps.
PIERRE DE RONSARD

Une hirondelle ne fait pas le printemps.

Les fleurs du printemps ne gardent pas toujours leur beauté.

Papillon blanc annonce le printemps.

PROBITÉ

Plus vous trouverez de raison dans un homme plus vous trouverez en lui de probité.
DIDEROT

PROCÈS

Misère est compagne de procès.
RABELAIS

Les Juifs se ruinent en Pâque, les Maures en noces, les chrétiens en procès.
EUGÈNE LE ROY, *Jacquou le Croquant*.

Je ne sais pas chicaner ma vie.
DUC DE MONTMORENCY (condamné à mort par Richelieu).

Mauvais accommodement vaut mieux que bon procès.

Les battus paient l'amende.

On achète toujours les procès argent comptant.

Un maigre accord est préférable à un gras procès.

PROCUREUR

La plus laide bête à voir passer, c'est un procureur portant ses sacs.
LOUIS XII

PRODIGALITÉ

Faire de l'arbre d'un pressoir le manche d'un cernoir (*Voir ce mot*).

Faire du cuir d'autrui large courroie (*Voir "Cuir"*).

Manger son blé en herbe (*Voir "Herbe"*).

PROFIT

Il faut faire suer les écus.
LOUIS XI

Le profit de l'un est le dommage de l'autre.
MONTAIGNE, *Essais*.

PROGRÈS

Les vrais hommes de progrès sont ceux qui ont pour point de départ un respect profond du passé.
ERNEST RENAN

PROJETS

Il faut toujours tâcher de former ses projets de façon que leur réussite même soit suivie de quelque avantage.
PAUL DE GONDI, CARDINAL DE RETZ, *Mémoires*.

On ne va jamais si loin que lorsqu'on ne sait pas où l'on va.

PROMENADE

Faire route à pied par un beau temps, dans un beau pays, sans être pressé, et avoir pour terme de ma course un objet agréable : voilà de toutes les manières de vivre celle qui est le plus à mon goût.
JEAN-JACQUES ROUSSEAU, *Confessions*.

PROMESSE

Il m'a dit qu'il ne faut jamais
Vendre la peau de l'ours qu'on ne l'ait mis par terre.
JEAN DE LA FONTAINE, *L'Ours et les deux Compagnons*.

Nous promettons selon nos espérances, et nous tenons selon nos craintes.
LA ROCHEFOUCAULD, *Maximes*.

Le plus lent à promettre est toujours le plus fidèle à tenir.
JEAN-JACQUES ROUSSEAU.

On promet beaucoup pour se dispenser de donner peu.
VAUVENARGUES, *Réflexions et Maximes*.

Il ne faut jamais dire : fontaine, je ne boirai pas de ton eau.

Grand prometteur, petit donneur.

Faire d'une fille deux gendres (*Voir "Fille"*).

On verra beau jeu si la corde ne rompt (*Voir "Jeu"*).

PROMOTION

Faire de pennon bannière (*Voir ce mot*).

Pisser au bénitier pour faire parler de soi.

PROPHÈTE

Nul n'est prophète en son pays.

C'est être fou que d'être sage, selon raison contre l'usage.

La chandelle qui va devant éclaire mieux que celle qui va derrière.

PROPRETÉ

La propreté embellit l'opulence et déguise la misère.
RIVAROL

Propre comme une écuelle à chat.

PROPRIÉTÉ

Tout sur cette terre appartient aux princes, hors le vent.
VICTOR HUGO, *La Légende des siècles*.

La propriété, c'est le vol.
PROUDHON

Acquérir et jouir sont deux.

Le chien se défend quand on lui ôte son os.

Charbonnier est maître chez soi.

PROSPÉRITÉ

La prospérité fait peu d'amis.
VAUVENARGUES, *Réflexions et Maximes*.

PROVERBE

Les proverbes sont les fruits de l'expérience des peuples, et comme le bon sens de tous les siècles réduit en formule.
RIVAROL

PROVIDENCE

À barque désespérée Dieu fait trouver le port.

À brebis tondue Dieu mesure le vent.

PROVOCATION

Il ne faut pas attiser le feu avec l'épée.

Il ne faut pas émouvoir les frelons.

Il ne faut pas clocher devant les boiteux.

Il ne faut pas réveiller le chat qui dort

PRUDENCE

Il y a une prudence supérieure à celle qu'on qualifie ordinairement de ce nom : l'une est la prudence de l'aigle, et l'autre, celle des taupes. La première consiste à suivre hardiment son caractère, en acceptant avec courages les désavantages et les inconvénients qu'il peut produire.
CHAMFORT, *Maximes et Pensées.*

Deux sûretés valent mieux qu'une.
JEAN DE LA FONTAINE

Un Tiens vaut, ce dit-on, mieux que deux Tu l'auras :
L'un est sûr; l'autre ne l'est pas.
JEAN DE LA FONTAINE, *Le Petit Poisson et le Pêcheur.*

La prudence et l'amour ne sont pas faits l'un pour l'autre : à mesure que l'amour croît, la prudence diminue.
LA ROCHEFOUCAULD, *Maximes.*

Avec de la prudence, on peut faire toute espèce d'imprudence.
JULES RENARD, *Journal.*

Prudence n'est que l'euphémisme de peur.
JULES RENARD, *Journal*.

La prudence n'est qu'une qualité : il ne faut pas en faire une vertu.
JULES RENARD, *Journal*.

Il faut être prudent, mais non pas timide.
VOLTAIRE

Qui dit averti, dit muni.

Hâte-toi lentement.

Qui va doucement va sainement ; qui va sainement va bien ; qui va bien va loin.

Il ne faut pas mettre le doigt entre le bois et l'écorce.

Le plus petit doit se garder de s'en prendre au plus gros.

Il ne faut pas chanter avant d'avoir pondu.

Il ne faut pas chanter le magnificat à matines.

Mieux vaut aujourd'hui un œuf que demain un bœuf.

Il ne faut pas mettre tous ses œufs dans un panier.

Il faut attendre le boiteux (*Voir ce mot*).

Ne remets pas à demain ce que tu peux faire aujourd'hui.

Les paroles s'envolent, et les écrits restent (*Voir "Écrit"*).

PUBLIC

Combien faut-il de sots pour faire un public ?
CHAMFORT, *Caractères et Anecdotes*.

PUCE

La fièvre, à ce que l'on dit, nous délivre des puces, et l'infortune, de nos amis.
PAUL-JEAN TOULET, *Les Trois Impostures*.

Qui dort bien ne sent pas les puces.

Puce en l'oreille l'homme réveille.

PUISSANCE

La puissance ne consiste pas à frapper fort ou souvent, mais à frapper juste.

HONORÉ DE BALZAC, *Physiologie du mariage*.

PUNITION

Qui pardonne aisément invite à l'offenser.

PIERRE CORNEILLE, *Cinna*.

Dieu punit l'homme de ses fautes en le laissant vivre.

XAVIER FORNERET

PYROMANE

En France, on laisse en repos ceux qui mettent le feu et on persécute ceux qui sonnent le tocsin.

CHAMFORT, *Maximes et Pensées*.

Q

QUALITÉ

Le mal que nous faisons ne nous attire pas tant de persécution et de haine que nos bonnes qualités.
LA ROCHEFOUCAULD, *Maximes*.

Ce n'est pas assez d'avoir de grandes qualités ; il faut en avoir l'économie.
LA ROCHEFOUCAULD, *Maximes*.

À bon vin point d'enseigne.

Le bon vin porte sa vente à soi.

QUENOUILLE (TOMBER DE...)

Tomber de lance en quenouille.
La lance était la plus noble de toutes les armes des gentilshommes, et la quenouille était souvent entre les mains de leurs épouses. Ce qui fit employer le mot lance pour désigner l'homme et le mot quenouille pour désigner la femme. Un territoire qui tombait de lance en quenouille signifiait qu'il passait aux mains d'une héritière, ce qui était interdit aux rois de France, selon une prétendue loi salique.

QUERELLE

Faire une querelle d'Allemand (*Voir "Allemand"*).

Tailler des croupières à quelqu'un (*Voir ce mot*).

Il ne faut pas mettre le doigt entre l'arbre et l'écorce.

Qui veut noyer son chien, l'accuse de la rage.

Chien hargneux a toujours l'oreille déchirée.

Il est permis de battre sa femme, mais il ne faut pas l'assommer.
Ce proverbe a été originairement une formule de droit. Plusieurs anciennes chartes de bourgeoisie autorisaient les maris, en certaines provinces, à battre leurs femmes, même jusqu'à effusion de sang, pourvu que ce ne fût point avec un fer émoulu, et qu'il n'y eut point de membre fracturé.

QUEUE

À la queue leu leu.
Lorsque plusieurs personnes marchent sur un seul rang, à la suite l'une de l'autre. Cette expression désigne aussi un jeu dans lequel les enfants imitaient les loups, autrefois appelés leux, qui courent après une louve en chaleur, en se reniflant mutuellement.

QUILLE

Prendre son sac et ses quilles.
Prendre les jambes à son cou.

Être reçu comme un chien dans un jeu de quilles.
Recevoir un mauvais accueil.

R

RACE

Il vaut mieux être le premier de sa race que le dernier.
Proverbe tiré de la réponse que fit Iphicrate, général athénien, à Harmodius le jeune qui lui reprochait d'être fils d'un cordonnier. "Je suis, dit-il, le premier de ma race, mais toi tu es le dernier de la tienne."

RAILLERIE

Tout homme qui raille peut avoir de l'esprit ; il veut même en avoir plus que celui qu'il plaisante. La preuve en est que, si ce dernier répond, il est déconcerté.
MONTESQUIEU

La raillerie naît d'un mépris content.
VAUVENARGUES, *Réflexions et Maximes*.

La raillerie est l'épreuve de l'amour-propre.
VAUVENARGUES, *Réflexions et Maximes*.

La raillerie ne doit point passer le jeu.

La raillerie est l'éclair de la calomnie.

Il n'est pire raillerie que la vraie.

Il faut s'abstenir de la raillerie, même quand elle plaît le plus.

RAISON

Notre raison nous rend quelquefois aussi malheureux que nos passions ; et on peut dire de l'homme, quand il est dans ce cas, que c'est un malade empoisonné par son médecin.
CHAMFORT, *Maximes et Pensées*.

La puissance de bien juger, de distinguer le vrai d'avec le faux, qui est proprement ce qu'on nomme le bon sens, ou la raison, est naturellement égale en tous les hommes.
DESCARTES, *Discours de la méthode*.

Plus vous trouverez de raison dans un homme plus vous trouverez en lui de probité.
DIDEROT

La raison est ce qui effraie le plus chez un fou.
ANATOLE FRANCE

La raison est dans l'homme le supplément universel de l'impuissance de la nature.
JOSEPH JOUBERT, *Pensées*.

Quand l'eau courbe un bâton, ma raison le redresse.
LA FONTAINE, *Un animal dans la lune*.

La parfaite raison fuit toute extrémité
Et veut que l'on soit sage avec sobriété.
MOLIÈRE

Le cœur a ses raisons que la raison ne connaît pas.
PASCAL, *Pensées*.

Deux excès : exclure la raison, n'admettre que la raison.
PASCAL, *Pensées*.

La raison du plus raisonnable est toujours la meilleure.
JULES RENARD, *Journal*

La raison : l'ordre dans les pensées choisies.
JULES RENARD, *Journal*

La raison se compose de vérités qu'il faut dire et de vérités qu'il faut taire.
RIVAROL

On ne déraisonne jamais mieux que lorsqu'on a beaucoup de raison à perdre ; comme on ne se ruine jamais mieux que lorsqu'on a beaucoup de fortune.
RIVAROL

La raison est historienne, mais les passions sont actrices.
RIVAROL

La raison fait l'homme mais c'est le sentiment qui le conduit.
JEAN-JACQUES ROUSSEAU

La raison rougit des penchants dont elle ne peut rendre compte.
VAUVENARGUES, *Réflexions et Maximes*.

La raison nous trompe plus souvent que la nature.
VAUVENARGUES, *Réflexions et Maximes*.

Le secret des moindres plaisirs de la nature passe par la raison.
VAUVENARGUES, *Réflexions et Maximes*.

Le courage a plus de ressources contre les disgrâces, que la raison.
VAUVENARGUES, *Réflexions et Maximes*.

La raison et la liberté sont incompatibles avec la faiblesse.
VAUVENARGUES, *Réflexions et Maximes*.

La fantaisie fait la loi à la raison.

RAISON (AVOIR)

Prouver que j'ai raison serait accorder que je puis avoir tort.
BEAUMARCHAIS

Les gens heureux ne se corrigent guère ; ils croient toujours avoir raison quand la fortune soutient leur mauvaise fortune.
LA ROCHEFOUCAULD, *Maximes*.

RANCUNE

Avoir une dent contre quelqu'un.

RANG

Tel brille au second rang qui s'éclipse au premier.
VOLTAIRE

RAPIDITÉ

Appelons hommes de génie ceux qui font vite ce que nous faisons lentement.
Joseph Joubert, *Pensées*.

Au fait ! est ma devise.
Voltaire

Aussitôt dit aussitôt fait.

RAT

Au paresseux laboureur les rats mangent le meilleur.

À tard se repent le rat quand par le col le tient le chat.

RATAGE

Nous sommes tous des ratés, puisque ça finit par la mort.
Georges Simenon

Quand Dieu envoie la farine, le diable enlève le sac.

Quand il pleut des omelettes, le diable enlève les assiettes.

RÉALISME

Un tiens vaut mieux que deux tu l'auras.

Un moineau dans la main vaut mieux qu'une grue qui vole.

Mieux vaut tenir que courir.

Mieux vaut un présent que deux futurs.

Mieux vaut ployer que rompre.

Il ne faut pas quitter le certain pour l'incertain.

Il ne faut pas lâcher la proie pour l'ombre.

Un homme averti en vaut deux.

RÉCIPROCITÉ

Parce que c'était lui, parce que c'était moi.
Montaigne

Il faut aimer pour être aimé.

RÉCONCILIATION

Tous les gueux se réconcilient à la gamelle.
DIDEROT

Les amitiés renouées demandent plus de soins que celles qui n'ont jamais été rompues.
LA ROCHEFOUCAULD, *Maximes*.

L'amitié rompue n'est jamais bien soudée.

L'amitié rompue ne se renoue point sans que le nœud paraisse.

RECONNAISSANCE

Le sentiment qu'on a pour la plupart des bienfaiteurs ressemble à la reconnaissance qu'on a pour les arracheurs de dents. On se dit qu'ils vous ont fait du bien, qu'ils vous ont délivré d'un mal, mais on se rappelle la douleur qu'ils vous ont causée, et on ne les aime guère avec tendresse.
CHAMFORT, *Maximes et Pensées*.

La reconnaissance a la mémoire courte.
BENJAMIN CONSTANT

On donne plus aisément des bornes à sa reconnaissance qu'à ses espérances et qu'à ses désirs.
LA ROCHEFOUCAULD, *Maximes*.

Rien n'est éternel, pas même la reconnaissance.
JULES RENARD, *Journal*

La reconnaissance s'entretient par les bienfaits.

La reconnaissance est la seule dette qu'un débiteur aime à voir s'accroître.

Un bienfait n'est jamais perdu.

On s'attache par ses bienfaits.

Devoir à Dieu une belle chandelle (*Voir ce mot*).

RÉFLEXION

Je ne me fie quasi jamais aux premières pensées qui me viennent.
DESCARTES, *Discours de la méthode*.

RÉFORME

En politique, il faut toujours laisser un os à ronger aux frondeurs.
JOSEPH JOUBERT, *Pensées.*

Plus ça change, plus c'est la même chose.
ALPHONSE KARR

Pour réformer ce qui va mal, il faut commencer par sa maison.

REGARD

Il y a une vertu dans les regards d'un grand homme.
CHATEAUBRIAND, *Voyage en Amérique.*

Celui qui disperse ses regards sur tout ne voit rien ou voit mal.
DIDEROT

Le soleil ni la mort ne peuvent se regarder fixement.
LA ROCHEFOUCAULD, *Maximes.*

RÉGIME

C'est une ennuyeuse maladie que de conserver sa santé par un trop grand régime.
LA ROCHEFOUCAULD, *Maximes.*

REGRETS

Les vrais paradis sont les paradis qu'on a perdus.
MARCEL PROUST, *À la recherche du temps perdu.*

L'an passé est toujours le meilleur.

À tard se repent le rat quand par le col le tient le chat.

Le diable devenu vieux se fait ermite.

RÉGULARITÉ

Arriver comme mars en carême.

RELIGION

La religion n'est autre chose que l'ombre portée de l'univers sur l'intelligence humaine.
VICTOR HUGO

Une religion, c'est une lunette pour voir l'étoile.
VICTOR HUGO

La religion est la poésie du cœur ; elle a des enchantements utiles à nos mœurs ; elle nous donne et le bonheur et la vertu.
JOSEPH JOUBERT, *Pensées*.

La religion défend de croire au-delà de ce qu'elle enseigne.
JOSEPH JOUBERT, *Pensées*.

La religion est un feu que l'exemple entretient, et qui s'éteint, s'il n'est communiqué.
JOSEPH JOUBERT, *Pensées*.

Il n'y a que la religion qui puisse faire supporter aux hommes les inégalités de rang, parce qu'elle console de tout.
NAPOLÉON Ier

Une société sans religion est un vaisseau sans boussole.
NAPOLÉON Ier

La religion ne devrait être, pour les pauvres, que de la gaieté.
JULES RENARD, *Journal*

Il n'y a rien de plus bassement pratique que la religion.
JULES RENARD, *Journal*

REMARIAGE

Quand la femme se remarie ayant enfants, elle leur fait un ennemi pour un parent.
GÉRARD DE NERVAL

REMORDS

Les remords meurent, comme le reste. Et il y en a dont le souvenir embaume.
HENRY DE MONTHERLANT

RENAISSANCE

Il faut dépouiller le vieil homme.

Renoncer à ses habitudes. Expression empruntée aux Saintes Écritures et au vocabulaire initiatique qui signifie qu'il faut se défaire de sa nature corrompue, se mettre l'âme à nu avant que d'endosser des habits propres de néophyte pour pénétrer dans le sanctuaire. D'où un proverbe voisin :

On ne se dépouille pas tout à fait du vieil homme.

RENARD

Il faut, pour triompher, la force du lion et la ruse du renard.

Le renard change de poil, mais non de naturel.

Renard qui dort la matinée n'a pas la langue emplumée.

RENOMMÉE

Tout s'en va comme la fumée
L'espérance et la renommée.
ALFRED DE MUSSET

Bonne renommée vaut mieux que ceinture dorée.

Mieux vaut bonne renommée que grandes richesses.

REPENTIR

Cette tristesse, que nos fautes nous causent, a un nom particulier, et s'appelle repentir.
BOSSUET

Je hais cet accidentel repentir que l'âge apporte.
MONTAIGNE, *Essais*.

Dieu fit du repentir la vertu des mortels.
VOLTAIRE

Débander l'arc ne guérit pas la plaie.

Qui se repent est presque innocent.

À tard se repent le rat quand par le col le tient le chat.

REPOS

Il n'y a pas de repos pour les peuples libres ; le repos, c'est une idée monarchique.
GEORGES CLEMENCEAU

Le repos ? Le repos, trésor si précieux
Qu'on en faisait jadis le partage des dieux !
JEAN DE LA FONTAINE

Tout le monde s'agite pour trouver enfin le repos ; mais il y a des hommes si paresseux qu'ils mettent le but au début.
RIVAROL

REPRÉSAILLES

Qui sème épines n'aille déchaussé.

RÉPUBLIQUE

La République, en France, a ceci de particulier que personne n'en veut et que tout le monde y tient.
GOBINEAU

La république est une anarchie positive.
PROUDHON

RESPECT

On respecte un homme qui se respecte lui-même.
BALZAC

L'importance sans mérite obtient des égards sans estime.
CHAMFORT, *Maximes et Pensées*.

Nous respectons malgré nous ceux que nous voyons respectés.
JOSEPH JOUBERT, *Pensées*.

Être capable de respect est aujourd'hui presque aussi rare qu'en être digne.
JOSEPH JOUBERT, *Pensées*.

Tenez-vous loin de moi, pour que je puisse vous respecter.
JULES RENARD, *Journal*

RÉSIGNATION

À dure enclume, marteau de plume (*Voir "Enclume"*).

RESSEMBLANCE

Ceux qui se ressemblent s'assemblent.

RETARD

Je suis venu trop tard dans un monde trop vieux.
ALFRED DE MUSSET

RETRAIT (SE TENIR EN)

Dans la tempête adore l'écho.

La foudre épargne ceux qui dorment.

L'hirondelle qui est dans son nid voit d'un œil tranquille les batailles des vautours.

RETARDATAIRE

Quand la fille est mariée, viennent des gendres.

RÉUSSITE

On croit communément que l'art de plaire est un grand moyen de faire fortune : savoir s'ennuyer est un art qui réussit bien davantage. Le talent de faire fortune, comme celui de réussir auprès des femmes, se réduit presque à cet art-là.
CHAMFORT, *Maximes et Pensées*.

Il faut toujours tâcher de former ses projets de façon que leur réussite même soit suivie de quelque avantage.
PAUL DE GONDI, CARDINAL DE RETZ, *Mémoires*.

J'ai toujours cru que pour réussir dans le monde, il fallait avoir l'air fou et être sage.
MONTESQUIEU

Pour réussir dans le monde, retenez bien ces trois maximes : voir, c'est savoir ; vouloir, c'est pouvoir ; oser, c'est avoir.
ALFRED DE MUSSET

L'art d'être tantôt très audacieux et tantôt très prudent est l'art de réussir.
NAPOLÉON Ier

Quand on a le droit de se tromper impunément, on est toujours sûr de réussir.
ERNEST RENAN

Le plus souvent on réussit non par ce qu'on fait, mais par ce qu'on ne fait pas.
JULES TELLIER

Les hommes ont de grandes prétentions et de petits projets.
VAUVENARGUES, *Réflexions et Maximes.*

Les grands hommes entreprennent les grandes choses, parce qu'elles sont grandes; et les fous, parce qu'ils les croient faciles.
VAUVENARGUES, *Réflexions et Maximes.*

Qui s'enrichit en six mois se fait pendre au bout d'un an.

Grand bien ne vient pas en peu d'heures.

On ne va jamais si loin que lorsqu'on ne sait pas où l'on va.

Qui veut vaincre doit savoir souffrir.

Pour réussir il faut crever l'œil du diable (*Voir ce mot*).

Réussir mieux en pain qu'en farine (*Voir ce mot*).

RÊVE

Le rêve est l'aquarium de la nuit.
VICTOR HUGO, *Les Travailleurs de la mer.*

On ne rêve que lorsqu'on dort.
LAUTRÉAMONT, *Poésies.*

Rêve de grandes choses, cela te permettra d'en faire au moins de toutes petites.
JULES RENARD, *Journal*

Le rêve, c'est le luxe de la pensée.
JULES RENARD, *Journal*

L'idéal : un rêve précis.
JULES RENARD, *Journal*

RÉVOLUTION

Une révolution est toujours inaugurée par des naïfs, poursuivie par des intrigants, consommée par des scélérats.
PAUL BOURGET

Toute révolution qui n'est pas accomplie dans les mœurs et dans les idées échoue.
CHATEAUBRIAND

Il ne peut y avoir révolution que là où il y a conscience.
JEAN JAURÈS

Ce ne sont point les hommes qui mènent la révolution, c'est la révolution qui emploie les hommes.
JOSEPH DE MAISTRE

Dans les révolutions, il y a deux sortes de gens : ceux qui les font et ceux qui en profitent.
NAPOLÉON Ier

Ceux qui font des révolutions à moitié n'ont fait que se creuser un tombeau.
SAINT-JUST

RICHESSE

La possession des richesses a des filets invisibles où le cœur se prend insensiblement.
BOSSUET, *Sermons*.

Le plus riche des hommes, c'est l'économe. Le plus pauvre, c'est l'avare.
CHAMFORT, *Maximes et Pensées*.

Qui aura le profit aura l'honneur.
PHILIPPE DE COMMYNES

Quoiqu'on fasse, on ne peut se déshonorer quand on est riche.
DIDEROT

Les gens du monde emploient mieux leurs loisirs que leur temps ; les pauvres n'ont pas de loisirs.
RIVAROL

On se lasse d'être un héros et on ne se lasse pas d'être riche.
FONTENELLE

Il y a des vertus qu'on ne peut exercer que quand on est riche.
RIVAROL

Ce n'est pas tant d'être riche qui fait le bonheur, c'est de le devenir.
STENDHAL

Il n'est pas vrai que les hommes soient meilleurs dans la pauvreté que dans la richesse.
VAUVENARGUES, *Réflexions et Maximes.*

La prospérité fait peu d'amis.
VAUVENARGUES, *Réflexions et Maximes.*

La profusion avilit ceux qu'elle n'illustre pas.
VAUVENARGUES, *Réflexions et Maximes.*

Du riche prospère et opulent, chacun est cousin ou parent.

Abondance de biens ne nuit pas.

L'homme riche ne sait qui est son ami.

Le riche ignore les pauvres.

Les paresseux ne sont jamais riches.

Si l'habit du pauvre a des trous, celui du riche a des taches.

La rivière ne grossit pas sans être trouble.

C'est une grande richesse que de se contenter de ce qu'on a.

RIDICULE

On n'imagine pas combien il faut d'esprit pour n'être jamais ridicule.
CHAMFORT, *Maximes et Pensées.*

Le plus dangereux ridicule des vieilles personnes qui ont été aimables, c'est d'oublier qu'elles ne le sont plus.
LA ROCHEFOUCAULD, *Maximes.*

Le ridicule n'existe pas : ceux qui osèrent le braver en face conquirent le monde.
OCTAVE MIRBEAU

Le ridicule déshonore plus que le déshonneur.
LA ROCHEFOUCAULD, *Maximes*.

Du sublime au ridicule, il n'y a qu'un pas.
NAPOLÉON Ier

RIRE

La plus perdue de toutes les journées est celle où l'on n'a pas ri.
CHAMFORT, *Maximes et Pensées*.

Il faut rire avant d'être heureux, de peur de mourir sans avoir ri.
LA BRUYÈRE, *Les Caractères*.

Riez, mais pleurez, en même temps.
LAUTRÉAMONT

La honte de pleurer donne l'effronterie de rire.
JULES RENARD, *Journal*

Le banal ne fait pas rire.
JULES RENARD, *Journal*

Au rire on connaît le fou.

Le rire est la trompette de la folie.

Trop rire fait pleurer.

Celui qui rit toujours trompe souvent.

Tel qui rit vendredi dimanche pleurera.

Rira bien qui rira le dernier.

RISQUE

Plus le péril est grand, plus doux en est le fruit.
PIERRE CORNEILLE, *Cinna*.

Qui n'a rien ne risque rien.

RIVAL

Ou vous avez un rival, ou vous n'en avez pas. Si vous en avez un, il faut plaire pour lui être préféré; si vous n'en avez pas, il faut encore plaire pour éviter d'en avoir.
CHODERLOS DE LACLOS

J'embrasse mon rival, mais c'est pour l'étouffer.
JEAN RACINE, *Britannicus*.

RIVIÈRE

La rivière ne grossit pas sans être trouble.

Toutes les rivières retournent à la mer.

Les petits ruisseaux font les grandes rivières.

ROI

Bon roi, roi avare.
LOUIS XII

Si veut le roi, si veut la loi !
SUGER (chancelier de Louis VI)

Toute justice émane du roi.

Un roi, une foi, une loi.

Travailler pour le roi de Prusse.
Travailler sans recevoir un salaire. Frédéric-Guillaume Ier, roi de Prusse, ne songea, selon Voltaire, dans tout son règne, qu'à amasser de l'argent ; jamais sujets ne furent plus pauvres que les siens. Il avait acheté à vil prix une partie des terres de sa noblesse, laquelle avait mangé bien vite le peu d'argent qu'elle en avait tiré, et la moitié de cet argent était rentrée dans les coffres du roi par les impôts sur la consommation.

ROSE

Le bouton devient rose, et la rose gratte-cul.

Il n'y a point de roses sans épines.

Mai sans rose rend l'âme morose.

ROSEAU

L'homme n'est qu'un roseau, le plus faible de la nature, mais c'est un roseau pensant.
PASCAL, *Pensées*.

ROUTINE

À chemin battu il ne croît point d'herbe.

L'habitude est une seconde nature.

RUINE

La ruine du prochain plaît aux amis et aux ennemis.
LA ROCHEFOUCAULD, *Maximes*.

Les longues prospérités s'écoulent quelquefois en un moment, comme les chaleurs d'été sont emportées par un jour d'orage.
VAUVENARGUES, *Réflexions et Maximes*.

L'homme ne peut perdre ce qu'il n'a pas.

Qui veut s'enrichir dans un an se fait prendre dans six mois.

RUMEURS

Toutes les fois qu'il tonne, la foudre ne tombe pas.

Il n'y a point de fumée sans feu.

RUPTURE

On a bien de la peine à rompre, quand on ne s'aime plus.
LA ROCHEFOUCAULD, *Maximes*.

Aimer moins, ou ne plus aimer, c'est tout de même.
PAUL-JEAN TOULET,

De forte couture forte déchirure.

Loin des yeux loin du cœur.

Les tisons relevés chassent les galants (*Voir "Tison"*).

RUSE

Faire le bon apôtre (*Voir ce mot*).

Entendre le jar (*Voir ce mot*).

Mieux vaut ruse que force.

S

SAC

L'affaire est dans le sac.

Tout est préparé pour que l'affaire réussisse, on peut la regarder comme terminée. Allusion au sac dans lequel on renfermait autrefois les pièces d'une procédure.

SAFRAN

Être réduit au safran.

Expression usitée autrefois pour marquer l'insolvabilité d'un débiteur, et fondée sur l'usage où l'on était de peindre en jaune le devant de la maison d'un banqueroutier, ou d'une personne convaincue de félonie.

SAGE

On a souvent honoré du titre de sage ceux qui n'ont eu d'autre mérite que de contredire leurs contemporains.

D'ALEMBERT

La raison fait des philosophes et la gloire fait des héros ; la seule vertu fait des sages.

VAUVENARGUES, *Réflexions et Maximes*.

Il vaut mieux être fou avec tous que sage tout seul.

Les fous sont plus utiles aux sages que les sages aux fous.

Les sages vont chercher de la lumière, et les fous leur en donnent.

Fou qui se tait passe pour sage.

Est sage celui qui redoute le fou.

SAGESSE

La nature a voulu que les illusions fussent pour les sages comme pour les fous, afin que les premiers ne fussent pas trop malheureux par leur propre sagesse.
CHAMFORT, *Maximes et Pensées*.

Il y a plus de fous que de sages, et dans le sage même, il y a plus de folie que de sagesse.
CHAMFORT, *Maximes et Pensées*.

La sagesse est la force des faibles.
JOSEPH JOUBERT, *Pensées*.

La sagesse est le commencement du beau.
JOSEPH JOUBERT, *Pensées*.

La constance des sages n'est que l'art de renfermer leur agitation dans le cœur.
LA ROCHEFOUCAULD, *Maximes*.

C'est une grande folie de vouloir être sage tout seul.
LA ROCHEFOUCAULD, *Maximes*.

Il faut peu de choses pour rendre le sage heureux ; rien ne peut rendre un fol content ; c'est pourquoi presque tous les hommes sont misérables.
LA ROCHEFOUCAULD, *Maximes*.

La sagesse est à l'âme ce que la santé est pour le corps.
LA ROCHEFOUCAULD, *Maximes*.

Qui vit sans folie n'est pas si sage qu'il croit.
LA ROCHEFOUCAULD, *Maximes*.

Il est plus aisé d'être sage pour les autres que de l'être pour soi-même.
LA ROCHEFOUCAULD, *Maximes*.

La sagesse est le tyran des faibles.
VAUVENARGUES, *Réflexions et Maximes*.

Les plus sages le sont dans les choses indifférentes, mais ils ne le sont presque jamais dans leurs plus sérieuses affaires.
LA ROCHEFOUCAULD, *Maximes*.

L'une des plus grandes sagesses en l'art militaire, c'est de ne pousser son ennemi au désespoir.
MONTAIGNE, *Essais*.

On ne reçoit pas la sagesse, il faut la découvrir soi-même, après un trajet que personne ne peut faire pour nous, ne peut nous épargner.
MARCEL PROUST, *À la recherche du temps perdu*.

La sagesse nous est donnée principalement pour ménager nos plaisirs.
SAINT-ÉVREMOND

L'adversité rend sage.

Mémoire et usage rendent l'homme sage.

Les ans ont beaucoup plus vu, que les livres n'en ont connu.

Sagesse vaut mieux que force.

Écoute le premier, parle le dernier.

Sagesse et gentillesse ne font pas bouillir la marmite.

Il vaut mieux être mûrier qu'amandier. (*Voir "Amandier"*)

Sous le chapeau d'un paysan est le conseil d'un prince.

La sagesse d'un homme se connaît par sa patience.

SAINT

À chaque saint sa chandelle.

À petit saint petite offrande.

Comme on connaît ses saints on les honore.

Quand Dieu ne veut, le saint ne peut.

Ne plus savoir à quel saint se vouer.

Il vaut mieux s'adresser au bon Dieu qu'à ses saints.

SAINTS ET MALADIES

Heurter à la boutique de saint Cosme : avoir besoin d'un médecin.
Être dans les prisons de saint Crespin : être chaussé à l'étroit.
Mal de saint Fiacre : hémorroïdes.
Mal de saint Genou : goutte.
Mal de saint Gilles : cancer.
Mal de saint Martin : ivresse.
Colique de saint Mathurin : folie.
Mal de saint Maur : goutte.
Rire de saint Médard : mauvaise mine.
Mal de saint Médard ou mal de saint Quentin : emprisonnement.
Mal de saint Zacharie : mutisme.
Mal de saint Tranquillin : paresse.

SALAIRE

L'espoir de gain diminue la peine.

L'argent qu'on gagne sent toujours bon.

Toute peine mérite salaire.

Il faut que le prêtre vive de l'autel.
On donnait autrefois le nom d'église aux revenus fixes du clergé, et le nom d'autel aux offrandes des fidèles, parce que ces offrandes étaient déposées sur l'autel. Le premier lot appartenait à des feudataires ecclésiastiques, et le second à des vicaires. Des évêques prétendirent être maîtres de l'autel aussi bien que de l'église et cet acte de cupidité peu évangélique fit naître le proverbe.

SALUT

Le salut des vaincus est de n'en plus attendre.
Marquis de Racan

SANTÉ

La meilleure santé, c'est de ne pas sentir sa santé.
Jules Renard, *Journal*

Il faut entretenir la vigueur du corps pour conserver celle de l'esprit.
Vauvenargues, *Réflexions et Maximes*.

Mieux vaut deux pieds que trois échasses.

Qui n'a santé n'a rien ; qui a santé a tout.

Mal sur mal n'est pas santé.

SATISFACTION

Quand on n'a pas ce que l'on aime, il faut aimer ce que l'on a.
BUSSY-RABUTIN (attribué aussi à Thomas Corneille)

Contentement passe richesse.
MOLIÈRE, *le Médecin malgré lui*.

SAULE

Dure l'hiver jusqu'à ce que fleurisse le saule.

SAVANT

Un savant, c'est un homme qui est à peu près certain.
JULES RENARD, *Journal*

Le savant généralise, l'artiste individualise.
JULES RENARD, *Journal*

Ce n'est pas la science qui est irréligieuse : ce sont les savants.
PAUL-JEAN TOULET

SAVOIR

Ce que j'ai appris, je ne le sais plus. Le peu que je sais encore, je l'ai deviné.
CHAMFORT, *Maximes et Pensées*.

Savoir ce que tout le monde sait, c'est ne rien savoir.
RÉMY DE GOURMONT

Puisqu'on ne peut être universel et savoir tout ce qu'on peut savoir sur tout, il faut savoir un peu de tout. Car il est bien plus beau de savoir quelque chose de tout que de savoir tout d'une chose ; cette universalité est la plus belle.
PASCAL, *Pensées*.

Le bon sens dispense de savoir.
JULES RENARD, *Journal*

Généralement, les gens qui savent peu parlent beaucoup, et les gens qui savent beaucoup parlent peu.
JEAN-JACQUES ROUSSEAU, *Émile*.

Il y a trois savoirs : le savoir proprement dit, le savoir-faire, et puis le savoir-vivre : les deux derniers dispensent bien souvent du premier.
TALLEYRAND

Il ne faut point juger les hommes par ce qu'ils ignorent, mais par ce qu'ils savent, et par la manière dont ils le savent.
VAUVENARGUES, *Réflexions et Maximes*.

Il nous est plus facile de nous teindre d'une infinité de connaissances, que d'en bien posséder un petit nombre.
VAUVENARGUES, *Réflexions et Maximes*.

SAVOIR-FAIRE

Quand chacun se mêle de son métier, les vaches en seront mieux gardées.

Bon écorcheur choisit la peau.

L'emploi fait connaître un homme.

À l'œuvre on connaît l'ouvrier.

Au pied du mur on voit le maçon.

SCIENCE

La seule vraie science est la connaissance des faits.
BUFFON, *Histoire naturelle*

On doit refuser la science à ceux qui n'ont pas de vertu.
JOSEPH JOUBERT, *Pensées*.

La science n'a pas de patrie.
LOUIS PASTEUR

La science a fait de nous des dieux avant que nous fussions devenus des dieux.
JEAN ROSTAND

SÉCHERESSE

Année de sécheresse a toujours fait richesse.

Après grande sécheresse, grande pluie.

SECRET

Ce qui se fait de nuit paraît au grand jour.

Pour savoir le secret d'un maître, il faut faire parler les valets.

Il n'est point de secret que le temps ne révèle.

Secret de deux, secret de Dieu, secret de trois, secret de tous.

Ce qui se fait de nuit paraît au grand jour (*Voir ce mot*).

Pour savoir le secret d'un maître, il faut langueyer les valets (*Voir "Langueyer"*).

SÉDUCTION

La séduction suprême n'est pas d'exprimer ses sentiments, c'est de les faire soupçonner.
BARBEY D'AUREVILLY

On croit communément que l'art de plaire est un grand moyen de faire fortune : savoir s'ennuyer est un art qui réussit bien davantage. Le talent de faire fortune, comme celui de réussir auprès des femmes, se réduit presque à cet art-là.
CHAMFORT, *Maximes et Pensées*.

Pour obtenir une femme qui le veut bien, il faut la traiter comme si elle ne nous voulait pas.
BEAUMARCHAIS

Quand on veut plaire dans le monde, il faut se résoudre à apprendre beaucoup de choses qu'on sait par des gens qui les ignorent.
CHAMFORT, *Maximes et Pensées*.

Il vaut mieux faire rougir une femme que la faire rire.
ALPHONSE KARR

Le plus dangereux ridicule des vieilles personnes qui ont été aimables, c'est d'oublier qu'elles ne le sont plus.
LA ROCHEFOUCAULD, *Maximes*.

On ne plaît pas longtemps quand on n'a que d'une sorte d'esprit.
La Rochefoucauld, *Maximes*.

La plupart des femmes se rendent plutôt par faiblesse que par passion; de là vient que pour l'ordinaire les hommes entreprenants réussissent mieux que les autres, quoiqu'ils ne soient pas plus aimables.
La Rochefoucauld, *Maximes*.

Celui qui sait attendrir sait tout.
Alphonse de Lamartine

Le désir de plaire naît chez les femmes avant le besoin d'aimer.
Ninon de Lenclos

L'art de plaire est l'art de tromper.
Vauvenargues, *Réflexions et Maximes*.

Si vous voulez plaire aux femmes, dites-leur ce que vous ne voudriez pas qu'on dît à la vôtre.
Jules Renard, *Journal*

On corrompt la fille innocente avec des propos libres, et l'amour délicat séduit la femme galante : fruit nouveau pour l'une et l'autre.
Rivarol

Ceux qui ne sont plus en état de plaire aux femmes s'en corrigent.
Vauvenargues, *Réflexions et Maximes*.

Qui est aimé des femmes a beau chemin.

SEIGNEUR

En l'absence du seigneur se connaît le serviteur.

Tant vaut le seigneur tant vaut la maison.

SEMAILLES

Qui sème bon grain recueille bon pain.

Qui sème le vent récolte la tempête.

Qui sème dru récolte menu, qui sème menu récolte dru.

L'on ne doit pas semer toute la semence en un champ.

Bonne semence fait bon grain, et bons arbres portent beaux fruits.

SENSATION

La manière la plus profonde de sentir quelque chose est d'en souffrir.
GUSTAVE FLAUBERT

SENTIMENT

En fait de sentiments, ce qui peut être évalué n'a pas de valeur.
CHAMFORT, *Maximes et Pensées*.

Si c'est la raison qui fait l'homme, c'est le sentiment qui le conduit.
JEAN-JACQUES ROUSSEAU, *La Nouvelle Héloïse*.

SEPTEMBRE

Septembre se nomme le mai de l'automne.

En septembre se coupe ce qui pend.

En septembre quand il tonne la vendange est bonne.

SÉRÉNITÉ

La lune n'a rien à craindre des loups.

Qui dort bien ne sent pas les puces.

SERVICE

Les hommes ne s'attachent point à nous en raison des services que nous leur rendons, mais en raison de ceux qu'ils nous rendent.
EUGÈNE LABICHE, *Le Voyage de M. Perrichon*.

SERVITUDE

Servir ! C'est la devise de ceux qui aiment commander.
JEAN GIRAUDOUX

La guerre n'est pas si onéreuse que la servitude.
VAUVENARGUES, *Réflexions et Maximes*.

La servitude abaisse les hommes jusqu'à s'en faire aimer.
VAUVENARGUES, *Réflexions et Maximes*.

N'est pas libre celui qui sert autrui.

SÉVÉRITÉ

Qui pardonne aisément invite à l'offenser.
PIERRE CORNEILLE, *Cinna*.

D'ordinaire ceux qui gouvernent les enfants ne leur pardonnent rien, et se pardonnent tout à eux-mêmes.
FÉNELON

L'éducation doit être tendre et sévère et non pas froide et molle.
JOSEPH JOUBERT, *Pensées*.

Quand on applique la sévérité où il ne faut pas, on ne sait plus l'appliquer où il faut.
JOSEPH JOUBERT, *Pensées*.

Qui aime bien châtie bien.

La charge dompte la bête.

À dur âne (ou à pesant bœuf) dur aiguillon,

Est mal battu qui n'ose pleurer.

SIGNATURE

À l'ongle on connaît le lion.

SILENCE

On souhaite la paresse d'un méchant et le silence d'un sot.
CHAMFORT, *Maximes et Pensées*.

Le silence est le parti le plus sûr de celui qui se défie de soi-même.
LA ROCHEFOUCAULD, *Maximes*.

Le silence des peuples est la leçon des rois.
MIRABEAU

Le silence est la plus grande persécution ; jamais les saints ne se sont tus.
PASCAL

Le silence n'a jamais trahi personne.
RIVAROL

Seul le silence est grand, tout le reste est faiblesse.
ALFRED DE VIGNY

SIMULATION

Fièvre de renard qui se guérit en mangeant une poule.

SINCÉRITÉ

Les hommes sont toujours sincères. Ils changent de sincérité, voilà tout !
TRISTAN BERNARD

Les personnes faibles ne peuvent être sincères.
LA ROCHEFOUCAULD, *Maximes*.

Nous n'avouons jamais nos défauts que par vanité.
LA ROCHEFOUCAULD, *Maximes*.

Nous gagnerions plus de nous laisser voir
tels que nous sommes, que d'essayer de paraître
ce que nous ne sommes pas.
LA ROCHEFOUCAULD, *Maximes*.

En mettre la main au feu.
Formule dont l'origine se rattache au jugement de Dieu par le feu, qu'on employait au Moyen Âge pour constater la vérité d'un fait dans les cas douteux. L'accusé était obligé de saisir avec la main droite une barre de fer bénite qu'il devait porter à une distance de neuf à douze pas, ou bien plonger cette main dans un gantelet de fer également bénit qui sortait de la fournaise. La main était ensuite enveloppée d'un linge sur lequel les juges apposaient leurs sceaux ; s'il n'y avait pas de trace de brûlure trois jours après, c'était une preuve d'innocence.

SINGE

Le singe : un homme qui n'a pas réussi.
JULES RENARD, *Journal*

Le singe est toujours singe, fût-il déguisé en prince.

Plus le singe s'élève, plus il montre son cul pelé.

La pomme est pour le vieux singe.

SOBRIÉTÉ

Il y a dans la sobriété de la propreté et de l'élégance.
JOSEPH JOUBERT, *Pensées*.

La sobriété est l'amour de la santé, ou l'impuissance de manger beaucoup.
LA ROCHEFOUCAULD, *Maximes*.

C'est le jeûne qui fait le saint, et la sobriété, l'homme de bon sens.
JULES RENARD, *Journal*

SOCIABILITÉ

L'homme est un animal sociable qui déteste ses semblables.
EUGÈNE DELACROIX

SOCIÉTÉ

La meilleure philosophie, relativement au monde, est d'allier, à son égard, le sarcasme de la gaieté avec l'indulgence du mépris.
CHAMFORT, *Maximes et Pensées*.

En apprenant à connaître les maux de la nature, on méprise la mort; en apprenant à connaître ceux de la société, on méprise la vie.
CHAMFORT, *Maximes et Pensées*.

On ne peut vivre dans la société après l'âge des passions. Elle n'est tolérable que dans l'époque où l'on se sert de son estomac pour s'amuser, et de sa personne pour tuer le temps.
CHAMFORT, *Maximes et Pensées*.

Les gens du monde ne sont pas plutôt attroupés, qu'ils se croient en société.
CHAMFORT, *Maximes et Pensées*.

La société est composée de deux grandes classes : ceux qui ont plus de dîners que d'appétit, et ceux qui ont plus d'appétit que de dîners.
CHAMFORT, *Maximes et Pensées*.

Amitié de cour, foi de renards, et société de loups.
CHAMFORT, *Maximes et Pensées*.

La dépendance est née de la société.
VAUVENARGUES, *Réflexions et Maximes*.

SOIF

Courez tous après le chien, jamais il ne vous mordra ; buvez toujours avant la soif, et jamais elle ne vous adviendra.
François Rabelais, *Gargantua*

L'appétit vient en mangeant, la soif s'en va en buvant.
Le manger fait réveiller le boire.

SOINS

Aux grands maux les grands remèdes.

Il faut avaler les pilules sans les mâcher.

Le mal que l'on soigne est moins grave.

Le mal ne se soulage pas par pleurs, par cris et par "hélas".

L'affliction ne guérit pas le mal.

Il y a un remède à tout, hors la mort.

SOLDAT

Les vilains s'entre-tuent et les seigneurs s'embrassent.

Homme mort ne fait pas la guerre.

SOLEIL

Quand le soleil se couche avec son chapeau, il se lève avec son manteau.

Le soleil luit pour tout le monde.

Le soleil est pour le brin d'herbe comme pour le cèdre.

SOLIDARITÉ

Les hommes prennent le parti d'aimer ceux qu'ils craignent afin d'en être protégés.
Joseph Joubert, *Pensées*.

Il est des malheurs comme des vices dont on rougit d'autant moins qu'on les partage avec plus de monde.
Rivarol

Qui loue saint Pierre ne blâme saint Paul.

SOLITUDE

Plus on approche de Dieu, plus on est seul. C'est l'infini de la solitude.
LÉON BLOY

Tout notre mal vient de ne pouvoir être seuls : de là le jeu, le luxe, la dissipation, le vin, les femmes, l'ignorance, la médisance, l'envie, l'oubli de soi-même et de Dieu.
LA BRUYÈRE, *Les Caractères.*

L'aigle marche toujours seul, le dindon fait troupe.
MARAT

L'être moral de chacun de nous reste éternellement seul par la vie.
GUY DE MAUPASSANT, *Une Vie.*

Si tu crains la solitude, n'essaie pas d'être juste.
JULES RENARD, *Journal*

On peut tout acquérir dans la solitude, hormis du caractère.
STENDHAL, *De l'amour.*

Bienheureux les sots. Ils ne s'aperçoivent pas de leur solitude.
PAUL-JEAN TOULET

La solitude est à l'esprit ce que la diète est au corps, mortelle lorsqu'elle est trop longue, quoique nécessaire.
VAUVENARGUES, *Réflexions et Maximes.*

Quand on est seul, on devient nécessaire.

SOMMEIL

Vivre est une maladie dont le sommeil nous soulage toutes les seize heures. C'est un palliatif. La mort est le remède.
CHAMFORT, *Maximes et Pensées.*

Le sommeil est la halle aux souvenirs. Il favorise leur retour.
JULES RENARD, *Journal*

Ronfler, c'est dormir tout haut.
JULES RENARD, *Journal*

Il faut dormir comme un lion, sans fermer les yeux.
CARDINAL DE RICHELIEU

Qui dort dîne.

Qui dort bien ne sent pas les puces.

SONGE

Tous songes sont mensonges.

SOT

Un sot trouve toujours un plus sot qui l'admire.
BOILEAU

On souhaite la paresse d'un méchant et le silence d'un sot.
CHAMFORT, *Maximes et Pensées.*

Un sot qui a un moment d'esprit étonne et scandalise, comme des chevaux de fiacre au galop.
CHAMFORT, *Maximes et Pensées.*

Rien n'est plus humiliant comme de voir les sots réussir dans les entreprises où l'on échoue.
GUSTAVE FLAUBERT

Un homme qui ne montre aucun défaut est un sot ou un hypocrite dont il faut se méfier.
JOSEPH JOUBERT, *Pensées.*

Un sot ni n'entre, ni ne sort, ni ne s'assied, ni ne se lève, ni ne se tait, ni n'est sur ses jambes, comme un homme d'esprit.
LA BRUYÈRE, *Les Caractères*

Un homme d'esprit serait souvent bien embarrassé sans la compagnie des sots.
LA ROCHEFOUCAULD, *Maximes.*

Un sot n'a pas assez d'étoffe pour être bon.
LA ROCHEFOUCAULD, *Maximes.*

Il n'y a point de sots si incommodes que ceux qui ont de l'esprit.
LA ROCHEFOUCAULD, *Maximes.*

On est quelquefois un sot avec de l'esprit, mais on ne l'est jamais avec du jugement.
LA ROCHEFOUCAULD, *Maximes.*

La raison pour laquelle les sots réussissent toujours dans leurs entreprises, c'est que, ne sachant pas et ne voyant pas quand ils sont impétueux, ils ne s'arrêtent jamais.
MONTESQUIEU

Un sot n'a pas assez d'étoffe pour être bon.
LA ROCHEFOUCAULD, *Maximes*.

Les sots devraient avoir pour les gens d'esprit une méfiance égale au mépris que ceux-ci ont pour eux.
RIVAROL

Bienheureux les sots. Ils ne s'aperçoivent pas de leur solitude.
PAUL-JEAN TOULET, *Les Trois Impostures*.

Le sot qui a beaucoup de mémoire est plein de pensées et de faits ; mais il ne sait pas en conclure : tout tient à cela.
VAUVENARGUES, *Réflexions et Maximes*.

Les sots ne comprennent pas les gens d'esprit.
VAUVENARGUES, *Réflexions et Maximes*.

Personne ne se croit propre, comme un sot, à duper les gens d'esprit.
VAUVENARGUES, *Réflexions et Maximes*.

Le sot est comme le peuple, qui se croit riche de peu.
VAUVENARGUES, *Réflexions et Maximes*.

Un sot ne fait point d'hérésie.

Pour être heureux il faut être roi ou sot.

Dieu seul devine les sots.

D'un busard on ne fait un épervier.

Le sot est semblable à un panier percé.

Sot comme un panier.
Allusion au sobriquet de panier percé qu'on applique non seulement à un prodigue, mais à un homme sans mémoire, incapable de rien retenir de ce qu'on lui apprend.

SOTTISE

Il y a des sottises bien habillées comme il y a des sots très bien vêtus.
CHAMFORT, *Maximes et Pensées*.

L'opinion est reine du monde, parce que la sottise est la reine des sots.
CHAMFORT, *Maximes et Pensées*.

Il faut savoir faire les sottises que nous demande notre caractère.
CHAMFORT, *Maximes et Pensées*.

La plupart des folies ne viennent que de sottise.
CHAMFORT, *Maximes et Pensées*.

À mesure que la philosophie fait des progrès, la sottise redouble ses efforts pour établir l'empire des préjugés.
CHAMFORT, *Maximes et Pensées*.

Il ne faut jamais faire que les sottises qui nous plaisent.
PROSPER MÉRIMÉE

Hélas ! on voit que de tout temps
Les petits ont pâti des sottises des grands.
Jean de La Fontaine, Les Deux Taureaux et la Grenouille.

Quand on court après l'esprit, on attrape la sottise.
Montesquieu

SOUFFRANCE

La manière la plus profonde de sentir quelque chose est d'en souffrir.
GUSTAVE FLAUBERT

Qui craint de souffrir, il souffre déjà de ce qu'il craint.
MONTAIGNE, *Essais*.

Qui sait souffrir peut tout oser.
VAUVENARGUES, *Réflexions et Maximes*.

J'aime la majesté des souffrances humaines.
ALFRED DE VIGNY

SOUMISSION

La soumission désarme la colère.

La réponse douce apaise la colère.

Se laisser manger la laine sur le dos.

Baisser la lance devant quelqu'un (*Voir "Lance"*).

SOUPLESSE

Je plie et ne romps pas.
JEAN DE LA FONTAINE, *Le Chêne et le Roseau*.

SOURIRE

Plus le visage est sérieux, plus le sourire est beau.
CHATEAUBRIAND

Le sourire, arc-en-ciel des larmes.
JULES RENARD, *Journal*

Le sourire est le commencement de la grimace.
JULES RENARD, *Journal*

On ne doit pas accorder sa confiance à quelqu'un qui ne sourit jamais.
HENRY DE MONTHERLANT

SOURIS

Jamais ne fut ni sera qu'une souris fasse son nid en l'oreille d'un chat.

La souris qui n'a qu'un trou est bientôt prise.

SOURNOISERIE

Les gens sans bruit sont dangereux :
Il n'en est pas ainsi des autres.
JEAN DE LA FONTAINE, *Le Torrent et la Rivière*.

SOUVENIRS

Il faut laisser le passé dans l'oubli et l'avenir à la Providence.
BOSSUET

On n'invente qu'avec le souvenir.
ALPHONSE KARR

SPOLIATION

D'où vient l'agneau, là retourne la peau.

Ce qui vient de la flûte s'en retourne au tambour.

SPONTANÉITÉ

Méfiez-vous du premier mouvement, il est toujours généreux.
TALLEYRAND

STRATÉGIE

L'une des plus belles sagesses en l'art militaire, c'est de ne pousser son ennemi au désespoir.
MONTAIGNE, *Essais*.

Mieux vaut pays pillé que terre perdue.
BERTRAND DU GUESCLIN, connétable de France.

STYLE

Caressez longuement votre phrase, et elle finira par sourire.
ANATOLE FRANCE

Le style est comme le cristal ; sa pureté fait son éclat.
VICTOR HUGO

Le style, c'est l'oubli de tous les styles.
JULES RENARD, *Journal*

Le style, c'est le mot qu'il faut. Le reste importe peu.
JULES RENARD, *Journal*

À l'ongle on connaît le lion.

SUBLIME

Du sublime au ridicule il n'y a qu'un pas.
NAPOLÉON Ier

SUCCÈS

Les succès produisent les succès, comme l'argent produit l'argent.
CHAMFORT, *Maximes et Pensées.*

Le succès fut toujours un enfant de l'audace.
CRÉBILLON PÈRE

Le danger du succès, c'est qu'il nous fait oublier l'effroyable injustice du monde.
JULES RENARD, *Journal*

Les espérances les plus ridicules et les plus hardies ont été quelquefois la cause des succès extraordinaires.
VAUVENARGUES, *Réflexions et Maximes.*

SUCCESSION

Mettre les clefs sur la fosse (*Voir "Clef"*).

Un clou chasse l'autre.

SUFFISANCE

C'est la profonde ignorance qui inspire le ton dogmatique.
LA BRUYÈRE, *Les Caractères.*

Qui est large de la bouche est étroit de la main.

Qui n'a suffisance n'a rien.

Fier comme Artaban.

Fier comme un pou.

Fier comme un coq sur son fumier.

Fier comme un pou sur une gale.

SUICIDE

Ce moyen qui nous soustrait à la persécution des hommes.
CHATEAUBRIAND

SUPERFLU

Le superflu finit par priver du nécessaire.
CHODERLOS DE LACLOS

Le superflu, chose très nécessaire.
VOLTAIRE, *Satires*.

SURPRISE

Il faut s'attendre à tout en politique, où tout est permis, sauf de se laisser surprendre.
CHARLES MAURRAS

SURSIS

Gardez-vous de demander du temps ; le malheur n'en accorde jamais.
MIRABEAU

T

TABLE

La table est l'entremetteuse de l'amitié.

On ne vieillit point à table.

À table ronde n'y a débat pour être plus près du meilleur plat.

Gare au convive qui a de la mémoire.
Il était défendu chez les Grecs de révéler ce qui se passait dans les festins, où le vin aidait aux libres épanchements. Contre les indiscrétions, le plus âgé des convives montrait la porte aux autres en disant : "Souvenez-vous qu'aucune parole ne doit sortir par cette porte".

TAILLE (PETITE)

Dans les petites boites sont les bons onguents (*Voir ce mot*).

En petite tête gît grand sens.

TALENT

Faire aisément ce qui est difficile aux autres, voilà le talent; faire ce qui est impossible au talent, voilà le génie.
HENRI FRÉDÉRIC AMIEL

Il y a du bonheur dans toute espèce de talent.
HONORÉ DE BALZAC, *Le Cabinet des antiques.*

Tout homme qui ne se croit pas du génie n'a pas de talent.
EDMOND DE GONCOURT

Ne forçons pas notre talent,
Nous ne ferions rien avec grâce.
JEAN DE LA FONTAINE, *L'Âne et le Petit Chien.*

Il y a de méchantes qualités qui font de grands talents.
LA ROCHEFOUCAULD, *Maximes.*

Très jeune, on a de l'originalité, mais pas de talent.
JULES RENARD, *Journal*

Le talent, c'est comme l'argent : il n'est pas nécessaire d'en avoir pour en parler.
JULES RENARD, *Journal*

Les gens heureux n'ont pas de talent.
JULES RENARD, *Journal*

Quand un homme a prouvé qu'il a du talent, il lui reste à prouver qu'il sait s'en servir.
JULES RENARD, *Journal*

Il ne faut pas cacher la lumière sous le boisseau.

TALION

C'est la justice des injustes.
SAINT AUGUSTIN

TAMBOUR

Le son du tambour dissipe les pensées ; c'est par cela même que cet instrument est éminemment militaire.
JOSEPH JOUBERT, *Pensées.*

TÉMOIN

Je ne crois que les histoires dont les témoins se feraient égorger.
PASCAL, *Pensées.*

Rarement de sa faute on aime le témoin.
VOLTAIRE, *La Henriade.*

TEMPS

Le temps est un grand maître, dit-on. le malheur est qu'il tue ses élèves.
HECTOR BERLIOZ

Il y a deux choses auxquelles il faut se faire, sous peine de trouver la vie insupportable : ce sont les injures du temps et les injustices des hommes.
CHAMFORT, *Maximes et Pensées*.

Tout s'anéantit, tout périt, tout passe ; il n'y a que le monde qui reste. Il n'y a que le temps qui dure.
DIDEROT

Il n'est rien de plus précieux que le temps, puisque c'est le prix de l'éternité.
LOUIS BOURDALOUE

Dieu a ordonné au temps de consoler les malheureux.
JOSEPH JOUBERT, *Pensées*.

Le temps est du mouvement sur de l'espace.
JOSEPH JOUBERT, *Pensées*.

Imitez le temps : il détruit tout avec lenteur ; il mine, il use, il déracine, il détache, et n'arrache pas.
JOSEPH JOUBERT, *Pensées*.

Le temps, qui fortifie les amitiés, affaiblit l'amour.
LA BRUYÈRE, *Les Caractères*.

Gardez-vous de demander du temps : le malheur n'en accorde jamais.
MIRABEAU

Le temps passe par le trou de l'aiguille des heures.
JULES RENARD, *Journal*

La plus grande illusion de l'homme est de croire que le temps passe. Le temps est le rivage ; nous passons, il a l'air de marcher.
RIVAROL

Le temps est comme un fleuve, il ne remonte pas vers sa source.
RIVAROL

Quand on se propose un but, le temps, au lieu d'augmenter, diminue.
RIVAROL

Il y a des gens qui croient arrêter le temps en arrêtant les pendules.
PAUL-JEAN TOULET

Il faut tout attendre et tout craindre du temps et des hommes.
VAUVENARGUES, *Réflexions et Maximes*.

On n'est pas né pour la gloire lorsqu'on ne connaît pas le prix du temps.
VAUVENARGUES, *Réflexions et Maximes*.

Il faut prendre le temps comme il vient, les gens pour ce qu'ils sont, et l'argent pour ce qu'il vaut.

Le temps perdu ne se rattrape jamais.

La plus belle épargne est celle du temps.

Il n'est point de secret que le temps ne révèle.

Il faut ménager le temps car la vie en est faite.

TENDRESSE

Tout le devoir ne vaut pas une faute qui s'est commise par tendresse.
MME DE LA SABLIÈRE, *Pensées chrétiennes*.

TENTATION

Dépêchez-vous de succomber à la tentation avant qu'elle ne s'éloigne.
CASANOVA, *Mémoires*.

Le plus sûr moyen de vaincre la tentation, c'est d'y succomber.

TERRE

Mieux vaut terre gâtée que terre perdue.

Pour laver ses mains on ne vend pas sa terre.

Qui terre a, guerre a.

Tant vaut l'homme, tant vaut la terre.

Il n'y a pas de terre sans voisin.

Bonne terre, mauvais chemins.
Les chemins sont souvent mauvais dans les grasses terres.

TERRITOIRE

Qui terre, a guerre a.

Ville qui parlemente est à demi rendue.

TÊTE

Ne savoir où donner de la tête.
Ne savoir comment se tirer d'embarras. Métaphore prise des bêtes à cornes, qui, se voyant attaquées de plusieurs côtés à la fois, ne savent où donner de la tête, c'est-à-dire où frapper de la corne.

THÉÂTRE

Le théâtre renforce les mœurs ou les change.
CHAMFORT, *Maximes et Pensées*.

TIMIDITÉ

La timidité est un défaut dont il est dangereux de reprendre les personnes qu'on en veut corriger.
LA ROCHEFOUCAULD, *Maximes*.

On est souvent ferme par faiblesse, et audacieux par timidité.
LA ROCHEFOUCAULD, *Maximes*.

J'ai toujours eu de la timidité qui a souvent fait paraître de l'embarras dans mes réponses. J'ai pourtant senti que je n'ai jamais été si embarrassé avec les gens d'esprit qu'avec les sots.
MONTESQUIEU

Amoureux de carême, qui n'ose toucher à la chair.

TISON

Les tisons relevés chassent les galants.

Une jeune fille, lorsqu'elle voulait se débarrasser d'un jeune homme, lui donnait rendez-vous chez elle, et courait se cacher aussitôt qu'elle le voyait arriver, après avoir relevé les tisons du feu, signifiant par là, que l'un et l'autre n'auraient pas de foyer commun.

TOILETTE

On a remarqué que de tous les animaux, les femmes, les mouches et les chats sont ceux qui passent le plus de temps à leur toilette.

CHARLES NODIER

TOLÉRANCE

S'il fallait tolérer aux autres tout ce qu'on se permet à soi-même, la vie ne serait plus tenable.

GEORGES COURTELINE

La tolérance est la charité de l'intelligence.

JULES LEMAITRE

La tolérance est la vertu du faible.

MARQUIS DE SADE

TONNERRE

Toutes les fois qu'il tonne, la foudre ne tombe pas.

Tant tonne qu'il pleut.

Après les menaces viennent les coups. La femme de Socrate l'accabla d'injures, et finit par lui jeter un seau d'eau sur la tête, "je savais bien dit-il, qu'après le tonnerre viendrait la pluie"

TORT

Les querelles ne dureraient pas longtemps, si le tort n'était que d'un côté.

LA ROCHEFOUCAULD, *Maximes*.

Malheur aux gens qui n'ont jamais tort; ils n'ont jamais raison.

PRINCE DE LIGNE

TORTURE

La torture interroge, et la douleur répond.
RAYNOUARD, *Les Templiers*.

TRAHISON

Quiconque flatte ses maîtres les trahit.
MASSILLON

On n'est jamais trahi que par les siens.

Révéler les secrets de l'école (*Voir ce mot*).

TRAÎTRE

Un traître est celui qui quitte son parti pour s'inscrire à un autre ; et un converti, celui qui quitte cet autre pour s'inscrire au vôtre.
GEORGES CLEMENCEAU

La moitié d'un ami, c'est la moitié d'un traître.
VICTOR HUGO

TRAÎTRISE

Il n'est pire eau que l'eau qui dort.

Les fleuves les plus profonds sont ceux qui coulent avec le moins de bruit.

TRAVAIL

Pour chaque être, il existe une sorte d'activité où il serait utile à la société, en même temps qu'il y trouverait son bonheur.
MAURICE BARRÈS

Le travail est un trésor.
JEAN DE LA FONTAINE, *Le Laboureur et ses Enfants*.

Le travail est indispensable au bonheur de l'homme ; il l'élève, il le console, et peu importe la nature du travail, pourvu qu'il profite à quelqu'un : faire ce qu'on peut, c'est faire ce qu'on doit.
ALEXANDRE DUMAS FILS

Le travail n'épouvante que les âmes faibles.
LOUIS XIV

La première condition au bonheur est que l'homme puisse trouver joie au travail. Il n'y a vraie joie dans le repos, le loisir, que si le travail joyeux le précède.
ANDRÉ GIDE

C'est un mauvais travail que celui qu'on fait pour n'avoir plus à travailler.
JULES RENARD, *Journal*

La peur de la mort fait aimer le travail, qui est toute la vie.
JULES RENARD, *Journal*

Le travail pense, la paresse songe.
JULES RENARD, *Journal*

La croyance au travail est peut-être encore une religion inutile.
JULES RENARD, *Journal*

La jouissance est le fruit et la récompense du travail.
VAUVENARGUES, *Réflexions et Maximes*.

Le fruit du travail est le plus doux des plaisirs.
VAUVENARGUES, *Réflexions et Maximes*.

Les hommes actifs supportent plus impatiemment l'ennui que le travail.
VAUVENARGUES, *Réflexions et Maximes*.

Le travail éloigne de nous trois grands maux : l'ennui, le vice et le besoin.
VOLTAIRE, *Candide*.

Dieu a posé le travail pour sentinelle de la vertu.

Ne remets pas à demain ce que tu peux faire le jour même.

À chaque jour suffit sa peine.
Proverbe favori de Napoléon Ier.

Ce qui est fait n'est plus à faire.

Dieu aime à seconder celui qui travaille.

Le ciel bénit toujours la main laborieuse.

Qui hait le travail, hait la vertu.

Le travail est la mort du péché.

TRIANGLE

Si les triangles faisaient un dieu, ils lui donneraient trois côtés.
MONTESQUIEU

TRIOMPHE

À vaincre sans péril, on triomphe sans gloire.
PIERRE CORNEILLE, *Le Cid*.

Plus le péril est grand, plus doux en est le fruit.
PIERRE CORNEILLE, *Cinna*.

Il faut, pour triompher, la force du lion et la ruse du renard.

TROMPERIE

Car c'est double plaisir de tromper le trompeur.
JEAN DE LA FONTAINE

Tel est pris qui croyait prendre.
JEAN DE LA FONTAINE

Le vrai moyen d'être trompé, c'est de se croire plus fin que les autres.
LA ROCHEFOUCAULD, *Maximes*.

TROMPETTE

Il vaut mieux se lever à la cloche qu'à la trompette.

Il y a plus de trompés que de trompettes.
Parmi ceux pris pour dupes, ceux que la honte empêche d'en rien dire sont plus nombreux que ceux que le ressentiment fait parler.

TRÔNE

Au plus élevé trône du monde, si ne sommes assis que sur notre cul.
MONTAIGNE, *Essais*.

TYRAN

Si l'homme a des tyrans, il les doit détrôner.
VOLTAIRE

U

UNION

Tous pour un, un pour tous.

ALEXANDRE DUMAS, *Les Trois Mousquetaires*.

USURE

Tant va la cruche à l'eau qu'à la fin elle se brise.

La lame use le fourreau.

Trop tirer rompt la corde.

V

VACHE

Chacun son métier, et les vaches sont bien gardées.

VAILLANCE

À vaillant cœur, à cœur vaillant, rien d'impossible.
Devise de Jacques Cœur.

VAINCU

Le salut des vaincus est de n'en plus attendre.
Racan

Les battus payent l'amende.

VALET

Rarement un valet dit du bien de son maître.
Collin d'Harleville

Par les airs du valet, on peut juger du maître.
Destouches

Mieux vaut valet debout qu'empereur couché.

Autant de valets, autant d'ennemis.

Les bons maîtres font les bons valets.

Si les valets ont la peine, le maître a les soucis.

VALEUR

Je suis jeune il est vrai, mais aux âmes bien nées
La valeur n'attend pas le nombre des années.
PIERRE CORNEILLE, *Le Cid*.

La parfaite valeur est de faire sans témoin ce qu'on serait capable de faire devant tout le monde.
LA ROCHEFOUCAULD, *Maximes*.

La vanité, la honte, et surtout le tempérament font souvent la valeur des hommes, et la vertu des femmes.
LA ROCHEFOUCAULD, *Maximes*.

Il faut faire, pour valoir quelque chose en ce monde, ce qu'on peut, ce qu'on doit et ce qui convient.
RIVAROL

VANITÉ

Tout est également vain dans les hommes, leurs joies et leurs chagrins ; mais il vaut mieux que la bulle de savon soit d'or ou d'azur, que noire ou grisâtre.
CHAMFORT, *Maximes et Pensées*.

Les grands vendent toujours leur société à la vanité des petits.
CHAMFORT, *Maximes et Pensées*.

La vanité, c'est l'orgueil des autres.
SACHA GUITRY

Il y a, entre la vanité et la gloire, la différence qu'il y a entre un fat et un amant.
CHAMFORT, *Maximes et Pensées*.

Ce qui nous rend la vanité des autres insupportable, c'est qu'elle blesse la nôtre.
LA ROCHEFOUCAULD, *Maximes*.

La vanité est le sel de la vie.
JULES RENARD, *Journal*

La vanité nous fait faire plus de choses contre notre goût que la raison.
LA ROCHEFOUCAULD, *Maximes*.

Notre vanité ne vieillit pas : un compliment, c'est toujours une primeur.
JULES RENARD, *Journal*

La vanité est la mère du mensonge.

La vanité n'a pas de plus grand ennemi que la vanité.

Prendre les armoiries des gueux (*Voir "Armoiries"*).

Qui se loue s'emboue.

La propre louange pue.

Être comme le paon qui crie en voyant ses pieds (*Voir "Paon"*).

VANTARDISE

Hardi de la langue, couard de la lance.

De grand langage peu de fruit, mais grand dommage.

Grands venteurs, petits faiseurs.

Diseur de bons mots, mauvais caractère.

La langue longue est signe de main courte.

Plus on bat le tambour, plus il fait de bruit.

Les tonneaux vides sont ceux qui font le plus de bruit.

Les grands diseurs ne sont pas les grands faiseurs.

Qui est large de la bouche est étroit de la main.

Grand prometteur, petit donneur.

VELLÉITÉS

Commencement n'est pas fusée.

N'a pas fait qui commence.

VENGEANCE

La haine est tonique, elle fait vivre, elle inspire la vengeance.
HONORÉ DE BALZAC

À qui venge son père, il n'est rien d'impossible.
PIERRE CORNEILLE

Il est moins doux d'assouvir son amour que de satisfaire sa vengeance.
PAUL-JEAN TOULET

Le pardon n'est peut-être que la forme la plus raffinée de la vengeance.
PAUL-JEAN TOULET

La vengeance est un plat qui se mange froid.

La vengeance est plus douce que le miel.

À qui se venge longtemps, il en coûte souvent

VENT

Tout sur cette terre appartient aux princes, hors le vent.
VICTOR HUGO, *La Légende des siècles*.

Le vent, ce taureau épars.
JULES RENARD, *Journal*

Quand tourne le vent on accuse les girouettes.
PAUL-JEAN TOULET, *Monsieur du Paur, homme public*.

Jour de vent, jour de tourment.

Vent au visage rend l'homme sage.

Selon le vent la voile.

VENTRE

Au-dessous de la tête, des épaules et de la poitrine commence l'animal, ou cette partie du corps où l'âme ne doit pas se plaire.
JOSEPH JOUBERT, *Pensées*.

Ventre affamé n'a point d'oreilles.
JEAN DE LA FONTAINE

Grain après grain la poule emplit son ventre.

En petit ventre gros cœur.

Tout ce qui rentre fait ventre.

VER

Lorsque le ver de terre perce le chemin, la pluie n'est pas loin.

VÉRITÉ

Cet épineux fardeau qu'on nomme vérité.
AGRIPPA D'AUBIGNÉ

L'homme peut aspirer à la vertu ; il ne peut raisonnablement prétendre de trouver la vérité.
CHAMFORT, *Maximes et Pensées*.

Il ne suffit point de montrer la vérité, il faut la peindre aimable.
FÉNELON

La vérité est une illusion et l'illusion est une vérité.
RÉMY DE GOURMONT

L'erreur agite ; la vérité repose.
JOSEPH JOUBERT, *Pensées*.

Ce qui est vrai à la lampe n'est pas toujours vrai au soleil.
JOSEPH JOUBERT, *Pensées*.

Toute vérité a deux visages, toute règle deux surfaces, tout précepte deux applications.
JOSEPH JOUBERT, *Pensées*.

La vérité ressemble au ciel, et l'opinion à des nuages.
JOSEPH JOUBERT, *Pensées*.

L'homme est de glace aux vérités
Il est de feu pour les mensonges.
JEAN DE LA FONTAINE

La vérité vaut bien qu'on passe quelques années sans la trouver.
JULES RENARD, *Journal*

La vérité ne fait pas tant de bien dans le monde que ses apparences y font de mal.
LA ROCHEFOUCAULD, *Maximes*.

Vérité au-deçà des Pyrénées, erreur au-delà.
PASCAL

Je sais que, ayant résolu de dire la vérité, je dirai peu de chose.
JULES RENARD, *Journal*

Dès qu'une vérité dépasse cinq lignes, c'est du roman.
JULES RENARD, *Journal*

J'ai dit des vérités aux hommes ; ils les ont mal prises ; je ne dirai plus rien.
JEAN-JACQUES ROUSSEAU

Qui ne gueule pas la vérité quand il sait la Vérité se fait complice des menteurs.
CHARLES PÉGUY

Il y a peut-être autant de vérités parmi les hommes que d'erreurs.
VAUVENARGUES, *Réflexions et Maximes*.

La vérité est le soleil des intelligences.
VAUVENARGUES, *Réflexions et Maximes*.

Aime la vérité, mais pardonne à l'erreur.
VOLTAIRE

La vérité est un fruit qui ne doit être cueilli que s'il est tout à fait mûr.
VOLTAIRE

Vérité engendre haine.

Vérité ne se cache point, mais méchante vie cherche les coins.

La vérité est au fond d'un puits.

La vérité est dans le vin.

La vérité est la fille du temps.

Toute vérité n'est pas bonne à croire.

VERSATILITÉ

Tourner casaque (*Voir ce mot*).

Lâcher la proie pour l'ombre.

Pour l'eau du ciel n'abandonne pas l'arrosoir.

VERTU

La vertu croît sur le désespoir.
CHAMFORT, *Maximes et Pensées*.

L'homme vit souvent avec lui-même, et il a besoin de vertu ; il vit avec les autres, et il a besoin d'honneur.
CHAMFORT, *Maximes et Pensées*.

Il n'est vertu que pauvreté ne gâte.
CHAMFORT, *Maximes et Pensées.*

Rien n'est plus beau que la gloire si ce n'est la vertu.
CHATEAUBRIAND, *Itinéraire de Paris à Jérusalem.*

Le crime prend souvent l'accent de la vertu.
JEAN-BAPTISTE GRESSET

Les vertus se perdent dans l'intérêt, comme les fleuves se perdent dans la mer.
LA ROCHEFOUCAULD, *Maximes.*

Le nom de la vertu sert à l'intérêt aussi utilement que les vices.
LA ROCHEFOUCAULD, *Maximes.*

Nos vertus ne sont, le plus souvent, que des vices déguisés.
LA ROCHEFOUCAULD, *Maximes.*

La vanité, la honte, et surtout le tempérament font souvent la valeur des hommes, et la vertu des femmes.
LA ROCHEFOUCAULD, *Maximes.*

L'homme naît avec ses vices ; il acquiert ses vertus.
JULES RENARD, *Journal*

Il y a des vertus qu'on ne peut exercer que quand on est riche.
RIVAROL

Respectons éternellement le vice et ne frappons que la vertu.
MARQUIS DE SADE

Jouis, il n'est pas d'autre sagesse ; fais jouir ton semblable, il n'est pas d'autre vertu.
ÉTIENNE DE SENANCOUR

La vertu des femmes n'est souvent que la maladresse des hommes.
PAUL-JEAN TOULET, *Monsieur du Paur, homme public.*

Les haillons de la misère couvrent la vertu, le manteau de la fortune couvre le vice.

La vertu s'affirme sous les coups du malheur.

L'homme tombe en vice facilement mais en vertu se dresse lentement.

VÊTEMENTS

Habillé comme un gardeur de lions.
Cela se dit d'un homme qui ne change presque jamais d'habit, parce qu'un gardeur de lions est toujours vêtu de la même manière, afin que les fauves le reconnaissent.

VICE

Le vice toujours sombre aime l'obscurité.
NICOLAS BOILEAU

Il y a peu de vices qui empêchent un homme d'avoir beaucoup d'amis, autant que peuvent le faire de trop grandes qualités.
CHAMFORT, *Maximes et Pensées*.

Les passions des jeunes gens sont des vices dans la vieillesse.
JOSEPH JOUBERT, *Pensées*.

L'homme naît avec ses vices ; il acquiert ses vertus.
JULES RENARD, *Journal*

Respectons éternellement le vice et ne frappons que la vertu.
MARQUIS DE SADE

J'aime encore mieux ceux qui rendent le vice aimable que ceux qui dégradent la vertu.
JOSEPH JOUBERT, *Pensées*.

On ne méprise pas tous ceux qui ont des vices ; mais on méprise tous ceux qui n'ont aucune vertu.
LA ROCHEFOUCAULD, *Maximes*.

Ce qui nous empêche souvent de nous abandonner à un seul vice est que nous en avons plusieurs.
LA ROCHEFOUCAULD, *Maximes*.

J'aime mieux un vice commode
Qu'une fatigante vertu.
MOLIÈRE, *Amphitryon*.

Le vice laisse comme un ulcère en la chair, une repentance en l'âme, qui toujours s'égratigne et s'ensanglante elle-même.
MONTAIGNE, *Essais*.

S'il est vrai qu'on ne peut anéantir le vice, la science de ceux qui gouvernent est de le faire concourir au bien public.
VAUVENARGUES, *Réflexions et Maximes*.

Avec vent on nettoie froment, et vice avec supplice et châtiment.

L'homme tombe en vice facilement, mais en vertu se dresse lentement.

Quand tous vices sont vieux, avarice est encore jeune.

VICTIME

Je déteste les victimes quand elles respectent les bourreaux.
JEAN-PAUL SARTRE, *Les Séquestrés d'Altona*.

VICTOIRE

La plus éclatante victoire coûte trop cher, quand il faut la payer du sang de ses sujets.
CHAMFORT, *Maximes et Pensées*.

À vaincre sans péril, on triomphe sans gloire.
PIERRE CORNEILLE, *Le Cid*.

Qui veut vaincre doit savoir souffrir.

VIE

Pourquoi douter des songes ? La vie, remplie de tant de projets passagers et vains, est-elle autre chose qu'un songe ?
BERNARDIN DE SAINT-PIERRE

Vivre est une maladie, dont le sommeil nous soulage toutes les seize heures ; c'est un palliatif : la mort est le remède.
CHAMFORT, *Maximes et Pensées*.

Chaque instant de la vie est un pas vers la mort.
PIERRE CORNEILLE

Un peu de vanité et un peu de volupté, voilà de quoi se compose la vie de la plupart des femmes et des hommes.
JOSEPH JOUBERT, *Pensées*.

La vie, cette goutte de lait et d'absinthe.
HENRI LACORDAIRE, *Pensées*.

Puisqu'il est des vivants, ne songez plus aux morts.
JEAN DE LA FONTAINE, *La Jeune Veuve*.

Le plus grand faible des hommes, c'est l'amour qu'ils ont de la vie.
MOLIÈRE, *L'Amour médecin*.

Les plus belles vies sont, à mon gré, celles qui se rangent au modèle commun et humain, avec ordre, mais sans miracle et sans extravagance
MONTAIGNE, *Essais*.

Mon métier et mon art, c'est de vivre.
MONTAIGNE, *Essais*.

Notre grand et glorieux chef-d'œuvre c'est vivre à propos.
MONTAIGNE, *Essais*.

La mort des autres nous aide à vivre.
JULES RENARD, *Journal*.

Telle est la vie des hommes. Quelques joies, très vite effacées par d'inoubliables chagrins.
MARCEL PAGNOL, *Le Château de ma mère*.

Lis toutes les biographies des grands morts, et tu aimeras la vie.
JULES RENARD, *Journal*.

Ne vis pas ! Contente-toi de toujours désirer vivre.
JULES RENARD, *Journal*.

La vie est courte, mais comme c'est long, de la naissance à la mort.
JULES RENARD, *Journal*.

Il n'est pas nécessaire de vivre, mais il l'est de vivre heureux.
JULES RENARD, *Journal*.

La vie est courte, mais l'ennui l'allonge.
JULES RENARD, *Journal*

Sans son amertume, la vie ne serait pas supportable.
JULES RENARD, *Journal*.

La vie est faite pour s'enseigner à mourir.
PAUL-JEAN TOULET

Telle vie, telle mort.

Tant qu'il y a de la vie, il y a de l'espoir.

VIEILLARD

Car le jeune homme est beau, mais le vieillard est grand.
VICTOR HUGO, *La Légende des Siècles*.

Les vieillards sont la majesté du peuple.
JOSEPH JOUBERT, *Pensées*.

Les vieillards aiment à donner de bons préceptes, pour se consoler de n'être plus en état de donner de mauvais exemples.
LA ROCHEFOUCAULD, *Maximes*.

On tire peu de service des vieillards.
VAUVENARGUES, *Réflexions et Maximes*.

L'amour sied bien aux jeunes gens et déshonore les vieillards.

VIEILLE

L'enfer des femmes, c'est la vieillesse.
LA ROCHEFOUCAULD, *Maximes*.

Il n'est point de si belle rose qui ne devienne gratte-cul.

VIEILLESSE

Les vieillards sont assez enclins à doter de leurs chagrins l'avenir des jeunes gens.
HONORÉ DE BALZAC

Je vois les reflets d'une aurore dont je ne verrai pas se lever le soleil.
CHATEAUBRIAND, *Mémoires d'outre-tombe*.

Ô rage ! ô désespoir ! ô vieillesse ennemie !
PIERRE CORNEILLE, *Le Cid*.

C'est une grande difformité dans la nature qu'un vieillard amoureux.
LA BRUYÈRE, *Les Caractères*.

C'est une des pires humiliations de la vieillesse, de ne rien recevoir que de la pitié.
LAMENNAIS

En vieillissant, on devient plus fou, et plus sage.
LA ROCHEFOUCAULD, *Maximes*.

Les vieux fous sont plus fous que les jeunes.
LA ROCHEFOUCAULD, *Maximes*.

La vieillesse est un tyran qui défend sur peine de la vie tous les plaisirs de la jeunesse.
LA ROCHEFOUCAULD, *Maximes*.

Peu de gens savent être vieux.
LA ROCHEFOUCAULD, *Maximes*.

J'avance dans l'hiver à force de printemps.
PRINCE DE LIGNE

L'amour est le roi des jeunes gens, et le tyran des vieillards.
LOUIS XII

Le cœur n'a pas de rides.
MME DE SÉVIGNÉ, *Lettres*.

Les conseils de la vieillesse éclairent sans échauffer, comme le soleil de l'hiver.
VAUVENARGUES, *Réflexions et Maximes*.

Le plus bel âge de l'amitié est la vieillesse.

Chacun désire la vieillesse et chacun la maudit après l'avoir obtenue.

Les ans ont beaucoup plus vu que les livres n'en ont connu.

Vieilles amours et vieux tisons s'allument en toutes saisons.

Il faut devenir vieux de bonne heure, si l'on veut l'être longtemps.

Jamais ne fut si beau soulier qui ne devint savate.

VIGNE

Belle vigne sans raisin ne vaut rien.

VIOLENCE

L'injustice appelle l'injustice ; la violence engendre la violence.
LACORDAIRE, *Pensées*.

Ce qui est violent n'est pas durable.

Tel croit frapper qui tue.

Oignez vilain, il vous poindra ; poignez vilain, il vous oindra.

VIN

Rien ne grise comme le vin du malheur.
HONORÉ DE BALZAC, *Splendeurs et misères des courtisanes*.

Jamais homme noble ne hait le bon vin.
FRANÇOIS RABELAIS

À la Saint-Martin tout le moût passe pour bon vin.

À la Saint-Martin on boit du bon vin.

L'eau fait pleurer, le vin chanter.

Quand le vin est tiré, il faut le boire.

Un verre de vin vaut un habit de velours.

À bon vin, point d'enseigne.

Vin rouge le soir, blanc le matin, ravit le pèlerin.

Vin versé n'est pas avalé.

Lait sur vin est venin, vin sur lait c'est santé.

La vérité est dans le vin.

Trois verres de vin descendent en trois heures.

Le vin est le lait des vieillards.

Nul vin sans lie.

Au matin boit le vin blanc, le rouge au soir pour le sang.

Mieux vaut sentir du vin que le boire.

Vin, fille, faveur et poirier, sont difficiles à conserver.

Le bon vin porte sa vente à soi.

Le vin entre et la raison sort.

VISAGE

Un beau visage est le plus doux de tous les spectacles.
LA BRUYÈRE, *Les Caractères*.

VISIONS

Les visions ont un heureux instinct : elles ne viennent qu'à ceux qui doivent y croire.
RIVAROL

VIVACITÉ

La vivacité qui augmente en vieillissant ne va pas loin de la folie.
LA ROCHEFOUCAULD, *Maximes*.

Quand il dort, le diable le berce.

VOCATION

Les vocations manquées déteignent sur toute l'existence.
HONORÉ DE BALZAC

VOISINAGE

Bien en sa maison qui de ses voisins est aimé.

Donne à ton voisin de ton pain et vin.

VOIX

L'harmonie la plus douce est le son de la voix de celle que l'on aime.
LA BRUYÈRE, *Les Caractères*.

VOL / VOLEUR

Les grands voleurs font pendre les petits.

Les voleurs privés sont aux galères, et les voleurs publics dans les palais.

Qui ose prendre le veau osera prendre vache et troupeau.

Qui vole un œuf vole un bœuf.

L'habit volé ne va pas au voleur.

On ne prend que les petits voleurs.

Bien mal acquis ne profite jamais.

De bien mal acquis courte joie.

VOLONTÉ

Il y a très loin de la velléité à la volonté, de la volonté à la résolution, de la résolution au choix des moyens, du choix des moyens à l'application.
PAUL DE GONDI, CARDINAL DE RETZ, *Mémoires*.

Les gens faibles ne distinguent jamais assez ce qu'ils veulent de ce qu'ils voudraient.
PAUL DE GONDI, CARDINAL DE RETZ, *Mémoires*.

Nos actions ne sont ni si bonnes, ni si vicieuses que nos volontés.
VAUVENARGUES, *Réflexions et Maximes*.

Vouloir, c'est pouvoir.

Il faut vouloir ce qu'on ne peut empêcher.

VOLUPTÉ

La volupté, comme une fleur rare, demande les soins de la culture la plus ingénieuse.
BALZAC

Oh ! l'âpre volupté que le danger procure !
JEAN RICHEPIN, *Les Caresses*.

VRAI

Le vrai peut quelquefois n'être pas vraisemblable.
NICOLAS BOILEAU

VUE

Les aveugles nous apprennent à voir.
JULES RENARD, *Journal*

Il vaut mieux se fier à ses yeux qu'à ses oreilles.

Tel a beaux yeux qui ne voit goutte.

Y Z

YEUX

Tel a beaux yeux qui ne voit goutte.

ZÈLE

N'est-il pas honteux que les fanatiques aient du zèle et que les sages n'en aient pas ?
VOLTAIRE

De bien faire, grand mal vient.

Ferveur de novice ne dure pas longtemps.

Valet du diable, qui fait plus qu'on ne lui commande.

IMPRIMÉ EN FRANCE PAR BRODARD ET TAUPIN
Usine de La Flèche (Sarthe), le 23-07-1998
007/98 – Dépôt légal, août 1998